KB218945

추 천 글

프라우트는 사회와 경제에 대한 접근방식이 매우 인간적이고 생태학적이다. 뿐
만 아니라, 실현가능성이 매우 높다. 어쩌면 그것은 이미 다양한 공간에 살고
있는 비전을 가진, 용기 있는 일반 대중의 존재 안에 들어와 있는지도 모른다.
　　　　　　　−아르투로 에스코바Arturo Escobar(인류학자, 《Encountering Development》)

프라우트의 비전은 사회개혁을 위한 구체적인 방법으로, 총체적이며 체계적
이다. 그것은 자본주의 이후의 프로젝트 안에서 스스로 조직하는 힘을 가지
고 있다. 프라우트는 변형이고, 간절한 혁명이다. 그리고 나는 이 모두를 지
지한다.
　　　　　　　−마르코스 아루다Marcos Arruda(브라질의 경제학자 · 교육학자)

현재의 세계화경제의 비참한 과정에 대해 재고하는 데 중요한 기여를 한다.
　　　　　　　−하젤 헨더슨Hazel Henderson(경제학자, 《Beyond Globalization》)

프라우트의 제안은 인류가 국제적 형제애를 이루는 데 필요한 모든 윤리적
개요를 바탕에 둔다. 프라우트는 새로운 세상을 위한 비전이다. 프라우트의
중요성은 정치, 사회, 경제적 문제만 다루는 것이 아니라 교육, 남녀평등, 영
성도 함께 다룬다는 데 있다.
　　　　　　　−프레이 베투Frei Betto(도미니크회 수도사, 행동주의자,
　　　　　　　베스트셀러 《Fidel and Religion》외 45권이 넘는 저서의 저자)

이 책은 우리가 진정한 인간사회로 나아가는 과정에서 성취할 수 있는, 긍정
적이고 인류애적인 가능성을 시험하고 확장시킨다.
　　　　　　　−New Renaissance, Journal for Social and Spiritual Awakening(www.ru.org)

프라우트는 물질보다는 영적으로 고무시키는, 독립적인 경제 · 정치 시스템
이론이다. 그 목표는 기본적인 필요를 만족시킬 줄 아는 진짜 인간으로의 성
장이다.
　　　　　　　−요한 갈퉁Johan Galtung(평화 연구 교수, '초월TRANSCEND'의 임원)

인류사에 있어 어두운 이 시기에, 프라우트는 이 지구의 모든 식물, 동물, 인간에게 희망과 빛을 안겨준다. 프라우트는 이론 그 이상의 것이다. 그것은 지구 어머니를 치유할, 자비로운 사회적 · 경제적 패러다임이다.

—나다 카더Nada Khader(Westchester People's Action Coalition 상임이사)

이 책이 선물하는 윤리와 심판의 개념은 몇 세기에 걸쳐 내려오는 성인과 현자들의 전통적인 지혜들을 반영한다. 유물론에 대해 신중할 것이며, 매일 명상을 통해 영적인 수련을 하는 당신 자신을 자신의 신념을 위해 헌신하도록 하라. 이 원칙에 따라 사는 삶은 친절과 인간 존재에 대한 동정으로 인도하여 흉악범조차 변형시킨다.

—보 로조프Bo Lozoff(의사, Human Kindness Foundation 지도자)

오늘날 우리는 세계화의 불평등에 대항하는 정당하고 의미 있는 항의들을 보고 있다. 이와 더불어, 각 공동체와 지역사회의 환경, 사회, 문화적 자본을 강화할 수 있는 경제모델을 창조하는 것이 중요하다. 이 책은 협동조합 모델이 그 일을 할 수 있음을 다시금 상기시킨다.

—팀 다이스Tim Dyce(Asia Pacific Enterprise Training Centre 지도자)

신자유주의는 사람들의 꿈, 이상향, 희망, 요구, 신념을 거스르며 그것을 강탈하고 있다. 이 책은 새로운 수평선이 열리고 있음을, 새로운 가능성이 다가오고 있음을 알리는 신호탄이다. 나는 이 책이 널리 보급되고 읽혀질 것을 강력하게 추천한다.

—파트루스 아나니아Patrus Ananias
(하원의원, Brazilian Workers' Party 설립자, 벨로리존테 전임시장)

이 책의 아름다움과 독창성은 깊고도 영적인 범주 내에서 '정의'를 새롭게 제안함으로써, 사회에 대한 비판적인 시각을 매우 명료하게 보여준다. 이 책은 매우 간단하고 명확하게 쓰여졌다. 그래서 브라질의 가톨릭 공동체와 사회운동, 영적인 공동체들에게는 매우 훌륭한 매뉴얼이다.

—마르셀로 바로스Marcelo Barros(베네딕트회의 수도사, 신학자, 저술가)

이 책은 글로벌 자본주의의 위험을 매우 훌륭하게 분석하고 있다. 또한 모든 사람들이 행복해지는 더 나은 세상을 그리기 위한 사카르와 같은 영적 지도자들의 부의 가르침도 담고 있다. 이 책은 영적인 전사와 평화운동가들이 '반드시' 읽어야 할 책이다.

-베트 후버Bette Hoover(American Friends Service Committee의 활동가이자 지도자)

이 책은 매우 신선하고 도발적이다. 불행하고 파괴적인 자유시장 사회를 대신할 미래의 대안으로써 토대를 제공하는 가치와 원칙에 대한 본질을 들려준다.

-니키 헤이거Nicky Hager(《Secret Power》의 저자)

프라우트는 부패를 비난하고 제국주의에 투쟁하며, 협동조합과 자유노조를 제안한다. 프라우트는 말과 행동이, 이론과 실제가 통합되어 있다.

-호세 아르벡스Jose Arbex Jr(브라질의 저널리스트, 저술가)

세계는 덜 이기적이고, 더 강한, 새로운 사회적·경제적 구조-프라우트 같은-를 필요로 한다. 또한 우리는 우리를 자유롭게 할 조직적인 변화가 필요하다. 저자의 말대로 "우리 함께 새로운 세상을 만들자"!

-마리아 티틀렌 트린다다 마르케스Maria Dirlene Trindada Marques
(Union Brazilian Economists 대표)

이 책은 지혜와 확신으로 가득 차 있다. 프라우트는 우리의 더 높고 고귀한 감정, 우리의 높은 가치, 우리의 더 높은 인도주의적인 문화적 전통과 결합시킨다. 그리고 그것을 새로운 경제 시스템의 조직 원리 안에서 통합한다.

-카를로스 민치Carlos Minc(브라질의 경제학자, 저술가, 하원의원)

근본적으로, 프라우트는 자연과의 깊은 교감 안에서 비판의식을 계발시키는 새로운 교육 패러다임을 요구한다. 또한 세계사회포럼(신자유주의적 경제정책과 세계화에 반대하는 국제포럼)의 슬로건인 "또 다른 세상은 가능하다"를 북돋운다.

-엔리케 모우라 파리아Henrique de Moura Faria(Inter-religious Political Forum 의원)

글로벌 자본주의 붕괴 이후

건강한 경제모델
프라우트가 온다

건강한 경제모델
프라우트가 온다

1판 1쇄 발행일 2008년 11월 10일
1판 2쇄 발행일 2009년 11월 30일

지은이 | 다다 마헤시와라난다
옮긴이 | 다다 칫따란잔아난다

펴낸이 | 류희남
편집장 | 권미경
교정교열 | 황성돈
펴낸곳 | 물병자리

출판등록일(번호) | 1997년 4월 14일(제2-2160호)
주소 | 110-070 서울시 종로구 내수동 4번지 옥빌딩 601호
대표전화 | (02) 735-8160 팩스 | (02) 735-8161
e-mail | mbpub@hanmail.net
홈페이지 | www.mbage.com
ISBN | 978-89-87480-91-6 03320

글로벌 자본주의 붕괴 이후

건강한 경제모델
프라우트가 온다

다다 마헤시와라난다 지음 | 다다 칫따란잔아난다 옮김

〰 물병자리

차 례

민주주의의 쇠퇴와
새로운 세계의 비전[1]

노엄 촘스키l Noam Chomsky **박사**
(세계적인 언어학자, MIT 교수, 사회운동가)

전 세계적으로 잘 알려진 경영관련 잡지 〈런던 파이낸셜 타임즈The London Financial Times〉는 매년 스위스의 다보스Davos에서 열리는 세계경제포럼 World Economic Forum에 참석하는 부유한 나라의 금융관련 지도자들을 '우주의 마스터들the masters of the universe'이라고 묘사하였다. '우주의 마스터들'이라는 표현은 풍자적인 느낌을 주기 위해서 사용되었겠지만, 사실 상당히 정확한 표현이라 할 수 있다. 이들은 지구에 사는 대중에 의해서 선출된 무리가 아니기 때문이다. 이들은 막대한 금융 세력을 대표하며, 대부분의 보통사람들에게는 아무런 혜택도 주지 않는다. 예를 들면 1970년의 경우, 국제 자본의 90%는 무역과 장기투자(대체적으로 생산적인 것들에 대한 투자)에 사용되었으며, 10%가 투기적인 성격이었다. 그러나 1990년에 이르러서는 이 숫자가 뒤바뀌었다.

그들이 만든 '새로운 세계의 질서' 속에서는 오로지 부자를 위해서, 그리고 부자에 의해서 세계가 돌아가야 한다. 이제 세계의 시스템은 더 이상 고전적인 시장이 아니며, '기업 중상주의corporate mercantilism'라는 용어가 보다 어울리는 환경이 되어 버렸다. 시장을 통제하는 권한은 점점 거대한 사기업 및 사기업 대표자들이 장악하고 있다. 이런 거대 사기업들은 성격상 전체주의적이다. 즉, 그 권력이 위에서 아래로 흐르며, 외부의 대중들은 배제된다. 소위 '자유 기업free enterprise' 이라고 알려진 이러한 독재적인 시스템에서는 투자, 생산, 판매 등의 결정권이 소수에게 집중되며, 신성불가침으로 취급된다. 그리고 이러한 결정과정에 근로자나 지역사회는 원칙상, 그리고 법률상 아무런 영향이나 통제를 가하지 못한다.

노동에 대한 막대한 수요가 있음에도, 많은 실업자들이 일자리를 얻지 못하고 있다. 사회적인, 그리고 인간적인 가치 차원에서 우리가 해야 할 일들이 도처에 널려 있고, 그러한 일을 하고 싶어 하는 사람들이 많이 있다. 그러나 현재의 경제제도는, 일자리가 없어 고통 받는 이들을 해야 할 일에 연결시켜 주지 못하고 있다. '건전한 경제economic health' 의 개념은 사람들의 필요성이 아닌, 이윤의 추구로 그 초점이 맞추어져 있다. 간단히 말해서 현재의 경제제도는 실패작이며, 거의 재난에 가깝다. 물론, 현재의 경제제도가 대단한 성공으로 찬양되고 있는 것은 사실이며, 소수의 특권층에게는 이것이 맞는 말이다. 또한 자본주의의 장점과, 공산주의와의 체제경쟁에서 자본주의가 이겼다고 주장하는 사람들에게도 이것은 사실이다.

세계경제포럼은 온갖 동식물의 생존을 위협하고 있다. 그 이유의 하나는, 세계경제포럼의 근본적인 원칙들을 진지하게 고려할 경우, 후세대들을 위해서 환경을 파괴하는 것이 매우 합리적이라는 결론에 이르기 때문이다. 즉, 그 원칙들을 엄격하게 적용할 경우 환경을 파괴함으로써, 우리는 현시대에서 찬양되고 있는 '합리적인 부의 극대화를 성취하는 자' 로 행동하는 것이기 때문이다. 따라서 지구온난화와 관련된 교토의정서Kyoto Protocol를 훼손하는 부시 대통령을 〈월스트리트저널〉의 논설위원들이 칭송하는 것은 놀랄 일이 아니다.

여러 설문조사에 따르면, 일반 대중들은 소위 자유무역협정FTA의 이슈들에 대해서 상당히 우려하고 있으며, 대부분은 '마스터들' 의 정책에 반대하는 것으로 나타났다. 그런데 '마스터들' 의 정책은 기업과 정부, 그리고 이데올로기를 내세우는 기관들에 의해 큰 지지를 받고 있다.

사실상 이러한 이슈들에 대한 대중들의 의견을 제대로 반영하여 형성된

'선출된 정부elected government'가 존재한다고 말하는 것은 사안을 잘못 이해하고 있는 것이다. 가장 자유롭고 민주적인 사회에서도 권력을 가진 자들은 이와 같은 이슈들을 일반 대중들이 모르게 하려고 최대한 노력하기 때문이다.

언론매체는 대중적인 반대가 무엇인지 잘 알고 있다. 예를 들면 〈월스트리트저널〉은 자유무역협정(이 명칭도 잘못된 것이다)의 반대자들에게는 '궁극적인 무기'가 있음을 유감스럽게 지켜봐야만 했다. 그 '궁극적인 무기'란 바로 일반 대중들이며, 따라서 〈월스트리트저널〉이 볼 때 대중들은 아무것도 모르는 무지 속에 있어야만 하는 것이다.

'우주의 마스터들'이 매년 만나는 시기에 브라질 포르투알레그레Porto Alegre에서는 세계사회포럼World Social Forum이 열린다. 여기에는 세상에 필요한 것이 무엇인지를 '마스터들'과는 다르게 보는 대중적인 단체 대표들이 모인다. 나는 아름다운 미래에 대한 희망은 포르투알레그레에 모이는 사람들, 혹은 그와 유사한 사람들 손에 달려 있다고 본다.

근대에 탄생된 좌파의 전통적인 목표는 지구상의 수많은 대중들의 참여에 뿌리를 두고, 범세계적인 조직을 창출하는 것이었다. 이러한 조직은 자연스럽게 대중들의 이익과 관심을 반영하게 될 것이다. 세계사회포럼은 밑에서부터 시작되는 세계화를 처음으로 실현할 수 있다는 희망을 우리에게 던져 준다. 밑으로부터의 혁명은 매우 바람직한 관점이며, 미래에 대한 큰 희망을 갖게 한다.

대결은 역사에서 항상 중요한 테마였다. 다행스럽게도, 대중의 힘은 긴 세기에 걸쳐 많은 승리를 거두어 왔으며, 세계경제포럼처럼 정당성과 명분이 없는 권력의 집중을 극복해 왔다.

소위 말하는 제3세계의 '채무'란 상당부분 이념적인 사안이며, 단순히 경제적인 사안이 아니다. 돈을 빌려 준 자가 그 위험부담을 져야 되며, 상환의 책임은 그 돈을 빌린 자에게 있다는 자본주의적 원칙에 따른다면, 상당한 양의 채무가 탕감될 수 있는 것이다. 또한 많은 경우에는 채무 자체가 아예 소멸되어야 한다. 브라질에서 돈을 빌린 자란 슬럼가의 사람들이나 땅이 없는 일꾼들, 그리고 대다수의 시민들이 아니다. 그러므로 당연하게도, 부자들과 힘 있는 자들은 (돈을 빌린 자가 갚아야 한다는) 이 자본주의적인 원칙을 두려워하면서 거절하는 것이다.

IMF의 기능들 중 하나는 대단한 고수익성을 가진 융자와 투자를 위해서 '보험료 없는 위험 보험'을 제공하는 것이다. 그리고 채무국 내의 실질적으로 돈을 빌리는 자와 국가 지도자들은 자본의 유출, 탈세, 사치품 수입, 자신들을 미화하는 계획 등을 선호한다. 그리고 채무를 더 이상 감당할 수 없게 되면, 그들은 그 비용을 사회에 떠넘기는 방식을 선택한다. 즉, 일반 보통사람들의 허리띠를 졸라매게 만들면서, 그 채무를 구조조정 프로그램과 채권국의 혜택을 위한 수출증대 수단들을 통해서 대중들에게 전가시키는 것이다. 이는 IMF가 가진 두 번째 기능이면서 보완적인 기능이다.

두 번째의 문제는 과연 채무가 정말 존재하는가 하는 것인데, 이 역시 명백하지가 않다. 그 이유는 이렇다. 미국에 의해서 만들어지고, 미국에 편리한 잣대로 적용이 되어 온 국제법상으로 볼 때, 그 채무란 '불쾌한 채무 odious debt(정치적 정당성이 없는 정권에서 발생한 채무)'일 가능성이 높다. 따라서 그것은 전혀 상환될 필요가 없는 것이다. 이것은 수년 전 미국 출신의 IMF 관리자인 카렌 리사커스Karen Lissakers에 의해서 제기된 것인데, 그는 "'불쾌한 채무'의 원칙이 오늘날 적용된다면, 제3세계가 지고 있는 채무의 상당부분이 소멸될 것이다"라고 말했다.

어떤 경우에는 보다 보수적인 방안들이 있다. 예를 들면 국제사법재판소의 판결을 따르는 것이 그것이다. 이런 단순한 방법만으로도 니카라과를 채무로부터 해방시킬 수 있다.

아르헨티나는 IMF의 구조조정 지침을 따랐으며, 그 결과 아르헨티나는 IMF 모델의 전형적인 실패작으로 여겨지고 있다. 나라의 돈이 어디에 쓰였는지를 조사하는 것은 분명 가치가 있다. 이를 추적하여 정확한 사실을 발견한다면, 적절한 결론을 도출할 수 있을 것이다. 지난 수년간 남미에서 유출되는 자본은 소위 채무를 상환한다는 명목으로 빠져나가고 있다. 아르헨티나를 떠난 돈 역시 많은 부분이 채무상환에 사용되는데, 그 즉시 이런 돈은 모두 채권자인 은행, 금융기관 등의 손에 들어갔다. 최근 미국 의회의 조사에 따르면, 남미와 관계가 깊은 은행들을 포함하여 미국의 주요 국제 은행들이 불법적인 활동을 통해 미국으로 들어오는 거대한 현금의 '대문 gateway' 역할을 한다는 것이 밝혀졌다. 또한 이와 동일한 상황이 국제뱅킹 시스템에서도 일어나고 있다고 한다.

그러나 채무를 다루는 데 있어서 채무국들이 보수적이고 법적인 수단들을 사용하는 것은 그다지 현실성이 없다. 이는 힘과 관련된 것이지, 법이나 도덕성과는 무관하기 때문이다. 선택이란 어떤 원리원칙적인 공상세계가 아닌 냉엄한 현실세계에서 이루어져야 하며, 이 세계는 힘의 논리에 의해서 지배되고 있다. 정의와 법률이 세계질서를 이끈다는 이야기는 오직 아이들의 동화와 지적인 의견이 게재되는 전문지의 지면에서나 볼 수 있는 것이다.

소련이 붕괴되기 이전에는 두 나라가 세계를 지배했다. 힘이 훨씬 강한 미국과, 지구촌 관리에 있어서 대략 동생 정도junior partner의 역할을 하는 소련이 그런 나라들이었다. 그 시기의 전쟁이란 초강대국 간의 전쟁이 아니었다. 이 양대 세력은 자신들이 지배하고 있는 영역을 통제하기 위한 테러와 폭력을 정당화하기 위한 구실로, 상대방이 자신에게 위협적인 존재라고 주장했다. 이런 것은 내부 문서 기록에 매우 분명하게 나타나 있으며, 실제 사건들의 기록도 그렇다. 서구의 경우에 냉전이란 때때로 과거 '유럽식 제국주의European Imperialism'라고 불리던 북-남North-South의 분쟁이 연장된 성격이었다.

그런 이유 때문에 냉전시대가 끝난 후에도 국가적 정책은 큰 변화 없이 과거부터 추구해 오던 방식대로 지속되었다. 사실 동-서East-West의 분쟁은 그 뿌리를 보면, 북-남 분쟁과 닮은 점이 많다. 초강대국인 미국과 소련은 상대방의 영역에서 일어나는 분쟁을 교묘히 이용했다. 아마 이런 체제로 다시 돌아가기를 원하는 사람은 없을 것이다. 다행스럽게도 과거의 이런 체제로 회귀하려는 징후는 없다. 지난 수십 년간 발전하고 있는 세계질서를 보면, 경제력 면에서는 3극 체제이며 군사력 면에서는 1극 체제다. 유럽과 아시아는 경제력이나 기타 측면에서는 대략적으로 미국과 대등한 위치에 있지만, 군사력 면에서는 미국이 홀로 제1의 자리를 고수하고 있다. 그리고 점점 더 강해지고 있다.

'민주주의'의 개념은 그리 단순하지 않다. 단순하게만 본다면, 한 사회의 구성원인 대중들이 자신들의 관심거리 사안들에 대해 의미 있는 결정을 할 수 있을 때, 이 사회를 민주적이라고 할 수도 있다. 삶의 기본적인 측면에 대한 결정권이 이상할 정도로 사적인 권력에 집중되어 있고, '대중매체, 대중화 및 선전수단들을 장악하여 힘을 가지고 은행, 토지, 산업을 사적으로 장악함으로써 개인적 이윤을 추구하는 기업'이 사회를 지배한다면, 민주주의는 별로 실질적인 의미를 갖지 못한다고 오랫동안 인식되어 왔다.

나는 노동자들을 대변하는 것이 아니다. 20세기에 가장 유명하고 존경받던 서양사회 철학자인 존 듀이John Dewey의 말을 대변하는 것이다. 그의 주요 관심사는 민주주의에 관한 이론이었으며, 그를 통상적인 언어로 표현한다면 '지극히 미국적인 사람as American as apple pie'이었다.

나는 민주주의를 미국과 남미의 일반 대중들이 보는 것과 거의 같은 방식으로 보고 있다. 대중들을 대상으로 한 한 설문조사에 따르면 사람들이 민주주의를 원하는 것으로 나타나고 있기는 하지만, 동시에 그들의 '민주주의'에 대한 신뢰는 꾸준히 약화되고 있다. 아르헨티나의 정치학자인 아틸리오 보론Atilio Boron이 수년 전에 지적했듯이 '민주화'란 신자유주의와 부합하는 것이 되었는데, 신자유주의란 사실상 민주주의를 약화시키는 것이다. 이는 지난 20년간 미국에서도 일어나고 있다. 즉, 로널드 레이건 대통령이 권력을 잡은 이후, 정부가 '대중'이 아닌 '소수 및 특정 이익집단'을 위하고 있다고 생각하는 사람들의 수가 50%에서 80%로 증가하였다.

노예제도, 여성 및 노동자들에 대한 억압, 그리고 기타 인권에 대한 혹독한 탄압이 지속될 수 있었던 것은, 희생자들이 여러 가지 방식으로 탄압하는 자들이 생각하는 가치를 자신의 가치인 양 동일시했기 때문이다. 바로 이 때문에 '의식의 성장'이 해방을 향한 출발점이 되는 것이다.

기회가 주어지지 않는 자유란 악마의 선물이며, 그런 기회를 제공하지 않는 것은 범죄다. 어떤 사회의 현재 상태가 소위 이상적인 '문명사회'와 얼마나 떨어져 있는가를 알고 싶다면, 사회의 약자들이 어떤 처지인가를 보면 정확하게 알 수 있다. 몇 시간마다 전 세계 1,000명의 어린이들이 쉽사리 예방할 수 있는 질병 때문에 죽고 있다. 그리고 약 2,000명의 여성들이 임신과 출산 시에 간단한 치료나 보살핌을 받지 못하여 죽거나, 중증 장애인이 되고 있다. 유니세프UNICEF는 그러한 비극들을 극복하고, 기본적인 서비스를 모든 사람들이 받게 하는 데에는 '개발도상국가' 연간 군사비의 4분의 1, 미국 군사비의 10%만 있으면 될 것이라 추정한다. 이처럼 현실에서 일어나고 있는 참상의 배경을 무시한 채 인간의 자유를 주제로 하여 진지한 논의를 한다는 것은 무의미한 것이다.

세계사회포럼이 추구하는 세계화는 약소국을 보호하고, 강대국과 약소국의 모든 대중들을 보호하는 데 중요한 요소가 될 수 있다. 이 외에도 남-남South-South 국가들 간의 협력은 약소국을 보호하는 수단을 제공할 수 있는 독립적인 요소가 될 수 있다.

개발도상국가가 세계화 과정에서 성과를 낼 수 있을지의 여부는 대중들이 스스로의 운명을 자신들의 손으로, 그리고 유사한 문제를 안고 있는 나라들과 협력하면서 직접 개척할 수 있을지의 여부에 달려 있다. 다시 말하면, 지구촌의 대중들이 자신들에게 이익이 되는 세계화를 달성할 수 있을지의 여부가 곧 세계화의 성과라고 할 수 있다는 뜻이다.

나는 합리적인 사람이라면 현재와는 전혀 다른, 범세계적인 시스템을 희망해야 한다고 생각한다. 이 역사적인 순간에 대안적인 비전들이 매우 필요하다. 프라우트Prout의 협동조합 중심의 경제적 민주주의는 인간의 기본적인 가치에 기반을 두고 있다. 그리고 모든 이들의 복지를 위해서 지구의 자원을 서로 공유해야 한다는 관점에 기반을 두고 있다. 따라서 프라우트는 진지하게 고려해 볼 가치가 있다.

노엄 촘스키 박사는 1955년부터 MIT 대학에서 언어학을 가르치고 있는 저명한 교수다. 그는 언어학, 철학, 정치학, 인지과학, 심리학 등의 분야에서 70권 이상의 저서와 1,000편 이상의 논문을 냈다. 그는 수많은 상을 받았으며, 1988년에는 기초과학에 대한 기여를 인정받아 일본의 노벨상으로 일컬어지는 교토 상Kyoto Prize을 수상했다. 촘스키 박사는 또한 미국에서 가장 영향력 있는 반체제 인사들 중 한 사람이며, 지난 50여 년간 매우 급진적인 입장을 유지하면서 논란의 대상이 되어 왔다. 그는 전 세계를 무대로 강의를 하고 있으며, 개발도상국가에 대한 미국의 간섭, 인권의 정치적 · 경제적 측면, 기업이 소유한 대중매체의 선전 역할 등과 같은 이슈들을 분석해 왔다.

현실성 있는 이상적인 사회

마르코스 아루다Marcos Arruda 박사
(브라질의 경제학자, 교육학자)

다다 마헤시와라난다가 이 책에서 설명하고 있는 프라우트 비전의 핵심은 프라우트가 전체를 아우르고 있다는 점이다. 프라우트 모델은 인간에 대한 전인적인 접근방식이며, 우리 존재의 생산과 재생산을 개인적 차원과 집단적 차원에서 조직해야 하는 삶의 물질적 차원의 도전에 있어서도 총체적인 접근방식이다.

프라우트의 총체적이며 체계적인 접근방식은 훌륭하며, 인간사회의 존재와 관련된 그 어느 측면도 누락시키지 않는다. 그리고 현재 세계가 처한 현실에 대해 비판적으로 되돌아보고 있으며, 지금과는 다른 세계를 건설하기 위한 방법에 대한 탐색도 있다.

개인 차원이건 집단적 차원이건, 생산의 사회적 관계 중심에 인간이 있어야 한다는 제안에는 경제를 중요하게 여기는 관점이 요구된다. 그러나 그것이 결코 이 지구상에서 인간만을 다루어야 한다거나, 인간만이 가장 중요한 존재로 여겨져야 한다는 뜻은 아니다. 경제는 정치, 문화, 환경 및 영적인 측면들과 서로 공존하고 있다. 따라서 우리에게 주어지는 도전은 인간 존재만큼이나 복잡하고 다차원적인 것이다.

이는 소위 '사회경제적 연대solidarity socioeconomy'[1]와 조화를 이루고 있는 프라우트 제안의 한 측면일 뿐이다. 관점의 동일성을 보이는 여타의 측면들로는 자본주의에 대한 급진적인 비판과 이타심, 협동심, 연대성, 다른 이들과 다른 문화에 대한 상호존중 등이 있다. 한 종種으로서 우리들의 생존은 이러한 자질들을 계발하고, 계발한 그 자질들을 다른 사람들은 물론이고 지구 전체와 우주에까지 적용하는 데 달려 있다.

프라우트에서는 우리 인간들이 서로 상충적인 자질들을 동시에 갖고 있음을 간과하지 않는다. 그러한 상충성이 인간을 진보시키고, 역동적인 성격으로 만들어 주기 때문이다. 프라우트는 인간의 양심을 일깨움으로써, 우리들로 하여금 능동적으로 창조하는 태도를 갖도록 해준다. 이것은 다음과 같은 방법으로 성취된다.

- 여러 사람의 영혼과 의지를 잃게 만들며, 사람들이 이기적, 경쟁적, 공격적이 되도록 만드는 모방문화pseudo-culture를 극복하도록 한다. 나아가 개인주의가 최고의 가치이며, 개인의 이익을 극대화함으로써 모든 이들이 혜택을 받게 된다는 자본주의의에 대한 환영을 무너뜨린다.

- 느낌을 공유하고 고통을 함께하며, 다른 이들과 같은 목표를 지향코자 하는 자비의 문화를 증진시킨다. 또한 개인과 집단, 여성과 남성, 현재와 과거, 활동성과 사고, 합리성과 감정, 본능과 의지, 물질과 영혼, 동물과 인간 및 초인간의 관계 등 사람들이 가지고 있는 각종 상호보완적인 측면들을 깨닫도록 노력한다.

자본주의에 대한 사카르의 비판은 매우 급진적이며, 이 책의 저자는 그와 같은 비판을 오늘날의 세계 현실에 적용하고 있다. 그 비판은 혁명적이다. 자본주의를 생산에 얽힌 사회적 관계를 형성하는 시스템이라는 측면에서 탐구할 뿐만 아니라, 동시에 존재론적, 윤리적, 인식론적인 틀에서도 다루기 때문이다. 저자는 자본주의라는 나무가 생산해 낸 열매를 추상적인 의미가 아닌, 역사적이고 사회적인 관점에서 분석한다.

프라우트에서는 세상을 바꾸려면 개인이 발전해야 한다고 제안한다. 거대한 역사적인 변화는 개인의 선택에서 시작된다. 우리들이 행하는 일상의 행동들이 모두 중요한 사회의 변화에 기여하는 것이다. 조그마한 불빛들이 모이면 모일수록 점점 강렬한 빛을 만드는 것처럼, 우리들이 무언가를 개선하기 위해서 행하는 모든 행동은 변화를 위한 다른 행동들과 결합되어야 한다.

이 책에서는 완전히 새롭게 정의를 내려야 하는 개념들을 다루고 있다. 예를 들면, 오늘날 부의 개념이란 순전히 물질적인 것으로, 자본, 돈, 상품에 중심을 둔다. 하지만 프라우트에서는 이 개념을 훨씬 더 확장하여 새로운 경제 시스템을 제안한다. 즉, 사람들의 정신적, 영적 성장을 위한 수단으로 모든 사람들의 물질적 욕구를 충족시켜 주어야 한다는 것이다. 기술의 발전 역시 이 책에서는 새롭게 해석하고 있다. 즉, 기술의 발전을 통해 근로자들이 단순한 생존을 위한 활동에 모든 시간을 바치는 것으로부터 해방시켜서, 보다 많은 시간을 자신들의 보다 높은 차원의 재능을 계발하도록 만들어 주는 것이다.

저자의 글로벌 자본주의에 대한 분석은 매우 비판적이다. 비록 자본주의 시스템이 기술적, 물질적으로 진보하여 그 생산물들이 계속해서 풍성해진다고 해도, 그것은 인간의 고통을 증가시키는 원인이 된다고 본다. 자본가들은 자신들에게 부를 더욱 집중시키고자 하기 때문에, 이들은 돈과 자원의 건전한 분배 및 순환을 방해한다. 또한 자연과 인간이 가진 모든 것을 상품화하고 존엄성을 훼손한다.

이 책은 다양한 문화적 배경을 지닌 저명한 기고가들의 글을 모아, 사회 경제적 및 인간변환을 위한 프라우트적 비전을 구성했다. 사카르는 칼 마르크스가 영성이나 초인간적인 가치들에 대해 반대하지 않았다고 밝혔으며, 저자는 이러한 사카르의 견해를 우리와 공유하고 있다. [2]

인간이 가진 모든 문제에 대한 해결책은 주관적인 영역에 있다고 주장하는 영적 운동들이 많이 있다. 그러나 프라우트에서는 이런 주장과 전혀 의견을 달리한다. 프라우트가 비록 인도의 문화에 깊은 뿌리를 두고 있기는 하지만, 프라우트 운동은 행동과 사고, 그리고 인간의 물질적인 측면과 영적인 측면의 발전을 결합하고 있다. 프라우트는 확실히 보편주의에 기여하고 있다. 이 책이 가지는 가치는 또 하나 있다. 바로 책의 저자 자신이 프라우트 운동을 주도하는 인물들 중 하나이며, 이 책에서 제시하는 제안들이 지니고 있는 모든 가치는 저자의 실질적인 경험 및 영적인 이해와 결합되어 있다는 점이다.

이 책에서 저자가 제시하는 제안들이 갖고 있는 '이상주의적' 측면 때문에 다소 겁을 내는 독자도 있을 것이다. 나는 그런 독자들에게, 역사상에 나타난 그 어떠한 사회조직 시스템도 뛰어난 사상가의 추상적인 비전에만 기반을 둔 예가 없었다는 점을 상기시켜 드리고 싶다. 내가 글을 쓰고 있는 시점에도, 프라우트에서 제시하는 제안들은 다양한 형태와 다양한 이름을 갖고 세계 전역에서 수많은 사람과 지역사회에 의해서 그 생명이 유지되고 있다. 프라우트에서 제시하는 제안의 '이상주의적' 차원은 국가 전체, 그리고 가능하다면 모든 인류를 대상으로 하는 계획이 수반되어야만 한다. 그러나 프라우트의 제안들은 '현실성 있는 이상적인 사회'를 달성하려고 하기 때문에 실천적인 것이다. 프라우트의 비전은 인간의 전체성 wholeness에 그 기반을 두고 있으며, 현재 인간사회가 직면하고 있는 문제들에 대한 확실한 답을 원하는 여러 활동가들의 깨어난 삶 속에서도 구현되고 있다.

글로벌 자본주의는 오직 소비하고자 하는 욕망에만 사로잡혀 있다. 그 결과 자본주의는 인간사회 전체 및 개개인의 가장 깊은 곳에 존재하고 있는 열망들을 충족시켜 주지 못하고 있다. 프라우트의 제안은 모든 개체들의 존재가치existential value와 인간사회의 조직을 함께 껴안는 자본주의 이후post-capitalist 시대의 프로젝트로서 그 스스로를 건설할 힘을 지니고 있다.

또한 프라우트의 제안은 현실에서 실천이 가능한지의 여부를 엄격하게 검증받고 있다. 나는 프라우트가 실천의 현장에서, 프라우트와 비슷한 원칙, 가치, 비전을 공유하는 다른 그룹들과 점차 많이 연결되고 결합될 것이라 믿는다. 사회경제 연대, 대중적 경제, 농업혁명 등을 추진하고 있는 풀뿌리 조직들이 많이 있다. 이 운동 조직은 국가적 수준에서 하나 이상의 분야에서 확고하게 자리를 잡게 될 것이며, 그로 인하여 궁극적으로는 연대성에 기반을 둔 협동적인 세계화를 향해서 나아가게 될 것이다. 이 운동은 인간을 초인간으로 변환시키는 것에 그 어느 때보다도 높은 잠재력을 가지고 있다.

리우데자네이로에서 2002년 9월 12일

마르코스 아루다Marcos Arruda는 1970년에 브라질 군사독재 하에서 투옥되어 고문을 당했다. 국제사면협회Amnesty International는 브라질 정부에 압력을 가하여 그를 석방시키도록 했으며, 석방 후에는 11년간 강제적으로 망명생활을 해야 했다. 그는 망명 기간 동안 워싱턴 DC의 아메리칸American 대학에서 경제학 석사학위를 받았으며, 그 후에는 제네바의 '문화적 행동 연구소Cultural Action Institute'에서 저명한 교육가인 파울로 프레이리Paulo Freire와 함께 일했다. 그는 기니비사우Guinea-Bissau, 케이프베르데Cape Verde, 니카라과의 교육부에서 자문가로서 일했다. 그는 브라질의 플루미넨세Fluminense 연방대학교에서 교육학 박사학위를 받았으며, 10여 권 이상의 서적과 100편이 넘는 논문을 단독 및 공동으로 저술했다. 그는 '남미 남부 콘 지역을 위한 대안정책연구소(PACS, Policy Alternatives for the Southern Cone of South America Institute)'의 책임자다. 그는 리우데자네이로에서 근로자들을 대상으로, 그들이 자신의 사업을 경영하는 법을 교육시키고 있다.

프라밧 란잔 사카르와
프라우트

프라밧 란잔 사카르Prabhat Ranjan Sarkar는 인도의 비하르Bihar 주 자말푸르Jamalpur에서 1921년에 태어났다. 그의 집안은 지역사회에서 지도적인 위치에 있었으며, 고대로부터 내려오는 영적 전통을 가진 존경받는 가문이었다. 그는 아버지가 타계한 후 가족을 부양하기 위해, 캘커타에서 다니던 대학을 그만두고 자말푸르의 철도회사에서 회계사로 근무했다. 그는 대략 이 시점부터 고대의 영적 과학인 탄트라 명상을 가르치기 시작했으며, 모든 수련자들에게 엄격한 도덕성을 강조하였다. 그는 1955년에 제자들의 요청에 응해서 사회적·영적 조직인 아난다 마르가Ananda Marga(지복의 길. Ananda는 지복, Marga는 길을 뜻한다)를 창설하였다. 그리고 1959년에는 진보적 활용론(Prout, Progressive Utilization Theory)을 발표했는데, 이는 모든 사람들의 복지를 위해서 사회와 경제를 어떻게 재구성해야 하는지를 담은 청사진이었다.

　아난다 마르가와 프라우트 운동은 1960년대에 인도에서 급속히 확산되었다. 사카르를 따르는 사람들 중 많은 이들이 인도의 고위직 공무원들이었는데, 이들은 인도 정부의 고질적인 부패와 힌두교의 계급제도에 대해 적극적으로 항거하였다. 그에 따라 국수주의적인 힌두교 무리들이 아난다 마르가에 대해 반대를 하기 시작했으며, 결국에는 인도 정부가 아난다 마르가를 정치적으로 파괴적인 혁명조직으로 규정했다. 그리고 인도 공무원들이 아난다 마르가에 가입하는 것을 금지시켰다. 다소 놀라운 것은, 인도의 서벵골West Bengal 주 정부를 장악하고 있던 '인도 마르크주의자 공산당(CPI-M, Communist Party of India-Marxist)' 도 아난다 마르가와 프라우트를 반대했는데, 그 이유는 영성과 사회적 이상을 복합시킨 사카르의 독특한 점이 공산당의 많은 당원들을 끌어당겼기 때문이었다.

아난다 마르가에 대한 징벌과 탄압이 증가되었고, 1971년에는 살인공모 혐의를 조작하여 사카르를 체포하였다. 그는 투옥되었고, 인도 정부는 그를 감옥에서 독살하려 했다. 이에 대한 저항으로, 사카르는 수년간 하루에 물에 섞은 요구르트 두 잔만 마시며 단식을 했다. 1975년에 인디라 간디 Indira Gandhi 수상은 '비상사태'를 선포하여 언론을 검열하는 동시에, 자신에 반대하는 모든 단체를 불법화했다. 그녀가 불법화시킨 26개의 단체들 중에서 상위 14개는 모두 아난다 마르가 및 프라우트와 관련된 단체들이었다.

이들 단체들에 소속되고 이름이 알려진 모든 활동가 및 회원들은 재판도 없이 투옥되었다. 이처럼 민주주의가 제 기능을 하지 못했던 시기에 사카르는 유죄판결을 받고 무기징역이 선고받았다. '비상사태'는 1977년에 인디라 간디가 선거에서 급작스럽게 패하여 수상직을 물러나면서 끝이 났으며, 그 다음 해에 사카르는 항고를 통하여 모든 혐의에 대해 무죄를 선고받았다. 그는 석방되는 날 단식을 끝냈는데, 그가 단식한 기간은 5년 이상이었다.

사카르를 만난 경험

나는 1974년에 미국에서 명상을 배우면서 사카르의 책들을 읽기 시작하였다. 영적 수행은 나를 변화시켰으며, 나는 내가 명상을 하기 전에 상상했던 것 이상으로 행복과 내면의 충족감을 발견하였다. 사카르의 책들은 사회적 변화 및 내면으로의 영적 여행에 대한 무궁무진한 아이디어를 제공해 주는 보고와 같았다.

내가 사카르를 처음 만난 것은 1978년 1월 그의 감옥에서였다. 나는 그

토록 순수하고 무조건적인 사랑을 결코 체험해 보지 못했다. 그는 나로 하여금 출가 승려가 되도록 고무시켰다. 나는 그 이후 승려가 되어 처음에는 동남아에서, 그리고 후에는 브라질에서 사회봉사 사업을 조직하고, 대중과 교도소 재소자들을 대상으로 명상을 가르치고 강의를 하고 때때로 글을 쓰면서 지내 왔다.

사카르를 처음 만난 이후 그가 떠난 1990년까지 12년 동안, 나는 여러 번 사카르를 만나는 기쁨을 가질 수 있었다. 그 기간 동안 사카르는 캘커타에서 영성, 프라우트, 철학, 과학 등에 관한 자세한 가르침을 전하며 매우 활발하게 활동했다. 그는 또한 아난다 마르가 조직을 이끌었으며, 프라밧 상기타Prabhat Samgiita(새벽의 노래)라고 불리는 새로운 흐름의 노래 5,018 곡을 작사·작곡하였다. 또한 10여 개가 넘는 언어의 구조 및 문법에 대해 가르치기도 했다. 이 기간 동안 그는 계속 늘어나는 제자들에게 명상을 가르치는 데 시간을 보냈다. 그 제자들 중에는 아바두타avadhuta 및 아바두티카avadhutika라고 불리는 선임 출가수행자들도 포함되는데, 필자도 그중의 하나다. 현재 출가수행자들의 수는 수천 명에 이른다.

프라우트의 총체적 거시경제 모델

진보적 활용론(프라우트)에 관한 사카르의 가르침은 총 1,500여 페이지에 달하며, 인도의 여러 주, 특히 가장 가난한 주들이 자급자족할 수 있는 방법에 대해 광범위하고 자세한 내용을 담고 있다. 프라우트는 일종의 통합적 거시경제 모델로서, 사회적·경제적 지역 및 그 지역 사람들에게 발전과 혜택을 주기 위해 고안된 시스템이다. 프라우트는 매우 깊은 내용을 다루는 동시에, 정묘함과 복잡성을 함께 지니고 있다. 이 책은 프라우트의 기초적인 개념과 구조에 대한 대강의 모습을 제공할 수 있을 뿐이다.

프라우트가 어떤 사회에나 그대로 적용시킬 수 있는 고정된 틀이 아님을 이해하는 것이 중요하다. 프라우트는 어떤 지역의 자연환경을 보존하고 강화시키면서, 동시에 그 지역이 풍요로워질 수 있도록 적절하게 적용시킬 수 있는 역동적인 원칙들을 광범위하게 조합한 것이다. 어떤 나라가 프라우트 모델을 성공적으로 적용하려면, 그 나라 국민들과 지도자들은 이러한 원칙들을 어떻게 가장 잘 적용해야 할 것인지에 대해서 책임 있는 결정들을 내려야 할 경우가 많다.

프라우트에 대해서 가장 많이 묻는 질문은, 프라우트 모델이 실제로 적용되는 곳이 어디인가 하는 것이다. 프라우트 식 협동조합과 공동체사회의 본보기들이 여러 대륙 여러 국가에 존재하고 있지만, 주 전체 또는 국가가 프라우트 시스템을 전체적이며 상호연관된 차원에서 널리 시행하겠다는 선택을 하기 전까지는 이 모델을 볼 수 없을 것이다. 이 책을 쓰는 지금, 호주, 아르헨티나, 브라질의 프라우트주의자들은 프라우트에 기반을 둔 자본주의 이후의 사회가 자신들의 나라에서 어떻게 실질적으로 적용될 수 있을 것인지에 대한 자세한 보고서를 준비 중에 있다.

나는 사카르가 현 시대에서 가장 뛰어난 영성가들 중의 한 사람이며, 사회변화를 위한 그의 모델이 세계를 완전히 바꿀 것이라고 믿는 많은 사람들 중의 하나다. 어느 날 밤에 태국 방콕의 한 공원을 사카르와 함께 걷고 있을 때, 그는 자신이 몇몇 국가에서 배척을 당하고 입국을 거절당하는 이유를 설명해 주었다.

"그들은 내가 위험인물이라고 말하지. 그러나 천만의 말씀! 나는 위험인물이 아니야. 나는 모든 존재를 사랑해. 나는 보편적인 사랑을 지니고 있어. 나는 위험인물이 아니야. 나는 강한 사람이지."

그런 다음 그는 목소리를 바꾸어, 낮으면서도 신중한 목소리로 천천히 말했다.

"오직 이기주의selfishness의 비린내fishy smell를 좋아하는 자들만이 나를 무서워하지. 이기주의는 프라우트가 용납하지 않는 정신병이니까."

제1장
전 세계 자본주의의
위기와 경제불황

우리는 전 세계가 거대한 단일 가족이라는 것을
한순간도 잊어서는 안 된다. 자연은 결코 이 지구 자산의
어떤 부분도 특정 개인에게 제공하지 않았다…
우주 전체의 부가 모든 우주 구성원의 공동 재산이다.
그런데 어떤 사람은 호화스럽게 뒹굴며 사는가 하면,
어떤 이들은 굶주림에 떨며 기아로 서서히 죽어 간다.
이러한 체제의 정당성을 인정할 수 있는가?

−P. R. 사카르Sarkar[1]

자본주의 체제는 그 태동 이래 수백 년간 많은 변화를 해왔다. 그럼에도 그 체제의 바탕에는 이윤, 이기주의, 탐욕의 세 요소가 지속적으로 이어져 왔다. 자본주의에서는 혜택을 받는 사람보다 배제되는 사람이 더 많다. 오늘날 지구촌 인구의 절반이 가난 속에서 고통 받으며 죽어 가고 있다.

자본주의 체제의 타고난 모순 때문에 지구촌 경제는 결국 대공황으로 이어질 수밖에 없다. 그 이유를 이해하기 위해 자본주의가 어떻게 발전해 왔으며, 그 체제의 치명적인 결함이 무엇인지를 아는 것은 매우 중요하다. 이를 통해 얻는 지식은 더 나은 미래ー자본주의 이후에 오게 될 미래ー를 어떻게 준비할 것인가를 모색하는 데 도움을 줄 것이다.

식민지 시대에서 정치적 독립의 시대

1492년 콜럼버스가 바하마Bahama 군도에 처음 상륙하였을 때, 그는 아라와크Arawak 족을 만났다. 이들은 마을 공동체를 이루어 살면서 옥수수, 야마, 카사바 등을 재배하는 발달된 농사법을 보유하고 있었다. 또한 외부인들에 대한 친절함과 나눔의 문화가 발달해 있었다. 그러나 콜럼버스와 그 일당들은 원주민 수백 명을 노예로 만들어 스페인으로 끌고 갔다. 대대수의 아라와크 족은 가는 도중에 추운 날씨로 죽었으며, 나머지는 스페인에서 노예생활을 하다 죽어 갔다.

그 다음 원정에서 콜럼버스 일당은 자신들의 항해를 재정적으로 지원한 스페인 왕과 왕비에게 진 빚을 갚고, 자신들의 부를 늘리고자 금을 찾는 데 혈안이 되어 있었다. 이 과정에서 많은 원주민들을 야만적으로 학살하였다. 콜럼버스가 아이티Haiti에 도착했을 때는 약 25만 명의 아라와크 족이 살고 있었던 것으로 추정된다. 그러나 이들은 노예가 되었고, 광산과 대규모 농장에서 일하다 죽어 갔다. 20여 년 후 이들은 5만 명으로 줄었다. 1550년에는 500명만이 살아남았으며, 1650년의 보고서에는 섬의 원주민과 그 후예가 한 명도 남아 있지 않은 것으로 기록되었다.[2]

스페인과 포르투갈은 금, 은, 토지 및 돈이 될 만한 것은 무엇이든 침탈하려는 탐욕 때문에 남미와 중미 모든 지역을 침략했다. 그곳의 원주민들을 노예로 만들었고, 대량 학살까지 하였다. 영국과 프랑스, 네덜란드가 마찬가지 형태로 다른 대륙들을 침탈했다. 식민지들은 원자재의 형태로 무한한 부를 공급하였다.[3]

자본주의의 최초 이론가인 애덤 스미스는 그의 저서 《국부론An Enquiry into the Wealth of Nation》에서 식민주체 국가들이 부를 축적하는 과정을 잘 관찰하였다. 그는 부를 창조할 능력이 있는 자들이 정부로부터 방해를 받지 않는다면 마음껏 부를 축적할 수 있으며, 이것은 바로 국민 전체에게 혜택이 된다고 주장하였다. 이 주장은 후에 '자유방임주의Laissezfaire' 라는 이론으로 불렸다. 이는 자본가들이 최대한의 부를 축적하는 것에 대해 정부가 제한해서는 안 된다는 주장이다.

한편 산업혁명과 함께 식민지는 시장으로 전락하였고, 식민지 본국의 완제품을 사도록 강요받았다. 이 완제품들은 식민지의 원자재로 만들어졌다. 인도는 영국의 '왕관 속의 보석' 으로 일컬어졌는데, 그 이유는 영국에게 거대한 부를 안겨 주었기 때문이다. 19세기 초까지 인도는 직물산업이 호황을 누리며 면제품을 수출해 왔다. 그런데 영국이 인도의 섬유수출을 금지시켰고, 인도인들이 영국 맨체스터에서 생산된 직물로 만든 영국제 의류를 사도록 법을 만들었다. 이로써 인도의 전통 무역과 직조기술은 막을 내렸다.[4]

이처럼 소위 '선진국' 들이 자국의 경제를 발전시킬 수 있었던 것은, 식민지의 생산 및 판매 활동을 제한하는 방법으로 착취했기 때문이다. 이는 단순히 식민지에서 들여온 원료를 가공하는 일을 넘어서는 것이었다.

그러나 사람들의 의식수준은 점차 높아져 갔고, 노예제도는 결국 모든 선진국들에서 불법화되었다. 20세기에 독일, 일본, 이탈리아의 군국주의 체제가 주변 국가를 침공함으로써 제2차 세계대전을 촉발하였을 때, 전 세계인들은 당시 발달하기 시작한 신문의 사진, 영화, 라디오 등을 통해 전쟁을 보고 들을 수 있었다. 수백만 명이 희생된 피의 살육전은 세계의 정서를 바꾸어 놓았다. '제국주의'와 '식민주의'라는 말을 치욕스런 단어로 만들어 놓았던 것이다.

해방운동은 모든 식민지로부터 시작되었다. 승전 후 불과 10년도 안 되어 영국, 프랑스, 미국, 벨기에, 네덜란드 등 연합국들은 모든 식민지로부터 물러나야 했다. 스페인과 포르투갈은 그 전에 이미 아메리카 대륙의 식민지를 잃었다.

더 이상 군사력으로 다른 나라를 직접 약탈하는 것에는 군침을 흘리지 않았다. 강대국들은 식민지 국가들에게 정치적인 자유를 주었으며, 대신 그들의 경제를 보다 더 교묘한 방법으로 통제하는 방법을 모색해 왔다.

냉전시대의 경제논리

제2차 세계대전 말기인 1944년에 연합국의 경제전문가들은 미국 뉴햄프셔 주의 브레턴우즈Bretton Woods에 모였다. 그들은 자국의 경제적인 이익을 식민지시대 이후에도 증진시키는 방안에 대해 논의하였다. 이 모임에서 자국의 통화를 금과 태환할 수 있는 미국 달러에 기준을 두어 관리하기로 하였다. 이 규정과 기타 다른 많은 규정들을 만들어 미국을 실질적인 국제은행으로 만들었다. 이 제도는 1950년대와 1960년대 미국 기업들의 해외투자를 용이하게 하였다. 이는 미국을 매우 유리하게 만들었다.[5]

미국과 그 동맹국들이 공산주의 국가들을 상대로 벌인 냉전은 사실상 가난한 국가들을 영향력 아래 두어, 이들의 보유 원자재를 사회주의 국가들이 가져가지 못하게 하는 투쟁이었다. 1973년 민주 선거로 당선된 살바도르 아옌데Salvador Allende 칠레 대통령은 미국이 소유한 거대한 아나콘다동 광산회사Anaconda Copper Mining Corporation를 국유화했다. 그러나 얼마 지나지 않아 피노체트Pinochet 장군이 주도한 칠레 군부가 쿠데타를 일으켰고, 아옌데 대통령을 포함한 수천 명을 처형하였다. 후일 〈뉴욕타임즈〉

는 그 쿠데타 뒤에 미국중앙정보부CIA의 재정지원과 부추김이 있었다고 밝혔다.[6]

중남미와 아프리카, 아시아 대륙은 대중들의 지지를 얻는 정부가 오히려 불안정했다. 대신 군사 독재자들이 서방의 지원을 받았다. 그 이유는 다국적기업의 경영 활동에 유리한 조건과, 소위 국가의 '안정'을 유지할 수 있는 능력을 지녔다는 구실 때문이었다. 체제에 불만을 가진 인사, 활동가, 기자, 교사, 성직자들은 '공산주의자'로 찍혔다. 인권을 주장하고, 불의와 싸우고, 경제적 자립을 추구하는 자들에게는 고문과 살해, 그리고 테러가 조직적으로 자행되었다.

다국적기업의 지배 확산

지난 150여 년간 자본가들은 자신의 기업을 가장 자산이 많고 막강한 기업으로 만들기 위해 온갖 방법과 전략을 구사해 왔다. 노예제도가 끝나자 미국은 14번째의 수정헌법을 만들어 아프리카계 미국인들에게 평등권을 부여하였다. "… 어느 주도 사람의 삶과 자유, 또는 재산을 적법절차를 거치지 않고 박탈할 수 없다…" 미국의 변호사들은 이 조항을 유리하게 해석하였다. 즉, 법정에서 기업도 '인격체'로 인정해야 한다는 교묘한 주장을 하였던 것이다.

이 이상한 법률 해석은 기업이 문을 닫아야 하고 대중들의 간섭을 받아야 하는 상황에서도, 기업을 보호할 수 있도록 매우 유리하게 작용했다. 더 나아가 이 조항은 기업이 사업에 실패했거나 환경을 파괴한다는 혐의를 받을 경우에도, 기업의 소유주를 재정적·도덕적 책임으로부터 자유롭게 해준다. 이를테면, 마지막 순간까지 수백만 달러를 받던 최고경영자CEO는 직원들에게 아무것도 지불할 의무가 없게 되는 것이다.

대규모 기업홍보 전략을 펼 수 있는 대기업의 능력은 소규모 기업의 그것에 비해 매우 강력한 무기다. 2006년 다국적기업은 광고비만 2,670억

달러를 지출하였다.[7]

그리고 대중들의 소비욕구를 자극하는 교묘한 방법에 대한 과학적인 연구가 진행되고 있다.

세계에서 가장 큰 음료 회사인 코카콜라의 홍보 전략은 매우 성공적이었다. 1886년에 설립된 코카콜라의 주 생산품은 카페인과 인산을 내용물로 한 분명 건강에 해로운 설탕투성이 음료다. 그러나 이름과 로고에 대한 막대한 홍보를 통해 대중들이 코카콜라는 물보다 더 갈증을 해소시켜 준다고 믿게 하였다. 동시에 코카콜라는 즐거움을 준다고 믿게 하였다. 코카콜라는 각종 스포츠팀과 올림픽대회, 월드컵 대회를 후원한다. 그 외에도 콜롬비아 영화사, 유니버설 스튜디오, 그리고 브라질의 인기 드라마와 수백만 달러의 거래를 통해 이들 영화에 콜라를 마시는 배우들이 나오게 한다.

힘과 돈을 축적하는 기업들

기업들은 주가를 올리고 세금을 줄이기 위해서 '기발한 회계기법'을 사용한다. 루퍼트 머독 뉴스코프 인베스트먼트Rupert Murdoch's Newscorp Investments 그룹은 1987년부터 1998년까지 무려 14억 파운드의 순이익을 냈다. 그러나 이 그룹의 회계담당자는 뛰어난 회계기법을 통해 영국정부에 한 푼의 세금도 내지 않게 하였다.[8]

2001년 12월 다국적 에너지무역 및 금융회사 엔론Enron은 역사상 가장 큰 규모의 파산신청을 했다. 628억 달러의 자산을 보호하기 위한 것이었다. 엔론을 고소한 주주들의 변호사 윌리암 리락William Lerach은 엔론의 29명의 이사와 고위급 간부들이 110억 달러에 달하는 주식을, '엔론의 이윤을 6억 달러, 주가를 11억 달러나 더 부풀려 발표했던' 시점에 매도했다고 밝혔다. 그는 그들의 회계기법을 비판하면서, "이 회계장부는 수백만 달러를 착복한 최고경영진들에 의해서 조작되었다. 반면 엔론의 직원들은 희생되었으며, 수십만 명의 엔론 투자자들은 수십 억 달러를 잃었다"고 밝혔다.[9]

몇 개월 후 엔론보다 더 큰 규모의 파산신청을 한 회사가 나타났다. 자산 규모 1,039억 달러로 급성장하던 장거리전화 및 인터넷 회사 월드컴 Worldcom Inc.이었다. 이 기업 이사들이 33억 달러에 달하는 수익을 과대 발표했고, 2002년 8월에도 38억에 달하는 과대 수익을 보고했다는 것을 인정함에 따라 문을 닫게 되었다. 이 발표에 대해 미국 검찰총장 존 아시크 로프트John Ashcroft는 기자회견에서 이렇게 말했다. "부패한 경영자들이 그들의 직원과 투자자들을 배반한다면 도둑보다 나을 게 없다."[10]

기업들이 시장 독점 및 경쟁사들을 없애거나 사들일 때, 비밀리에 또는 비공식적으로 다른 기업들과 시장 가격을 조작하는 관행은 반독과점법에 의해 소송을 당할 수 있다. 이에 대한 기업의 대책은 보다 기업 친화적인 정부가 들어설 때까지 기다리는 것이었다(막대한 정치자금을 양당 모두에 기부함으로써 어느 당이 승리를 하든 기업 친화적 정서를 확보하는 것이다). IBM의 한 변호사는 변호사 사업 초기에 이미 "나는 아무리 간단한 독과점 사건의 경우라도 수임을 받아… 법정에서 무한정 시간을 끌면 된다"는 사실을 배웠다고 한다.[11] 마이크로소프트 사는 독과점법 소송에서 패소한 이후에도, 여전히 미국 법무부와의 관계에서 유리한 위치를 유지할 수 있었다.

지난 20여 년간 미국의 규제완화는 기업들이 경쟁사를 더 많이 사들이거나 인수하는 결과를 초래하였다. 1988년 RJR 나비스코Nabisco 총수는 역사상 가장 큰 규모의 기업인수를 계획하고 있었다. 이때 자신의 인수 계획을 실행에 옮기는 데 충분한 자금이 없지는 않을까 걱정하였다. 그는 "나는 인수에 필요한 자금 170억 달러를 조달하기 위해 어디든 찾아갈 것이다"라고 말했다.[12] 그러나 오늘날에는 합병을 노리는 투기 자금이 넘치고 있다. 막대한 퇴직연금 기금이 뮤추얼펀드와 헤지펀드에 투자되었기 때문이다. 또한 막대한 신용대출로 통화 공급량이 늘었기 때문이기도 하다. 2006년 전 세계적으로 인수합병M&A에 들어간 돈은 2조2,000억 달러에 달했다.[13]

매분기마다 오로지 수익을 고려해야 하는 기업사회의 극심한 경쟁은 근로자의 권익이나 환경은 전혀 배려하지 않는 양심 없는 기업들을 양산해 내고 있다. 대부분의 기업 인수에서는 기업의 이윤성 제고를 위해 많은 직원들을 정리해고 하였다.

이는 권력과 부가 점점 더 소수에게 집중되고 있음을 분명히 보여 준다. 자본주의가 주장하는, 간섭과 방해를 받지 않으면 자유시장 체제는 모두에게 그 혜택이 돌아가게 한다는 것은 분명 거짓말인 셈이다.

오늘날 다국적기업들은 권력과 부를 장악하고 있을 뿐만 아니라, 자신들의 이익을 더욱 증대시키기 위해 자국의 군사력과 경제력에 크게 의존하고 있다. 경제적·군사적 원조는 외국 투자를 권장하는 국가들에 제공되고 있다. 기업들은 자국의 정부를 압박하여 세계무역기구WTO 체제의 이름 아래 더 많은 무역협정을 만들어 내게 하고 있다. 예를 들면 아메리카자유무역지대(FTAA, Free Trade Area of the Americas) 협정이 그것이다. 소위 자유무역 협정들은 '동등한 위치에서 게임을 할 수 있는 무대'를 만든다는 미명 아래, 각국의 공업과 농업 부문을 보호하던 모든 무역장벽들을 무너뜨리고 있다.

영국의 신뢰도 높은 잡지 〈생태주의자The Ecologist〉의 창간 편집자 에드워드 골드스미스Edward Goldsmith는 이 경제 글로벌리제이션 협정이 얼마나 우스꽝스러운 것인지에 대해 이렇게 말했다. "이것은 국내 경제를 죽이며, 새로운 식민지화를 초래하고 있다. 만약 내가 세계 헤비급 복싱챔피언 마이크 타이슨과 맞서 싸워야 된다면, 나는 결코 그를 '동등한 위치에서 게임할 수 있는 무대'에서 상대하지는 않을 것이다. 나는 많은 보디가드를 불러올 것이다."[14]

1994년 미국 정부는 이와 같은 종류의 무역협정을 밀어붙이기 위해 800명이 넘는 협상 직원들을 우루과이라운드의 마지막 무역협상 모임(이 모임은 가트GATT로, 후에 WTO가 됨)에 파견하였다.[15]

물론 이 로비스트들은 민주적으로 선발된, 국내의 다양한 의견을 반영할 수 있는 대표들이 아니었다. 800명 모두 기업의 사장단과 자문가들로 이루어진, 미국 기업들이 자연환경을 파괴하면서까지 이윤을 창출하는 행위를 저해하는 것이 불법이라는 동의를 받아 내려는 자들이었다.

월마트의 예

최근 나는 국제선 여객기에서 북미의 한 사업가 옆에 앉게 되었다. 그는 다음과 같이 월마트Wal-Mart에 대한 실상을 말해 주었다.

"그들의 전략은 교활합니다. 그들은 지도에서 두개의 군county이 만나는 동시에 5~8곳의 마을이 차량으로 45분 이내 거리에 있는 교차점을 찾아냅니다. 시골 한가운데에 있는 그런 장소는 땅값이 매우 싸지요. 그리고 그런 지역들은 어떤 행정구역에도 속하지 않아 교육 및 기타 사회복지를 위한 세금을 시 정부에 낼 필요가 없습니다. 그곳에다 거대한 매장과 주차장을 짓습니다. 맥도널드처럼 최저임금을 주고 그 지역 출신 젊은이들을 수십 명 고용하지요. 대량구매를 통해 그들의 매장을 온갖 다양한 제품과 값싼 제품으로 가득 채웁니다. 마침내 그들이 매장을 오픈하게 되면, 그동안 인근 지역에서 장사하던 모든 가게들(옷가게, 약국, 철물점, 문구점)들은 적자로 돌아서지요. 그런데 이들 가게들은 수십 년간 그 지역에서 주민들에게 봉사했고, 지방세를 내 왔습니다. 이로 인해 시 정부는 세수(稅收)를 잃게 되고, 교육의 질은 떨어지고, 경험이 많은 근로자들은 일터를 잃게 됩니다.

그 월마트 체인점을 고안한 샘 월튼Sam Walton은 로널드 레이건 대통령으로부터 일자리를 많이 만들었다는 공로로 훈장을 받았습니다. 그러나 월마트가 앗아간 그 많은 일자리들은 어떻게 설명하겠습니까? 월마트는 미국 내 4,000개 지점에다 해외에 3,000개 이상의 지점이 있습니다. 월튼의 미망인과 네 명의 자식들은 830억 달러의 순자산을 보유하고 있습니다. 이 금액은 빌 게이츠보다 훨씬 많은 것입니다! 저는 사업가입니다. 자유기업 정신을 믿지요. 그러나 이것은 우리 사회를 파괴합니다. 어떻게든 이런 일은 중지되어야 합니다!"

자유기업 정신은 소규모의 사업에서는 새로운 발명, 창조적인 아이디어, 혁신, 다양성 등을 자극하여 매우 효율적이다. 그러나 불행히도, 월마트의 예처럼 규모가 큰 사업에서는 그 같은 효율성을 보여 주지 않는다. 이윤이 그 지역에 재투자되지 않고 주주들에게 지급되는데, 그 주주들이란 모두 해당 지역 사람들이 아니다. 그들은 또 대부분 그 돈을 금융투기에 사용한다. 그들의 회계장부에는 다국적 기업들이 어떻게 개개인들에게 고통을 주고 지역경제를 파괴하는지는 반영되지 않는다.

개발도상국에 대한 지금 융자와 회수

1971년까지 미국 정부가 보유하고 있는 금을 근거로 미 달러화는 금으로의 1 대 1 태환이 가능하였다. 그러나 그해 리처드 닉슨 대통령은 태환을 종식시켰다. 그리고는 정부가 지닌 금의 가치를 훨씬 초과해 지폐를 찍어 내기 시작했다. 그러자 미국 달러는 세계시장에 넘쳤고, 바로 그즈음 유가도 급상승하였다. 거대한 석유자금이 미국 은행에 맡겨졌고, 금융기관들은 이 많은 돈을 투자하여 이윤을 남길 만한 지역을 절실히 찾게 되었다. 그리하여 은행들은 개발도상국에 수십억 달러씩 빌려 주었다. 이들 국가의 대부분은 자국 내 엘리트층이 지배하고 있었다.

대부분의 채무국들은 부정부패가 만연했다. 부패한 정치인과 기업가들은 공공사업으로 할당된 빌린 돈을 착복하였다. 브라질의 군사독재정권은 건설비용을 매우 부풀려 산정하였다. 그리고는 고속도로와 수력발전소를 건설하기 위해 수십억 달러를 빌렸다. 일간지 〈웨스턴The Western〉은 '브라질의 경제 기적'이라고 크게 떠들었지만, 이는 브라질을 거대한 빚더미 위에 올려놓고 말았다. 1980년대에 이르자 미국의 이자율이 올랐고, 바로 그때 브라질과 여러 남미에서 민주선거가 다시 시작되었다. 그리고 이자 지불액은 크게 불어나기 시작했다.

수천억 달러가 개발도상국에서 선진국으로 흐르기 시작했다. 이 중 일부는 이자를 지불하기 위한 것이었다. 1980년대 후반에 이르자 기존의 빚이 새로 유입된 원조액을 훨씬 넘었기 때문이었다. 개도국에서 선진국으로 유입된 나머지 돈은 '자본의 유출'이었다. 개도국 부유층들이 미국 경제에 투자하기 위해서 송금한 돈을 말한다. 이런 식으로 남미의 경제는 하락하기 시작했다.

1944년 브레턴우즈 회의에서 국제통화기금IMF이 창설되었다. 단기적인 국제수지 적자로 지불불능 상태를 맞은 회원국들에게 자금을 공급해 주기 위해서였다. 대부분의 남반구 빈국들처럼 대규모 대외부채를 안고 있는 국가에게 IMF는 유일한 자금줄이다. 그러나 IMF가 제시하는 경제정책의 개혁안-소위 말하는 구조조정 프로그램-에 동의할 때만 대출금을 받을 수가 있다.

IMF의 구조조정 프로그램

인플레이션을 억제하고 통화를 안정시키기 위한 극단적인 형태의 '절약' 조치가 처방되는데, 그 내용과 결과는 다음과 같다.

- 인원 감축과 사회복지 지출 감소를 통한 정부의 예산지출 축소 조치이며, 이 경우 대량 해고를 유발시킨다. 교육과 의료 부문에서 수혜자 부담을 도입함으로써, 문맹률이 늘고 건강 악화와 사망률이 증가한다.
- 인플레이션을 잡기 위해 이자율을 올리는 조치인데, 이 조치는 소규모 농가나 소규모 사업자의 채무 상환을 어렵게 한다. 한편 외국 투자가들의 이자 수입을 높여, 외국 투자를 유인한다. 하지만 외국 돈은 언제라도 떠날 가능성이 있다.
- 수입관세를 없애 다국적기업들이 국내 기업들과 똑같은 조건에서 경쟁할 수 있게 되고, 그래서 국내 기업들은 도산한다.
- 외국인들의 토지, 자원, 기업 소유 제한을 없앤다. 그 결과 다국적기

업들이 빈국 내에 공장을 짓는 것이 허락된다. 그리고 통상적으로 이들 기업들에게 조세혜택, 저임금 노동과 자유무역지구 등이 주어진다. 이는 소위 '노동착취공장Sweatshop'을 야기한다.

● 기본 생필품에 대한 정부의 보조금을 삭감하는데, 이로 인해 대외채무 상환에 필요한 가용 재원은 늘어난다. 하지만 가난한 사람들의 생존을 위한 기본 먹거리에 대한 구매 부담이 늘어난다.

● 자국 내 식량 자급보다 수출을 위한 환금작물(상품작물) 생산과 원자재의 수출을 장려함으로써, 경제구조가 자급자족에서 수출경제로 바뀐다.

이상은 신자유주의 자유시장 경제의 대표적인 상징들이다. 한 나라의 부유한 엘리트층은 보통 이 정책으로 혜택을 받는다. 그리고 통화에 대한 규제가 줄어 해외나 외환시장에 투자할 수 있다. 구조조정 프로그램은 일반 대중들에게는 재난이다. 미국처럼 부유한 국가들은 이와 같은 IMF 규제를 결코 받아들이지 않을 것이다.

동유럽, 러시아, 아프리카, 남미는 모두 이 IMF 구조조정 정책 때문에 큰 고통을 받았다. 최근 세계은행The World Bank은 개도국들이 각종 보호조치들로 인해 감당해야 하는 금액은 부자 나라들로부터 받은 총 원조액의 두 배 이상이라고 추정하였다.

옥스팜 인터내셔널Oxfam International에 따르면, 필리핀에 부과된 '재정조치'에는 보건의료 예산 내 비임금 부문을 3분의 1로 줄이는 것이 포함되어 있다. 말라리아와 결핵예방 의료예산은 각각 27%와 36%가 줄었고, 면역프로그램의 경우에는 26%가 줄었다. 옥스팜은 필리핀 보건부의 자료에 근거해, 예방의료 부문에서 줄어든 예산으로 인해 말라리아로 죽는 인구가 2만9,000명 증가하고, 치료를 받지 못할 결핵환자는 매년 9만 명이 늘어날 것이라고 추정하였다.[16]

이와 같은 추세는 다른 나라들도 마찬가지다. 남미 인권협회Latin

American Association for Human Rights의 후안 디아스 파라Juan de Dias Parra 대표는 에콰도르의 수도 키토Quito에서 열린 회의에서 다음과 같이 언급했다. "남미는 20년 전에 비해 7,000만 명이 더 가난해졌고, 3,000만 명의 문맹인이 증가했다. 집 없는 가정은 1,000만 세대가 늘었고, 실업자는 4,000만 명이 늘었다. 현재 남미에서는 2억4,000만 명이 기본 생필품이 부족한 실정이다. 그런데도 세계는 이 지역이 과거 어느 때보다 잘살고 있으며, 안정되었다고 여긴다."[17]

부채탕감을 위한 도덕성에의 호소와 선례

1998년 교황 요한 바오르 2세는 수십 명의 시민단체NGO 대표들과 함께 '주빌리Jubilee 2000'이라는 전 세계적 캠페인을 시작했다. 새로운 천년을 맞아 부국들이 최빈국들의 부채를 탕감해 주라는 설득이었다.

브라질의 경제학자 마르코스 아루다는 범지구적인 부채탕감 캠페인을 벌이는 이유에 대해 이렇게 말했다. "첫째, 모든 채권자들은 채무국과 거래를 시작할 때 돈을 돌려받지 못할 수도 있다는 위험을 알고 있다. 어떤 시장거래든 위험을 수반한다. 그들은 위험을 택했고, 돈을 잃은 자들은 그 결과에 대해 스스로 책임을 진다. 그렇다면 돈을 빌려 준 자들도 같은 논리를 적용해야 하지 않는가? 둘째, 빚을 진 국가들은 자국의 상환 능력에 따라 빚을 갚을 수 있도록 해야 한다. 이 두 번째 논리는 제2차 대전이 끝난 후 연합국과 독일 간에 합의를 본 사항이기도 하다."[18]

그러나 미국과 세계은행은 이런 호소를 무시해 왔다. 모잠비크처럼 매우 가난한 나라는 결코 빚을 갚을 수는 없지만, 탕감해 주지 않고 IMF의 구조조정 조치에 묶어 둠으로써, 경제적인 컨트롤을 지속할 수 있기 때문이었다.

현재까지 지구상의 그 어느 나라도 채무이행을 거부한 나라는 없다. 채무불이행 시에 직면하게 될 경제적인 봉쇄의 위협 때문이다. 미국 재무부는 채무불이행 국가들이 수입할 수 없는 품목, 예를 들어 당뇨병 환자들에게 필요한 인슐린을 포함한 목록 등을 발표하고 있다. 이런 비인도적인 위협은 엄연한 현실이다.

　미국에서도 채무를 소멸시킨 법적인 선례가 있었다. 1840년대, 미국 정부는 국가의 빚을 스스로 소멸시켰다. 그리고 1898년 스페인은 스페인－미국 전쟁으로 쿠바를 잃은 후, 새로 독립한 쿠바에게 그동안 투자했던 모든 돈을 요구하였다. 이에 대해 미국 정부는 이것이 '불쾌한 채무odius debt' 이며 결코 상환되지 않아야 한다고 세계에 선포하였다.

　1931년 브라질에서도 똑같은 일이 일어났다. 제툴리오 바르가스Getulio Vargas 대통령과 재무장관 오스발도 아란하Osvaldo Aranha는 영국에게 지고 있던 채무 대부분에 대해 모라토리엄(지불유예)을 선언하였다. 공식적인 감사에서 영국에 지불해 오던 상환액의 절반 이상이 기록된 계약과 일치하지 않는다는 것을 찾아냈던 것이다! 브라질은 그 부분에 대한 상환을 중단했고, 나머지 중 인정될 수 있는 금액에 대해서만 지불하였다.[19]

경제불황

오늘날 상업은행들은 부채가 많은 나라들의 총 부채 중 75%를 맡고 있다. 그렇기 때문에 빚이 많은 한 나라 또는 몇 개의 나라가 단결하여 빚을 상환할 수 없다고 선언한다면, 세계 은행권의 신뢰가 상실되어 세계적 경제침체를 촉발시키게 된다.

　근대적 산업경제가 발달되기 이전에는 이런 이유로 경제가 침체되는 일이 없었다. 지역 경제는 '자급을 위한 생산'에 바탕을 두었으며, 시장에 내다 파는 경우가 적었다. 경제적인 재난이 일어나기는 했어도, 대개 자연재해, 품귀, 역병이나 전쟁 등으로 인한 것들이었다. 그러나 지난 150년 동안 자본주의 경제는 활황과 붕괴의 사이클을 지속적으로 경험해 왔다. 수년간의 활황기bull-market 뒤에는 침체기bear-market가 뒤따랐다. 경기침체는 물품의 품귀 때문에 일어난 것이 아니었다. 생산물은 넘치는데 비해서, 그것을 살 수 있는 대중들의 돈이 부족하기 때문이었다.

경제침체의 근원에는 자본주의가 가진 태생적 모순이 있다. 기업들은 이윤을 극대화하고, 비용을 최소화하는 방법을 찾는다. 동시에 시장에서의 점유율을 유지하거나 확대하려고 한다. 그러므로 효율성은 높이되, 노동비용은 줄여야 하는 압박이 지속적으로 상존한다. 그러다 보니 사업이 어려워지면, 기업은 근로자들을 해고한다. 실업이 늘고 실질임금이 줄어들면, 대중들의 구매 능력은 줄어든다. 그에 따라 모든 산업의 판매는 줄어든다.

이런 식으로, 자본주의는 자신이 올라앉아 있는 나뭇가지를 계속 톱질해 내고 있는 형국이다. 자본주의에서는 투기 자본에 의해 지나치게 부풀어 오른 '거품'이 이곳저곳에서 정기적으로 터진다. 그러면서 대량실업과 고통스러운 경기침체를 일으킨다. 이는 극단적으로 불안정한 체제임을 스스로 증명하는 것이다.

코넬 대학교의 자로슬라브 바넥Jaroslav Vanek 교수는 자본주의의 필수 요건은 이윤의 극대화이므로, 자본주의를 정의하는 방정식은 아래와 같다고 말했다.

이윤 = 수입 – 노동 및 기타 비용

이윤은 자본주의 기업들의 최우선 목표다. 그러므로 이윤을 최대화하기 위해 자본가들은 인건비를 줄이는 방법을 끊임없이 강구한다. 그리고 이것은 자연스럽게 노동자에 대한 착취로 이어진다.[20]

1997년 말, 동아시아 '호랑이' 국가들의 경제가 붕괴된 후 옥스팜 인터내셔널은 다음과 같은 보고서를 냈다.

"지금 동아시아 국가들의 위기는 그 파괴적인 측면에서 1929년의 경제 대공황과 견줄 수 있다. 금융 위기가 인류사회의 발전에 파괴적인 결과를 초래하는 전면적인 사회적 · 경제적 위기로 번졌다. 증가하던 소득은 곤두박질쳤고, 실업과 불완전고용은 위험 수위에 다다랐다. 식량 가격의 상승

과 사회복지 지출이 축소되어, 극빈자들의 사회적 상황은 더욱 악화되었다." 21

P. R. 사카르는 경제불황의 원인을 자본가들의 착취로 돌리고 있다.

"경제적 측면에 있어 자본주의 국가나 공산주의 국가 모두 태생적 정체성 때문에 불황은 불가피한 것이다. 경제적 불황은 순전히 억압과 압박, 즉 착취의 결과물이다. 착취가 극에 달하게 되면, 사회는 사실상 유동성과 속도를 잃게 된다. 그런 상황이 극점에 달하면 자연적인 폭발이 일어날 수밖에 없다… 지금은 그러한 단계에 거의 다다랐다… 경제불황은 상업중심 경제의 산업분야에서 일어날 것이며, 인류사회 전체로 확산되어 파괴적인 결과를 초래할 것이다." 22

지구촌 전체의 경기침체가 왜 일어나는지는, 투자시장에서 큰손들의 투자 동기를 관찰하면 이해할 수 있다. 새로운 기업을 시작하는 데는 자본이 필요하고 많은 일이 따른다. 많은 사람들을 고용해야 하고, 이들을 관리하고 매일 발생하는 문제들에 직면해야 되는 큰 책임이 따른다. 새로 설립된 많은 기업들이 실패하며, 성공한 기업이라도 창업 후 처음 몇 년은 고작 10~20% 이내의 수익을 낼 뿐이다.

많은 부유한 개인들이 기업을 시작할 수 있는 자본을 가지고 있다. 그러나 그들은 수익이 적고 잡다한 일이 따르는 신규 사업에 관심을 갖지 않는다. 대신 일확천금의 기회를 잡을 수 있는 주식시장, 선물시장, 부동산, 환거래, 금융파생상품 등을 더욱 선호한다. 그런데 문제는 바로 이런 투기적 투자는 고용창출의 효과가 매우 적고, 사회의 부를 몇몇 소수에게 더욱 집중시킨다는 점이다.

경제불황의 원인

사카르는 경제불황의 여러 가지 원인에 대해 다음과 같이 설명하였다. 첫째, 부의 과다한 집중이다. 세계의 부는 꾸준히 증가하고 있지만, 소수만이 그 부의 대부분을 차지하고 있다. 다국적기업의 최고경영자들은 연봉과 함께 스톡옵션을 받는다. 〈포춘Fortune〉 지는 이에 대해 "파렴치하다!"고 표현하고 있다. 2006년, 야후! 회장은 1억7,400만 달러를 받았다. 옥시덴탈석유Occidental Petroleum 총수는 3억2,200만 달러를 받았다. 애플컴퓨터의 최고경영자인 스티브 잡스는 6억4,800만 달러를 받았는데, 이 금액은 애플 사 초임 연봉의 3만 배를 넘는다.[23]

세계 최상위 52명의 재산은 지난 4년간 두 배 이상 증가하여, 1조 달러를 넘었다.[24] 이것은 전 세계 인구 절반인 30억 명의 1년 소득액을 넘는 금액이다. 범세계적 경제불황의 또 다른 원인은 돈이 제대로 순환되지 않는데 있다. 최고 부자들의 부는 대개가 생산적인 방향으로 투자되지 않는다. 새로운 기업을 시작하거나, 임금을 지불하거나, 더 많은 물건을 생산하는 등의 일에 쓰이지 않는다. 일확천금을 노리는 투자자들의 돈은 세계 주식시장에 투기하는 데 쓰인다. 하루에 약 1조9,000억 달러의 돈이 이 거대한 투기 도박장을 떠돌아다닌다.[25] 주식시장에서의 주가에는 믿기 어려울 정도로 많은 거품이 있다. 그런데 그 거품이란 전적으로 투자가들의 믿음(그것도 잘못된 믿음)에 근거한 것이다.

서글프게도, 미국 가계의 절반 이상이 그들의 저축을 주식시장에 투자하고 있다. 이 중에는 사람들이 붓는 퇴직연금이 주식시장에 투자되는 것처럼, 사람들이 의도하지 않았는데도 주식시장에 투자되는 경우도 있다. 보통 사람이라면 자신의 모든 저축을 항상 불안한 주식에 투자하여, 주식시장이 하락할 경우에 다 잃을 수도 있는 위험을 택하지는 않는다.

이 세상 최고 부자들의 투자 행위는 다른 사람들에게 많은 의미를 준다. 오늘날 자본주의 경제는 점점 더 상호연관적이며, 동시에 상호의존적이다. 그래서 뉴욕 주식시장이 하락하거나 미국 달러화의 가치가 떨어지면, 순식간에 세계 여러 나라의 주식시장과 경제도 하락한다.

엄청난 부가 몇 사람의 손에 집중되어 생산적으로 순환되지 않을 때는 대중들의 구매력을 감소시킨다. 오늘날 북미의 경제는 세계에서 가장 강력하다. 그러나 2000년 이후, 총 32만 개의 생산직 일자리가 사라졌다. 이는 여섯 사람당 한 명이 일자리를 잃은 셈이다.[26] 그리고 2005년, 200만 명 이 상의 미국인이 개인파산 신청을 하였다.[27]

지구촌의 가난과 고통은 증가하고 있다. 남미의 인구는 5억6,000만 명 인데, 그 절반인 2억5,000만 명이 최저생계 수준 이하의 삶을 살고 있다. 유니세프UNICEF는 지구촌 인구 절반이 하루 2달러 미만으로 살아간다고 보고하였다. 또, 세 명 중 한 명은 전기 없이 살며, 네 명 중 한 명은 하루 1 달러 미만으로 연명하며, 다섯 명 중 한 명은 마실 물이 없다. 또한 성인 여 섯 명 중 한 명은 굶주림으로 고통 받는다.

이처럼 탐욕은 소름끼치는 인간의 고통에다 환경파괴까지 더하고 있다. 지난 50여 년 동안 우리 지구는 전체 숲의 3분의 1을 잃었다. 토양의 4분 의 1을, 경작 가능한 땅의 5분의 1을 잃었다. 사카르는 2000년대가 되면 황폐한 산림으로 인해 전 세계적으로 물 부족 위기가 야기될 거라고 예측 하였다.

경제를 불안정 상태로 이끄는 또 다른 요인은 화폐의 가치 하락과, 그로 인해 화폐가 경제를 안정시키는 역할을 상실하는 것이다. 이는 오늘날의 경제상황에서 명백히 드러나고 있다. 미국 달러나 여타의 통화들이 더 이 상 자국의 금 보유액 또는 다른 실질 부real wealth에 근거를 두고 있지 않 다. 정부와 기업들은 점점 더 많은 '가상 통화virtual money' (국공채, 주식, 특 히 신용창조credit creation)를 찍어 내, 소비자와 기업들에게 신용credit 구매 를 권장하고 있다.

미국은 가장 빚이 많은 국가로, 8조9,000억 달러의 국가 채무를 지고 있 다. 미 정부는 이 빚을 상환하기 위해 새로운 각종 공채를 지속적으로 발행 한다. 이런 식으로 매일 20억 달러를 빌리고 있다. 2006년에는 정부의 예 산 적자가 4,060억 달러에 달했다.[28] 연방정부 예산의 51%가 군사비에 투 입되었고,[29] 무역 적자는 7,260억 달러에 달했다.[30] 만약 어떤 이유로든 미 국 경제에 대한 세계 투자가들의 신뢰도가 무너질 경우, 역사상 가장 큰 규모의 미국 경제는 모래성처럼 무너져 내릴 것이다.

아르헨티나의 금융 및 삶의 위기

아르헨티나는 남미에서 가장 발전한 국가 중 하나였다. 남미에서 교육 수
준이 제일 높은 중산층이 두텁게 차지하고 있었고, 풍부한 농업과 광산자
원, 그리고 튼튼한 기업들을 가지고 있었다. 그런데 1,320억 달러에 달하는
무거운 대외채무가 있었다. 그 채무 대부분이 1970년대와 1980년대 군사
독재 시절에 누적된 것이었다. 이 채무의 이자를 계속 갚기 위해서는 IMF
의 지시를 엄격히 따라야만 했다.

　정부는 가지고 있던 모든 기간산업 부문의 공기업을 팔아야 했다. 그리
고 임금과 사회복지 프로그램을 줄여야 했다. 1997년 아르헨티나는 경제불
황 속으로 침몰하였으며, 그것은 5년이나 지속되었다. 그 결과 정부 재정
과 국민들에게 대재난이 찾아왔다. 소위 말하는 2003년부터의 경제회복
이후에도, 인구 절반인 1,500만 명이 최저생계 수준 이하의 삶을 살았다.
그리고 그중 600만 명은 극빈층이었다.[31] 교사 및 공무원의 급료는 수개월
씩 체불되었고, 좌절하고 굶주린 대중들은 먹을 것을 얻기 위해 슈퍼마켓
을 약탈하기 시작했다. 2001년 12월 19일, 페르난도 델라루아Fernando de
la Rua 대통령이 계엄령을 선포하자 수백 명의 활동가들은 거리에서 항거
했다. 나중에는 수천 명, 그리고 마침내 수백만 명의 빈곤층과 중산층이 동
참하였다. 경찰은 이에 폭력으로 대응하여 35명을 죽이고, 4,500명을 구금
했다. 결국 델라루아는 대통령직을 사임했고, 헬리콥터로 대통령 관저에서
도망쳤다.

　의약품 가격은 하늘로 치솟았고, 보건부의 예산은 삭감되었다. 인슐린에
의존하던 30만 명의 당뇨병 환자들은 졸지에 위험한 상황에 처하게 되었
다. 장기이식 환자들은 한 달에 2,000달러에 달하는 항생제 값을 감당할
수 없게 되었다.[32] 이것은 다름 아닌 IMF의 지침을 따르는 데서 오는 사회

및 그 사회 구성원들이 치뤄야 하는 대가다. 그 대가가 바로 경제적 침체다.

오늘날 다국적기업들은 워낙 크고 강력해 통제에서 벗어나 있다. 탐욕이란 일종의 정신병인데, 그 탐욕이 글로벌 자본주의의 본질이다.

그러나 경제불황을 일으키는 앞의 네 가지 요소들을 모든 산업경제가 다 맞닥뜨려야 하는 것은 아니다. 대중의 필요와 열망을 반영할 수 있도록 만들어진 협동조합 원리에 기반을 둔 경제는 불황의 늪을 피해 갈 수 있다. 그런 경제는 때때로 매우 낮은 성장이나 제로 성장을 겪을 수는 있다. 그것은 때때로 일어나는 '휴지(休止)'이며, 자연적인 현상이다. 이런 경제적 '휴지'의 경우에도 협동조합 경제에서는 여러 가지 방법으로 조정할 수 있다. 가령, 생산이 수요를 초과하게 되면 노동자들을 해고시키는 것이 아니라, 노동자의 일하는 시간을 줄임으로써 완전고용을 유지할 수 있는 것이다.

지금 세계는 분명 민주주의적이고 생태보호적이면서도, 누구에게나 높은 삶의 질을 제공하는 경제시스템을 필요로 하고 있다.

경제불황의 이해와 대응책

마크 프리드먼Mark A. Friedman
(미국 캘리포니아 주 엘 세리토 시 시장)

지난 10여 년간 미국은 지속적인 경제성장을 해왔다. 그러나 모두가 그 성공의 과실을 즐긴 것은 아니다. 오히려 그 반대다. 나는 10년간 저소득층 가정들과 알라메다 군Alameda County의 '어린이 및 가족 위원회' 사무총장으로 일했다. 그때 직접 내 눈으로 최저생계 수준 이하의 삶을 사는 사람들의 육체적인 궁핍과 정서적인 고통을 보았다. 일반적인 믿음과 대중매체의 보도와는 달리, 많은 사람들이 영양결핍과 불충분한 공교육, 의료혜택을 못 받는 어려움 등으로 고통 받고 있다. 경제성장의 과실이 교육 및 경제적 기회를 부여받지 못한 사람들에게까지 전달되지 못하고 있다. 대개 유색인종과 새로 이민을 온 사람들은 미국사회가 지닌 풍요의 과실을 공유하지 못하고 있다.

점점 증가하는 경제적 불안정은 글로벌 경제가 장기적인 경기침체 내지 불황으로 진입하게 되는 최악의 시나리오에 대비할 준비를 필요로 한다. 경제불황은 대량해고와 실업을 야기한다. 또한 매출 감소, 주가 하락, 부동산 가격 침체, 세원 축소 등을 수반한다. 사실상 대부분의 경제 선진국들은 이러한 현상들을 이미 경험하고 있다.

경제가 하강할 때를 대비하려면 생활방식과 경제적 상황에 변화를 주는 것이 도움이 된다. 이는 경제의 부침에 관계없이 당신과 당신의 가족, 그리고 당신이 사는 지역에 도움을 줄 것이다.

단순한 삶을 살라

● 당신과 가족에게 꼭 필요한 것만을 살 것

과다 구매는 부담이 되고, 훗날 요긴하게 쓰일지도 모를 금전을 앗아
갈 것이다.

● 사용하지 않고, 원하지 않고, 필요하지 않은 물품을 없앨 것

필요하지 않은 물품을 처분하는 일은 당신의 재원을 증가시켜, 일자
리나 소득이 없어졌을 때 요긴하게 쓸 수 있을 것이다.

● 비물질적인 행복과 가족들과 함께할 수 있음을 중요하게 여길 것

외부 대상물에서는 결코 지속적인 행복이 오지 않는다. 비물질적인
삶의 기쁨을 지금 중요시 여기는 것은, 훗날 있을지도 모르는 물질적
궁핍 시기를 잘 준비하는 것이다.

경기침체에 대응할 직업을 탐색하라

경제 하강기에도 오히려 일자리가 늘어나고 경제적인 안정도가 높아지
는 분야가 있다. 이와 같은 안정성을 보다 많이 제공하는 직업들은 다음과
같다.

● 공무원: 국가의 세수가 줄어들어 전반적으로는 공무원 감축의 가능성
도 있다. 그러나 늘어나는 실업자와 빈곤층의 문제를 다루는 건강 및
복지 분야의 공무원에 대한 수요는 크게 늘 것이다.

● 수리 상점: 자동차, 컴퓨터, 음향기기, 가구, 의류, 기타 가재도구들을
새로 구입할 수 있는 사람들이 줄어들 것이다. 그 결과 이들 품목들의
수리상점들이 호황을 맞을 것이다.

● 중고 상점 및 위탁판매 상점: 신상품을 살 수 있는 사람들이 줄어들면
서 상대적으로 중고 상점들이 잘될 것이다. 위탁판매란 물건을 팔려
는 사람들이 먼저 물건을 맡긴 뒤 판매된 후에 물품대금을 회수하는
것이다. 그러므로 재고비축 비용이 들지 않아 사업을 시작하는 데 자

본이 덜 들 것이다.

- 교육부문: 실직 당한 많은 사람들이 재취업에 유리하도록 더 많은 능력을 쌓고자 한다. 그러므로 이들을 가르칠 교사와 강사에 대한 수요가 있을 것이다.
- 협동조합 및 지역사회 봉사: 생산자 및 소비자 협동조합이 크게 늘어날 것이다. 생산농가는 그들의 생산품에 대한 적정한 가격을 원할 것이고, 도시 소비자들은 높은 식품가격을 줄이는 방법을 강구할 것이기 때문이다. 한편 많은 기업들이 도산할 것이기 때문에, 노동자가 직접 기업을 관리하는 전략으로 기업을 살리는 방법을 자문해 줄 수 있는 협동조합 전문가들에 대한 수요가 있을 것이다. 지역 사회구조를 개선할 수 있고 지원 네트워크를 만들 수 있는 지역공동체 전문가, 약물중독 재활 프로그램, 위기관리 센터 등에 대한 수요가 있을 것이다.

당신의 잠재적 소득원을 다양화하라

경기 하강 시 주수입이 타격을 받게 될 경우를 대비하여 추가적 소득원을 계발해 둔다면, 주수입 감소로 인한 역경을 훨씬 잘 헤쳐 나갈 수 있을 것이다.

잠재적 추가 수입원으로 모색해 볼 수 있는 분야는 다음과 같다.

- 전자제품이나 자동차 수리처럼 시장에 내놓을 수 있는 기술을 배운다.
- 파트타임 직업 모색: 경기침체기에 주 직업을 잃게 되면, 파트타임 직업이 당신의 주수입원이 될 것이다.
- 창조적일 것: 나중에 소득을 창출할 만한 취미나 기호를 염두에 둔다.

지역공동체를 발전시키고 강화하며, 일의 우선순위를 정하라

경제적 어려움은 당신의 가정과 지역사회가 단합할 수 있는 멋진 도전의 기회가 된다. 그러나 단합하는 데 실패한다면 경제적인 스트레스로 인해 부조화와 분쟁이 일어날 것이다.

경제불황은 당신의 모든 내적인 힘을 테스트할 것이며, 당신이 지닌 모든 내적 자원을 쓰도록 요구할 것이다. 사랑, 자비, 감성적 건강, 원만함, 친절함 등은 쓰면 쓸수록 더욱 커지는 보물들이다.

어떤 이들은 경제적으로 어려워지면 더욱 두려워하고 탐욕적으로 반응한다. 그 같은 반응은 자신과 가정, 그리고 지역공동체에 해를 끼친다.

프라우트PROUT(Progressive Utilization Theory, 진보적 활용론)는 경제불황의 저변에 자리 잡은 원인들을 교정하는 대안적 경제모델이다. 경제적 민주주의의 원칙들에 대해서 연구하고, 이 프라우트 모델을 지역공동체, 시/도, 그리고 국가에 현실적으로 적용시키는 방법을 계획함으로서, 모든 이들에게 혜택을 주는 해결책을 마련할 수 있다.

제2장

영성에 기반을 둔
새로운 사회체제

경제가 삶의 모든 것이 되는 것은 치명적인 병이다.
왜냐하면 제한된 세계에서 무한한 성장이란
불가능하기 때문이다. 경제가 삶의 핵심이 되지 않아야
한다는 것은 인류의 모든 스승들이 말해 왔으며,
그 점은 오늘날 더욱 명백히 나타나고 있다…
내면에 있는 자신의 영적 가치가 무시되면,
자본주의가 그러하듯이, 삶의 방향을 설정하는 데
있어 이웃에 대한 사랑보다 이기심이
더 중요한 지침으로 작용할 것이다.

―E. F. 슈마허Schumacher [1]

자본주의 시장경제학은 마치 가치중립적이고 객관적 과학이며, 시대의 이념이나 문화적인 규범과는 무관한 영원한 진리처럼 묘사되고 있다. 그렇지만 경제 분석가들은 환율, 경제성장율, 실업률, 재산가치 등에 대해 일관성 있는 미래 예측을 하지 못한다. 그 이유 중의 하나는 변동이 매우 심하고 극단적으로 경쟁적인 세계 경제환경 때문이다. 이런 여건은 오직 이윤만을 궁극적 목적으로 추구하는 자유시장 경제학free market economics이 만들어 냈다.

신자유주의 경제학자들은 어느 국가를 막론하고, 경제의 효율성과 성공은 자유시장 거래체제를 통해 이룰 수 있다는 복음을 전파하고 있다. 그들은 경제학을 하나의 객관성을 지닌, 예를 들면 중력의 법칙과 같은 근본적인 법칙으로 묘사하고 있다. 그들은 개인의 부를 극대화할 권리를 부정하거나 재산권을 제한하는 것이 경제의 효율성을 희생시키며, 총생산을 줄이고 사회 전체의 성장을 저해한다고 주장한다.

프라우트 모델이 어떻게 우리 사회를 변환시킬 수 있을지를 이해하기 위해서는, 프라우트 모델에서의 재산권에 대한 개념이 자본주의의 시각과 근본적으로 얼마나 다른지를 보아야 한다. 자본주의는 17세기 영국 철학자인 존 로크John Locke의 사상을 받아들였다. 그는 인간은 각자의 노동을 통해 자연이 준 선물을 변환시켜, 그것을 생산적으로 만들 권리를 가지고 있다고 주장하였다. 로크는 누군가 숲을 없애고 그 땅을 경작해 추수했다면, 그는 땅을 생산적으로 만들었으므로 그 땅을 소유할 권리를 갖는다고 주장하였다. 또한 그가 원하는 대로 그 땅을 사용할 권리도 갖는다고 하였다. 이처럼 자본주의의 핵심은 사유 재산의 절대적 가치에 있다.

이러한 개인주의적이고 물질중심적인 태도는 미국이라는 나라를 만든 사람들의 사고방식에 그대로 전승되었다. 이러한 태도는 개인의 자유에 대한 깊은 열정과, 원하는 대로 얼마든지 부를 축적할 수 있는 것은 개인의 권리라는 믿음과 결합되었다. 자본주의를 선도하는 자들은 어떤 정부도 세금으로 개인의 부를 뺏을 법적인 특권이 없다고 주장했다.

오늘날 세계를 지배하는 이러한 시각은 북미와 남미 원주민들, 아프리카와 아시아 및 호주의 전통적 사회가 가졌던 가치관이나 관점과는 반대된다. 그들은 땅이 자신들의 소유물이라고 믿지 않았으며, 오히려 땅이 자신들의 주인이라고 믿었다! 이들의 전통문화는 자연과 협력적이었으며, 땅을 공동의 자원으로 대했다. 그런데 그들 대부분이 땅을 착복하고 자원을 도둑질해 가는, 진보된 무기를 가진 식민주의자들과 절망적인 조우를 하게 되었던 것이다.

프라우트주의자인 로어 브존스Roar Bjonnes는 다음과 같이 묘사하고 있다.

> 우리 경제에 부의 무한한 축적이라는 기본적인 신조가 남아 있는 한, 경제적 불평등과 환경파괴는 계속될 것이다. 사람들은 경제가 성장하면 한쪽은 막대한 부를 차지하고, 다른 한쪽은 실업과 해고 및 가난에 시달리는 것이 당연하다고 믿게 될 것이다. 개인의 재산권을 모든 가치의 상위에 있는 절대적인 권리로 보고, 사회의 발달 수준은 물질적 소비 수준으로 가장 잘 측정된다고 보는 지금의 경제적 맹신에 대한 근본적인 생각이 바뀌지 않는 한, 환경파괴와 가난에서 해방된 사회를 결코 만들 수 없다.[2]

프라우트의 철학적 기반

프라우트가 현재의 사회적 문제점들에 대한 실천적인 해결책을 제공하는 사회적·경제적 이론임은 분명하다. 그러나 프라우트는 물질중심의 철학은 아니다. 프라우트가 가진 포괄적 관점을 이해하기 위해 프라우트 설립자의 철학을 간단히 살펴보는 것이 도움이 될 것이다. 사카르는 단순히 사회철학자 또는 혁명적 사상가에 그치지 않는다. 그는 탄트라 요가Tantra Yoga에 있어서 가장 위대한 스승이기도 하다.

탄트라는 '어둠의 사슬로부터 인간을 해방시키는 것'이라는 뜻이다. 탄트라는 영적인 철학이고 수련법이며, 가장 오래된 요가 중의 하나이기도

하다. 그 기원은 1만5,000년 전으로 거슬러 올라간다. 탄트라는 세상에서 가장 오래된 영적 철학 중의 하나다. 탄트라는 힌두교와 도교, 불교 및 선禪 뿐만 아니라, 일부 종교 역사가들에 의하면 켈틱 드루이디즘(Celtic Druidism: 영국 켈트족의 믿음 체계), 유대교, 기독교 및 이슬람에까지도 지대한 영향을 미쳤다.[3]

탄트라는 영적인 삶의 길을 제시한다. 탄트라를 조직화된 종교로 혼동하거나, 성적인 기법을 가르치는 것으로 오해하지 말아야 한다. 사카르는 모든 종류의 도그마(맹신)에 대해 철저히 반대했으며, 자신과 자신의 철학을 힌두교 도그마, 특히 힌두교의 계급제도와 차별화했다.

영성spirituality과 실상(實相, reality)이란 개념에 대한 요가적 입장이란, 근원적인 어떤 하나Oneness, 우주적인 그 무엇Universal Stuff이 있으며 마음이나 물질은 모두 이것으로 구성되어 있다고 본다. 요가 수행자들은 이것을 브라마Brahma라고 부른다. 우리들은 브라마의 광대한 우주심Cosmic Mind의 상상(생각의 투영) 안에서 살고 있고, 그 무한한 우주심은 모든 현실의 실체들 속에서 지켜보는 자로서 현존하고 있다. 우리가 자신의 존재성을 인식self-awareness할 수 있는 것은, 바로 이와 같은 누구에게나 내재하는 각성 또는 순수의식이 있기 때문이다. 즉, 우리가 갖는 스스로의 존재에 대한 실존의 느낌은, 브라마가 갖는 광대한 실존에 대한 느낌의 축소판이라 할 수 있다.

1920년대 이후, 아인슈타인과 당대 과학자들의 발견으로 과학은 혁명의 시기를 맞았다. 실상에 대한 상대성 이론 및 양자역학을 연구하는 과학자들의 관점과 탄트라 요가, 불교, 도가 등의 고대 신비주의 철학을 추구하는 사람들의 관점이 더 가까워졌다는 것은 흥미로운 점이다. 우주의 모든 것들은 서로 연계되어 있으며, 우주적인 관점에서 모두가 하나라는 점이 양측의 공통된 견해다. 또한 우주의 물리적 법칙들이 그 어떤 지성적인 작용에 의해 인도된다는 점도 서로 일치한다. 이것은 위대한 진리의 존재를 가리키는 것과 같다.[4]

우주적 보편성을 지닌 영성

지고의 존재, 또는 우주심이라는 신비적인 개념은 탄트라 요가에만 있는 것이 아니다. 그것은 모든 신비주의, 종교, 그리고 세계 각국 원주민들의 믿음에 공통으로 존재한다.[5]

탄트라 요가는 신비주의를 단순히 하나의 믿음이나 지적인 지식으로 보지 않는다. 탄트라 요가 수행자들은 지고의 존재를 지적인 사유 과정이나, 외적인 숭배, 또는 의례를 통해서는 알 수 없다고 주장한다. 순수의식은 이미 우리 안에 있으며, 그러기에 지고의 의식을 체험하려면 마음속 깊은 곳에 있는 높은 의식층으로 들어가야 하는 것이다.

탄트라 요가가 제시하는 매일의 명상법과 총체적인holistic 삶의 기법들은 매우 실천적이다. 그래서 누구든, 어디에서든 할 수가 있다. 이것은 개인의 변형을 이룰 수 있는 관건이며, 그 이유는 이 기법들이 자신의 부정적인 본능과 정신적 콤플렉스를 극복시키는 동시에 자비심과 무조건적인 사랑, 그리고 이타심을 키우는 매우 강력한 도구이기 때문이다. 영적인 진리를 찾아 나서는 것이란, 참자아를 향해 나아가는 여정이다. 우리 안에 가장 깊이 내재하는 자아란, 다른 그 어느 것도 아닌 바로 우리 마음 안에 투영된 지고의 순수의식이기 때문이다.

이것이 바로 진리를 향한 신비적인 탐구가 외적인 숭배나 맹신적인 종교와 구별되는 이유다. 궁극의 진리란 책이나 말, 심지어는 무한자에 대한 느낌을 줄 수 있는 개념을 통해서도 결코 찾을 수 없다. 그 무한자란 지성을 초월하는 것이다. 그것은 오직 직관을 통해서만 경험할 수 있다. 그렇기에 사카르는 탄트라 요가를 '직관의 과학'이라 불렀다. 그는 인간 존재의 목적과 삶 자체의 진화 목적은 바로 우리 자신들 안에 내재한 무한한 의식을 찾는 데 있다고 강조하였다.

따라서 사카르의 영적인 관점은 보다 깊은 현실을 인식하고 있다. 보이지 않는 무한 순수의식은 보이는 현상세계 뒤에서 모든 것들을 움직이며,

우리들의 삶을 인도한다. 마치 바다의 표면에서 춤추는 파도가 그 대양의 깊은 흐름에 의해서 좌우되듯이 말이다.

범우주적인 유산

사카르는 조상들의 전통적인 관점, 즉 우리는 자연의 일부라는 영적인 관점을 더욱 확장하였다. 순수의식Pure Consciousness과 자연에너지Energy of Nature는 지고존재Supreme Entity가 가진 서로 분리시킬 수 없는 두 가지 측면이다. 사카르는 이 둘을 우리 모두의 아버지와 어머니로 보았다. 지구, 지구의 자연자원, 그리고 나아가 이 우주의 모든 것들은 전체 인류(사카르가 말하는 '인류humanity'라는 개념은 단순한 인간 중심적인 개념을 넘어서는 것이다—역자 주)의 공동 유산으로 보았다.

사카르는 이렇게 말했다.

"이 우주는 브라마(지고의 존재)의 생각이 투영된 것이다. 그러기에 이 우주의 소유권은 그 지고의 존재에 귀속되며, 그의His 생각이 투영된 어느 개체에 속하지 않는다(사카르는 통상 브라마를 철학적으로 중성으로 표현했지만, 여기서는 'His'라는 남성형을 썼다. 이는 지고의 존재와 우주 개체들 간에 존재하는 부자간의 관계를 강조하기 위해서다). 모든 존재들은 이 우주적 재산의 당연한 자신의 몫을 향유할 수 있다… 마치 함께 살아가는 가족 구성원들처럼 우리들은 이 공동 재산을 적절한 방법으로 안전하게 보호하고 바르게 활용해야 한다. 또한 적절한 준비와 조정을 통해, 누구에게나 건강한 몸과 건전한 마음으로 살아가는 데 필요한 최저생계 수준을 보장해 주어야 한다. 모든 구성원들이 동등한 권리로 공동 재산을 즐길 수 있도록 해야 한다."[6]

프라우트에서 말하는 소유권의 의미는 이처럼 영적인 개념에 근거를 두고 있다. 사카르는 그것을 '범우주적인 유산Cosmic Inheritance'이라는 용어로 표현했다. 그의 논리는 창조주는 피조물과 분리되어 있지 않고, 피조물

속에 모두 침투되어 있으며, 그 속에서 공명한다는 것이다. 사카르는 무생물조차 순수의식이 내재된 살아 있는 존재로 보았다. 모든 살아 있는 것들은 효용가치와 존재가치를 지니고 있다. 그러므로 인간에게는 식물, 동물, 지구의 안녕을 무시하면서 착취할 권리가 없다. 창조주는 우리 인간들이 존경심을 가지고 이들을 활용하도록 초대한 것이지, 이들을 악용하라고 한 것이 아니다.

프라우트에서는 이처럼 범우주적인 관점을 영적이고 보편적인 것이라 정의하고 있다. 이런 관점으로 세상의 모든 존재들을 형제와 자매로 포용해야 하며, 우리 모두는 근본적으로 인종 · 피부색 · 신조 · 성별 등에 관계없이, 분리될 수 없는 하나의 가족이라고 주장한다.

이러한 영적인 시각 때문에, 프라우트에서는 개인의 재산 소유권을 자본주의처럼 중요시하지 않는다. 우리는 한 가족의 형제, 자매처럼 공동으로 이 지구촌 자원을 구성원 모두의 복지를 위해 공평하게 분배하고, 잘 활용해야 할 책임과 의무를 갖고 있다.

이러한 관점은 우리의 현실과는 매우 다르다. 사적 재산권과 부의 무제한적 축적은 엄연한 경제적 가치가 되었다. 미국 인구의 3% 미만이 전 토지의 95%를 소유하고 있다.[7] 영국은 최상위 2%의 부유층이 전체 토지의 74%를 소유하고 있다.[8] UN에서 83개 국을 대상으로 한 연구에 따르면, 5% 미만의 지주들이 전 토지의 4분의 3을 소유하고 있는 것으로 나타났다.

이제 브라질의 광대한 토지를 보기로 하자. 브라데스코Bradesco 은행 그룹은 90만 헥타르(1헥타르는 3,000평)를, 안투네스-채미Antunes-Caemi 금융그룹은 225만 헥타르, 그리고 외국 소유의 마나사/치펙Manasa/Cifec 그룹은 400만 헥타르 이상(이는 무려 4만㎢다)을 소유하고 있다.[9] 이들 토지 대부분은 인력이 적게 드는 소 사육업을 위한 목초지 조성을 위해 나무가 완전히 벌목되었다. 동시에 농장에서 일하던 수백만 명의 노동자들은 실직했다. 이들에게는 기본적인 삶을 유지할 수 있는 경작지조차 없게 되었다.

사카르는 "경작되지 않는 농토는 인류의 부채다"라고 말한다. 그는 더 나아가 "프라우트의 농업제도에서는 중간 상인들이 설자리가 없다. 이윤을 얻기 위해 남들로 하여금 생산적인 노동을 하게 만드는, 그런 투자를 하는 자들이 자본가들이다. 이런 자본가들은 마치 기생충처럼 공업·농업 노동 자들의 피로 번영한다"라고 말했다.[10] 이에 대해 프라우트 모델이 제시하는 해결책은 농업협동조합을 시작하여 토지를 활용하고, 이를 통해 실업 자들에게 일자리를 제공하는 것이다. 이는 뒤에서 보다 자세히 다루도록 한다.

우주의 모든 것이 범우주적 유산이라는 영적인 개념으로부터 도출되는 또 하나의 결론은, 인간의 생명과 복지는 사회에서 가장 우선순위에 있어야 한다는 점이다. 또한 다른 어떤 재정 문제보다도 항상 우위에 두어야 한다. 그래서 프라우트 경제는 모든 사람들에게 최저생활 수준을 보장하는 것에서 출발한다. 그리고 점차 그 최저수준을 향상시켜 나가는 것이다.

인간 정서와 네오휴머니즘

정서sentiment란 우리가 좋아하는 것들(우리에게 기쁨을 주는 모든 것들)과 공명하고자 하는 감정적인 경향이다. '네오휴머니즘Neohumanism'은 사카르가 처음 사용한 용어다. 그는 이것을 그의 저서인 《지성의 해방: 네오휴머니즘The Liberation of Intellect: Neohumanism》에서 자세히 설명하고 있다. 네오휴머니즘이란 우리의 정서가 편협한 이기심에 끌리는 것을 초월하여, 우리 인류는 모두 같은 한 가족이라는 동질성을 갖도록 확장하는 것을 말한다.

자신의 가족이나 가까운 친구들에게 끌리는 느낌은 통상적이다. 또한 자신이 어느 씨족, 부족, 공동체의 구성원이라는 의식도 아주 중요하다. 대부분의 사람들은 자신들이 특정 지역이나 특정 국가의 구성원이며, 자신의 국가가 다른 국가보다 더 중요하다고 믿는다. 사카르는 이와 같은 애국심이나 국가주의처럼 지역적인 특성에 이끌리는 감정을 지역정서geosentiment라고 부른다. 자신의 국가가 다른 국가들에 비해서 뛰어나다는 믿음은 "옳건 그르건 오직 내 나라!"라는 슬로건에서도 엿볼 수 있다. 그리고 그것은 외국인에 대한 편견적 반감처럼 부정적으로 표출된다. 이런 지역정서는 역사적으로 식민주의와 제국주의를 강화하는 기본 정서가 되었다.

한편, 스스로를 자신의 인종, 종교, 계급, 성별과 같은 사회적 가치변수와 동일시하고 다른 특성의 집단을 제외시키려는 감정을 사회정서socio-sentiment라고 한다.

지역정서와 사회정서, 양자 모두 혐오감에 뿌리를 둔 수많은 비극적인 충돌과 전쟁(사카르는 그것을 '인간성의 어두운 흠the black spot of human character'[11]으로 표현한다)을 야기했다. 이러한 정서에 호소하는 정치인들은 대중의 인기를 얻고 권력을 잡을지도 모른다. 그러나 그들은 자신들의 공동체, 또는 국가를 파멸로 이끈다.

합리적이고 탐구적인 마음을 계발시키는 교육이 바로 이런 편협한 정서들을 종식시키는 치료약이 될 수 있다. 교육이 우리 인간의 마음을 확장시켜 모든 인간을 포용토록 할 때, 다른 사람들이 겪는 고통에 대해서도 아픔을 느끼게 될 것이다. 그리고 스스로를 사회정의와 봉사, 그리고 환경보존에 바치도록 고무시킬 것이다.

휴머니즘은 르네상스 시기에 비논리적인 도그마와 가톨릭교회의 막강한 성직자들이 맹신과 무조건적인 복종을 강요하는 데 대한 반작용으로 시작되었다. 그 결과 서양의 많은 휴머니스트들은 인간의 체험 밖에 있거나, 체험을 넘어선 초월적인 하나님의 개념을 거부하게 되었다. 대신 논리와 과학적인 탐구 및 합리성에 의존했다. 그들은 오직 객관적으로 관측되고 측정될 수 있는 것만을 신뢰하였다.

신에 대한 거부는 휴머니스트들로 하여금 더욱 깊은 탐구를 통해, 자유와 평등 같은 개인적이고 정치적인 의미를 찾도록 만들었다. 그들은 보다 자연스럽고 합리적인 도덕성을 찾기 위해 힘겹게 분투하였다. 그러나 그들은 곧 상대주의의 문제점에 봉착했다. '자유, 평등, 박애'는 프랑스혁명에서 부르짖은 인간의 절규였으나, 곧바로 이어진 공포 정치Reign of Terror와 함께 공허한 슬로건이 되고 말았다. 무엇으로부터의 자유이며, 무엇과의 관계에서의 평등인가라는 의문이 나온 것이다.

휴머니즘이 지닌 잠재적인 결점은 삶의 목적이 분명치 못하다는 것이다. 이 때문에 휴머니스트들은 초월적인 가치나 방향을 잃은—상충되는 이념들의 바다에서 표류하는 것처럼—영적인 공허함에 빠질 가능성이 있었다.

휴머니즘에는 몇 가지 다른 한계들도 있다. UN의 경우처럼 국제성이 기준이 될 때, 휴머니즘 신봉자들은 다양한 문화적 배경으로 인해 발생하는 정치적 관점의 차이나 국가 간의 시기, 반목적인 태도 등에 시달린다. 마치 UN기구 자체가 그러하듯 말이다.[12] 또한 우리 안에 신성이 없다거나, 높은 의식이 없다는 개념에 바탕을 두게 되면, 휴머니즘은 냉소적이며 물질주의적 경향이 된다.

또한 휴머니즘 철학은 인간 이외의 생명체는 무시를 한다. 다른 생명체들을 열등한 것으로 취급하여 이윤을 목적으로 착취할 수도 있다. 이러한 태도는 종種차별Speciesism, 또는 인간종 중심주의Anthropocentrism라고 불려 왔다.

사카르의 네오휴머니즘(새로운 인도주의)은 무엇이 현실적이고 중요한지에 대한 정의를 내리는 데 있어 모든 존재를 포함시킨다. 그럼으로써 편협성을 극복해야 한다고 촉구한다. 인간은 분명 이 지구상에서 가장 진화된 종이다. 그러나 우주상의 모든 생명체와 무생물체들에 대해 지속적으로 커지는 사랑과 존경을 자신의 행동으로 보여 주어야 한다.

이처럼 범우주적인 이념 또는 네오휴머니즘에 근거를 둔 시각이란, 영성가족을 인정하는 것이다. 영성가족이란 모든 국가를 초월하고 영적생태에 뿌리를 둔 가족을 말한다. 네오휴머니즘은 육체적인 안녕과 안전을, 정신적인 고무와 용기를, 나아가 영적인 성장을 증진시키는 것이다. 또한 인간의 지성을 편협한 정서나 기성주의의 주장으로부터 자유롭게 하는 것이며, 모든 것을 같이 나누는 자비심을 기르게 하는 것이다. 인간은 물론 인간 이외의 존재들까지도 절대 순수의식의 자녀들로 볼 때, 우리는 이 세상의 슬픔을 바로 나 자신의 슬픔으로 느끼게 된다. 그리고 세상의 행복을 나 자신의 행복처럼 느끼게 된다.

사회진보의 새로운 정의

과학은 이 세상 모든 것들이 움직인다고 말한다. 그러나 그 움직임이란 목표를 향할 때 의미가 있다. 프라우트에서는 사회진보의 개념을, 모든 존재들의 행복이라는 목표를 향해 나아가는 움직임이라고 정의한다. 즉, 최초의 도덕적 의식으로부터 시작해 확장된 우주적 휴머니즘(네오휴머니즘)의 확립으로 나아가는 것이다.

이 개념은 에이브러햄 매슬로Abraham Maslow가 그의 인간심리 모델에서 제시한 인간의 욕구 5단계와 유사하다. 매슬로의 5단계는 생리적 욕구에서 시작하여, 점차 안전의 욕구, 소속감과 사랑의 욕구, 자기존중 욕구, 그리고 자아실현 욕구로 진행된다. 낮은 층의 욕구가 먼저 충족되어야, 더 높은 욕구 충족을 향해 나아갈 수 있다는 것이다. 자아실현의 단계에 이르면, 전 단계인 육체적 · 정신적 필요성이 충족된 것이므로, 드디어 이타적이 될 여지가 생기게 된다. 그리하여 보다 높은 잠재성을 계발하게 된다.

매슬로는 자아실현보다 더 높은 상태를 자기초월transpersonal이라고 정의했다. 이 상태에서의 행동은 순전히 영적인 것이다. 명상적인 내적성찰, 완전한 충만감, 순수한 비이기적 감정, 우주와의 조화 및 일체화, 그리고 의식의 높은 차원을 경험하는 것이다. 매슬로에 의하면, 이 모델은 사람들로 하여금 '더 좋은' 또는 '더 못한' 사회를 스스로 결정할 수 있도록 한다. 그가 말하는 더 좋은 사회란 인간의 기본적인 모든 욕구를 충족시키고, 자아실현을 허용하는 것을 말한다.[13]

이러한 관점에서, 진정한 사회란 확장된 휴머니즘을 향해 함께 나아가는 사람들의 집단을 의미한다. 사카르는 인간사회를 하나의 가족, 또는 성지

순례를 떠나는 동료들—여행 중 어느 한 도반이 사고를 당하거나 병에 걸리게 되면 모두가 여정을 쉬고 기다리는—로 자주 비유하곤 했다. 그는 미국 시인 칼 샌드버그Carl Sandburg의 시를 인용해 그것을 표현하였다.

> 오직 한 남자가 있다. 그리고 그의 이름은 모든 남자들이다.
> 오직 한 여자가 있다. 그리고 그녀의 이름은 모든 여자들이다.
> 오직 한 어린이가 있다. 그리고 그 아이의 이름은 모든 아이들이다.[14]

인간사회는 모든 구성원들이 다함께 발전하고 성장하도록 촉진시켜야만 한다. 이는 함께 해야 한다는 단체의식과 사회의 응집력 내지 일체감을 의미하는 것이다.

사람들은 보통 발전을 물질적으로 더 안락해지는, 또는 더 정묘한 기술적 관점에서 이해하고 있다. 그러나 사카르는 물질적인 차원에서는 진정한 의미의 발전이 가능하지 않다고 주장했다. 모든 물질적인 것들은 궁극적으로 분해되며, 우리가 길러 온 육체적인 모든 능력은 사고, 병, 또는 노화로 언젠가는 잃게 된다. 모든 물질적인 발명은 우리들의 삶을 쉽고 편하게 해주는 반면, 많은 문제점과 위험 및 부작용을 수반한다. 과거에 사람들이 걸어 다니거나 우마차를 타고 다닐 때에는 그 누구도 사고로 치명상을 입지 않았다. 그러나 현재는 매년 수많은 사람들이 교통사고로 죽어 간다.

폴 호켄Paul Hawken은 미국 공학한림원National Academy of Engineering의 계산을 인용하여, 미국 경제의 경우 모든 원재료들의 94%가 최종 제품이 되기 전에 쓸모없게 된다고 보고했다. 또한 제조 후 6개월 이내에 완성품의 80%가 버려진다고 한다.[15] 환경보호 차원에서 보면 현 시스템의 효율성은 1%도 안 된다. 그리고 생산 시 야기되는 공해와 폐기물 처리를 포함하면 그 효율성은 마이너스가 될 것이다.

그렇다고 지식 및 통신, 정신활동의 증진이 반드시 진정한 의미의 발전이라고 볼 수만은 없다. 그것이 더 깊은 차원의 행복에 도움이 된다고도 할 수 없다. 우리는 배운 것을 잊어버리기 마련이다. 스트레스, 신경질, 우울증, 정신병 등은 교육수준이 낮은 시골 사람들보다 교육수준이 높은 도시 거주자들에게 훨씬 많이 나타난다.

오늘날은 변화하는 현실 세계의 세속적인 지식을 얻으려고 노력하면서 그에 따른 좌절감과 스트레스를 그 어느 때보다 많이 경험한다. 16세기 유럽에서, 최초의 서적 구텐베르크Gutenberg 성경이 출판된 이후 현재까지 전 세계에 출간된 서적 수는 7년마다 두 배씩 늘어난 것으로 추정된다. 21세기의 초입인 현재 전 세계의 과학·기술 서적 역시 7년마다 두 배씩 증가하고 있다. 이는 어느 누구도 어떤 주제에 관해, 이미 알려진 지식의 매우 작은 부분조차 제대로 축적할 수 없음을 분명히 말해 준다. 그러므로 자기가 많이 알고 있다고 자랑하는 것은 참으로 어리석다고 하겠다.

영적인 앎(지혜)은 전혀 다른 종류의 지식이다. 삶의 가장 깊은 진리와 조건 없는 사랑은 영감을 주는 영원한 원천이다. 영적 진보란 자신의 의식을 확장시켜 무한자(지고의식)와 연결시킴으로써, 온전한 평화와 무한한 행복의 상태에 도달하는 과정이다. 모든 인간은 의식적으로 또는 무의식적으로 고통과 즐거움을 넘어서는 이 같은 높은 의식 상태를 추구하고 있다. 이 지복의 상태를 얻기 위한 노력이 영성이라고 알려진, 인간이 궁극적으로 추구하는 것이다.

이 영성은 종교적 의식과는 다르다. 프라우트에서는 영성에 대한 갈구는 모든 인간들이 타고났다고 주장한다. 비록 각 개인이 그것을 삶에서 경험하는 시기가 각각 다르긴 할지라도 말이다. 영적인 차원에서는 절대 자유나 절대 해방을 성취하는 것이 가능하다. 그러나 육체적·정신적 영역에서는 그러한 절대적 자유는 존재하지 않는다.

프라우트에서는 이처럼 무한한 행복의 상태로 나아가게 하는 육체적 행동과 정신적 표현들만이 오직 진보적인 것이라고 주장한다. 삶의 최저생계를 보장해 줄 때 마음의 평화가 온다. 그러므로 최저생계 수준을 달성할 수 있도록 모든 사람들에게 돈 벌 기회를 보장하는 경제제도만이 진보적인 것이다. 사람들이 집세, 자녀교육, 의료혜택 등에 대한 걱정을 할 필요가 없을 때, 더 높은 차원의 정신적·영적 차원의 자질을 계발할 수 있다.

삶의 역동적 그물: 프라마

지구상의 삶이란 역동적 균형(모든 살아 있는 생명체 간에 상호 연결된 그물망)을 이루고 있다. 자연계의 모든 것들은 변화하고 움직이고 있으며, 그 어느 것도 정체된 것은 없다. 생존을 위한 투쟁, 동물과 식물 간의 상호의존성, 계절 및 폭풍·화재·홍수 등의 현상들로 야기되는 갑작스런 변화에 따른 빠른 적응 등은 자연의 끊임없는 역동성을 말해 주고 있다.

사카르는 이러한 변화하는 관계, 즉 역동적인 힘을 '프라마prama' 라고 표현했다. 프라마는 인도의 고대 언어인 산스크리트어로 역동적인 균형과 평형을 뜻하며, 역동적인 자연환경을 잘 묘사하는 단어라 할 수 있다.

모든 생명체 간의 깊은 상호의존성과 상호연관성은 매우 놀랍다. 단세포 박테리아에서부터 가장 복잡한 구조를 가진 동물에까지, 각각의 생명체는 자신의 자리를 지키면서 자신에게 주어진 특정한 역할을 수행한다. 탄생, 삶, 죽음, 그리고 썩어 없어지는 그 순환은 균형 있는 흐름 속에서 계속된다. 사실상 자연은 아무런 폐기물도 만들어 내지 않는 하나의 공장으로 볼 수 있다. 모든 것이 재순환되고 있기 때문이다.

현재 지구상에는 약 4만 종의 척추동물, 25만 종의 식물, 그리고 수백만 종류의 곤충과 미생물이 살고 있다. 이들 모두는 서로 의존하며, 한 종의 생존에 따라 열 가지 다른 종들의 존속 또는 소멸이 결정된다.

생태적 균형의 상실

2005년 5월, UN환경프로그램(UNEP, United Nations Environment Program)은 지구상에 있는 포유동물의 4분의 1이 30년 이내에 멸종할 것

이라는 보고서를 발표했다. 이 연구에 참여한 과학자들은 1,130종의 포유류, 1,183종의 조류, 그리고 5,611종의 식물들이 멸종위기라고 밝혔다. 이 연구에서는 알려진 식물 중 겨우 4%만 조사하였기 때문에 실제로 멸종위기에 처한 식물의 수는 더 많을 것이라고 지적하였다.[16]

이와 같은 '생태적 다양성'을 상실하게 된 주원인은 인간이 대기오염, 기후변화, 산림벌채, 사막화, 대양오염, 어류남획 등으로 지구촌 생태계를 심각하게 오염시키고 파괴한 데 있다. 나아가 지하수의 오염 및 고갈, 독성 폐기물과 핵폐기물의 증가는 그 영향력이 국경을 초월한 심각한 위협이다. 이들 모두는 지구촌 생명체의 존재 자체를 위협하고 있다.

자연은 이제 프라마(역동적 균형)를 잃어버렸다. 그것은 우리 인간사회가 스스로의 프라마를 잃어버렸기 때문이다. 인간사회의 균형 상실은 존재의 세 가지 영역(육체적, 정신적, 영적) 모두에서 분명히 나타나고 있다. 또 개인의 삶과 공동의 삶 양자에서도 발생하고 있다.

2001년 12월 6일 노르웨이 오슬로에서 열린 노벨평화상 100주년 심포지엄에서, 노벨평화상 수상자 100명은 전 세계가 직면하고 있는 깊은 위험에 대해 간단하지만 무서운 경고를 하였다. 그들은 선언문을 통해 우리의 안녕이 환경 및 사회에 대한 즉각적인 개혁에 달려 있다고 예측했다.

앞으로 올 세계평화에 가장 심각한 위험은 가지지 못한 자들의 정당한 요구로부터 야기될 것이다. 가난하고 법의 보호 바깥에 있는 사람들 중의 대다수는 적도지대에서 근근히 살고 있다. 가난한 이들이 아닌 소수 부자들에 의해 시작된 지구온난화는 이들의 취약한 환경에 가장 큰 영향을 미칠 것이다. 이들의 상황은 매우 절망적이며 분명히 부당한 것이다.

미래에 대한 유일한 희망은 국제간의 협동적인 행동에 달려 있다. 그 행동이란 다름 아닌 민주주의라는 합법성에 근거하여, 지구촌 온난화와 무기로 넘치는 세계에 대처하는 것이다. 이 두 가지의 목표는 확장된 사회정의로 나아가는 데 있어서 안정성을 주는 매우 중요한 요소다. 또한 우리들이 평화에 대한 희망을 갖게 하는 필수요소다.

우리들이 변화시킨 세계에서 살아남기 위해서는, 새로운 방식으로 사고하는 것을 배워야 한다. 개개인의 미래는 과거와는 전혀 다르게, 모든 구성원의 공동 선good of all에 달려 있다.[17]

사카르에 따르면, 어느 체제에서 프라마가 상실될 때 그 체제는 세 단계를 거치게 된다. 첫 번째는 혼란derangement이고, 그 다음은 분열disruption이며, 마지막은 퇴보degeneration다. 즉, 균형을 잃게 되면, 맨 먼저 생체시스템이나 사회시스템이 혼란에 빠지게 되고, 시스템의 정상적인 기능이 급격히 바뀐다. 마지막으로 시스템 자체의 존속이 위협을 당하게 된다. 사카르는 이렇게 말한다.

"인간사회는 현재 퇴보 단계에 도달했으며, 그 결과 경제적 파산, 사회적 동요, 문화적인 타락과 종교적인 미신의 소용돌이 속에 헤매고 있다."[18]

북미의 호피Hopi 인디언에는 코야니스콰치Koyaanisqatsi라는 말이 있는데, 그 의미는 '균형을 잃은 삶'이다. 균형을 잃어버린 예는 인간사회에서 어렵지 않게 볼 수 있다. 옹졸함, 가정파탄, 착취, 종교적 광신, 만연된 음란물 및 여성들의 성착취, 마약과 과음, 증가하는 범죄율, 청소년들 간의 살인, 환경파괴 등이 그것이다.

이런 예는 개인의 삶에서도 일어나고 있다. 불안 및 초조, 혼란, 건강치 못한 습관들이 생기고, 다음에는 불신, 이기심, 자학 행위, 목적상실, 무분별함, 통제하지 못할 분노가 온다. 마지막으로는 절망감, 우울증, 그리고 자살 충동이 오게 된다.

2000년 미국 정부가 실시한 조사에 따르면, 14세~17세의 10대들 중 300만 명이 자살을 생각한 적이 있으며 그중 3분의 1은 실제로 자살을 시도했다고 한다. 약물남용 및 정신건강서비스관리국(SAMHSA, Substance Abuse and Mental Health Services Administration)에 의하면, 우울증이 그 주원인이었다.[19] 10대 자살은 지난 20년간 세 배가 증가했다. 그리고 지난 20년간 미국에서 가장 높은 폭력범죄율을 보이던 연령은 20대 후반에서 17세로 낮아졌다.[20] 통계에 따르면, 가장 부유한 국가의 청소년들이 세계에서 가장 화를 많이 내며, 우울해 하고 폭력적이라고 한다.

어떻게 프라마를 회복할 수 있는가

개인의 삶에서 프라마를 다시 회복한다는 것은 총체적인wholesome 라이프 스타일을 받아들인다는 것을 의미한다. 영양가 있고 균형된 식사를 하고, 규칙적인 운동을 하며, 흡연과 음주 등을 삼가고 긍정적인 효과를 얻을 수 있는 모임이나 지역사회 활동에 참여하는 것이다. 또 어려운 이들을 위한 봉사활동에 자원하며, 매일매일 내면을 성찰하는 수련 등이 모두 건강과 균형적인 마음, 그리고 내적인 충만감을 위해서 중요한 것들이다.

한편, 집단에서 프라마를 회복하기 위해서도 단계적인 접근방법이 필요하다. 첫째, 사회의 물질적 차원에서의 균형 회복이 필요하다. 이를 위해서는 사회 구성원 모두에게 최저생계에 필요한 것들을 공급해 줄 수 있는 경제체제를 만들어야 한다.

또한 사회 각 분야에서의 적절한 균형이 회복되어야 한다. 예를 들면, 농업제도는 구조적인 재조정을 통해 현 세대는 물론 미래 세대들에게도 기본 식량을 충분히 지속적으로 공급할 수 있도록 해야 한다. 이 목표가 달성된 이후에 초과되는 식량을 수출해야 한다.

산업구조는 지역 주민들이 기본적인 생활에 필요한 기술을 갖출 수 있도록 재조정되어야 한다. 이를 달성하기 위해서는 이윤만 추구하는 기업들을 지역에서 운영되는 협동조합체제로 전환시키면 된다. 모든 기업들은 안전한 환경을 제공해야 한다(이러한 모델은 뒤에서 자세히 다룬다).

정신적인 면에서의 프라마를 복원하기 위해서는 그 지역의 언어, 문화, 전래되어 오는 조상들의 지혜를 권장해야 한다. 이것은 문화적 정체성에 대한 감각을 강화시키고, 현시대에 유행하는 유입된 문화적 지배로 인해 야기되는 열등의식을 없애 준다. 그리고 온갖 도그마에서 자유롭고, 정치로부터 독립된 고등교육제도 역시 필수적이다.

영적인 차원에서는, 사회가 다른 믿음이나 종교적 전통을 인정하고 수용하도록 해야 한다. 그리고 보편성을 지닌 영적 수행법이 모든 사람에게 무료로 제공되어야 한다.

마지막으로, 균형을 회복한 물질적·정신적·영적인 차원들이 상호 결합되어 건전하고도 총체적인holistic 사회를 창조해야 한다. 이와 같은 단계들을 통해 현재의 물질지배 사회를, 영성에 의해 인도되는 확장된 가족사회로 변환할 수 있다.

명상

세계의 정의와 평화를 위한 투쟁을 하면서, 자신의 내면적 평화를 소홀히 해서는 안 된다. 인간은 평화와 행복을 향한 원초적인 갈증을 갖고 있다. 외부 대상물은 결코 이 같은 내적 요구를 채워 줄 수 없다. 외부 대상물이 주는 즐거움은 일시적이기 때문이다. 우리는 내면으로의 여행을 통해 진정한 평화와 행복을 찾아야만 한다.

명상이란 그 역사가 수천 년 전으로 거슬러 올라가는 심오한 수련이다. 명상은 내면의 평화를 얻고자 하는 이들을 돕기 위한 수단이며, 신비주의자들에 의해서 계발된 것이다. 방법은 간단하다. 눈을 감고 척추를 곧추세우고, 움직이지 않은 채 자연스럽고도 깊은 호흡 속에서 특별한 기법에 따라 마음을 집중하는 것이다. 그러면 서서히 깊은 평화와 충만감 속으로 들어갈 수 있다.

명상이란 우리가 진정 무엇인가에 대한 깊은 성찰이다. 우리의 숨겨진 참모습을 찾아내고, 우리의 순수의식을 확장하는 과정이다. 명상은 또한 높은 차원의 각성 상태(직관의 세계)를 계발하는 것이어서, 직관의 과학으로 알려지고 있다. 명상은 사회적인 여건에 영향을 받는 일상적인 상념 밑바닥으로 들어감으로써, 억압적인 맹신들로부터 마음을 해방시켜 준다. 명상은 착취자나 기회주의자들의 합법성을 가장한 파괴적이고 이기적인 행위들을 꿰뚫어, 실상을 제대로 볼 수 있게 해준다.

명상은 개인 차원에서도 이로움이 많다. 분노와 공격성을 극복케 하며, 의지력과 자아통제력을 길러 준다. 또한 존엄성과 정신건강을 가져다주며, 기억력과 집중력을 증진시킨다. 또 불면증, 우울증, 고독감을 극복시켜 주고, 열등의식, 우등의식, 두려움, 죄의식 등의 콤플렉스를 극복시킨다. 마음을 고요하게 하며, 이해심과 인내심을 넓혀 주고, 균형 있고 완전한 인격을 계발시키며, 지혜와 자비, 사랑을 일깨워 준다.

프라밧 란잔 사카르Prabhat Ranjan Sarkar는 프라우트의 정립자이며 영적 스승으로서, 그의 목표는 영성에 기반을 둔 지구촌 사회를 만드는 것이었다. 이 목적을 위하여 그는 아난다 마르가Ananda Marga(산스크리트 언어로 '지복Ananda의 길Marga'이란 뜻)라는 사회적·영적 조직을 만들었다. 아난다 마르가의 남녀 출가수행자들은 사회를 위한 봉사와 희생을 상징하는 색깔인 오렌지색 의상을 입고, 개개인에게 적합한 명상법을 무료로 전수하고 있다.[21]

참된 영적 수련의 여섯 가지 공통점

다음은 트랜스퍼스널 심리학Transpersonal Psychology에서 인정하는, 참된 영적 수련이 가지는 여섯 가지 공통점이다.

● **윤리성**
우리의 도덕적 품성을 정화함으로써 남들을 해치지 않는 것.
● **감정의 변화**
부정적인 감정으로 앞을 내다보는 태도에서 긍정적인 관점으로 변화.

● **주의력 훈련**

　침착해지고 중심을 잡도록, 우리의 마음을 다스리고 변화시키는 방법을 익힘.

● **동기의 전환**

　의도를 순수하게 하고, 이기적인 욕망으로부터 벗어나 이타적인 봉사로 나아가게 함.

● **정제된 감지력**

　우리 마음의 잠재의식과 교감할 수 있는 능력의 계발.

● **지혜의 계발**

　보편적인 진리를 깨닫고, 타인에 대한 조건 없는 사랑을 가꿈.

　이 여섯 가지 요소들은 진정한 명상 수련에는 어디든 다 들어 있다. 이 요소들은 개인의 영적인 성장과 사회의 변화라는 두 가지가 서로 괴리되어 있지 않다는 것을 잘 나타낸다.

　세상은 정의롭고 민주적인 새로운 사회 및 경제체제를 필요로 할 뿐만 아니라, 보다 선하고 강하며 덜 이기적인 사람들을 필요로 한다. 이를 위해서는 체계적이면서도 그 어떤 것에도 구속되지 않는 자유로운 변화를 우리 내면에서 이루어야 한다. 혁명은 우리 안에서부터 시작된다.

프라우트의 중요성과
프라마의 개념[22]

레오나르도 보프 Leonardo Boff 박사
(해방신학 창시자, 신학자)

보프 박사는 신학자이자 교수이며, 50여 권의 책을 낸 저자이다. 그는 해방신학Liberation Theology이라는 가톨릭교회 내부 운동을 이끈 선구자 중의 한 명이다. 해방신학이란 사회주의적인 관점과 정의를 위한 투쟁을 진보적인 기독교사상에 접목시킨 것이다. 그는 인권 개선을 위한 활동을 인정받아 대안 노벨상으로 지칭되는 '올바른 삶을 기리는 상Right Livelihood Award' 을 받았다.

프라우트 시스템이 특별히 중요한 이유는 그 제도의 포괄성completeness과 실행가능성viability, 이 두 가지 때문이다. 프라우트 시스템은 인간이 가지는 개인적이며, 집단적인 측면의 바른 이해와 진정한 인간 발전에 바탕을 두고 있다.

모든 개개인에게는 물질적, 정신적, 영적인 세 가지 차원이 있다. 이 세 가지는 함께 계발해야 한다. 그렇지 않을 경우 발전이 없거나, 또는 불의와 많은 희생자를 초래하는 발전만 있을 뿐이다. 프라우트는 균형(프라마)과 조화를 가져오는 발전을 이룩할 수 있도록 매우 신중하게 고려된 것이다. 그러므로 프라우트는 결과적으로 모든 이들의 복지와 행복을 가져올 것이다.

물질적인 것에는 육체, 모든 측정 가능한 현상계, 자연, 천연자원, 토양의 비옥도, 물리화학적인 원소들, 우리가 사는 세상에 작용하는 우주적 에너지 등이 있다. 프라우트 시스템은 이러한 물질적인 자원들이 현세대는 물론 미래 세대에까지 지속적으로 충분히 주어질 조건 하에서, 최대한으로 활용하는 방법을 알려 주고 있다. 나아가 인간뿐만 아니라, 동물, 식물, 바위 등 다른 창조물들에게까지 주어질 수 있게 하고 있다.

정신적인 면에는 인간의 마음, 지성, 의지, 상상, 그리고 감정과 우리의 내면적이며 원초적인 감수성에 의해 형성되는 심리적인 삶 등이 있다. 인간은 자신의 성장 및 타인의 발전을 위해서라도 각자의 정신적 능력을 계발해야 한다. 이는 정의로운 행동과 착취구조의 근절, 그리고 새로운 문제점들에 대처하는 끊임없는 창조성을 통해 가능하다.

영적인 것이란 작은 나의 세계를 우주적인 세계에 연결시키고, 전체성을 느끼는 것이다. 그것은 모든 사물을 초월한 세계(이 우주의 위대함으로부터 오는 메시지)를 발견하는 것이다. 영성은 소위 종교에서의 신, 또는 우주를 움직이는 절대적 힘이라 부르는 신비로운 실체에 대해서 명상하고, 경모하고, 대화하는 것이다. 이 차원을 작동시킴으로써 인간은 우주적 존재로 변환된다. 이것은 끝없는 실천이다. 우리들은 지속가능한 발전을 해가는 과정에서 이 모든 차원들이 포함되도록 노력해야만 한다.

프라우트 체제의 두 번째 특성은 실행가능성이다. 전 세계에서 사카르를 따르는 사람들은 인간존재에 대한 이론적 이해로 그치지 않는다. 그들은 실행가능한 실천적이고 효과적인 방법을 탐색하는 데 몰두한다. 프라우트 체제가 매력적인 것은 바로 여기에 있다.

이와 같은 실용적인 논리가 추구하는 것은 균형 있는 경제다. 즉, 사람들에게 최저생계를 보장해 줌으로써 인간의 세 가지 영역인 물질적, 정신적, 영적 측면을 지원하는 경제체제를 말한다. 그러므로 프라우트 시스템은 경제에 대한 인간적인 접근방법을 보여 주는 것이다. 프라우트에서는 재화와 서비스를 무제한으로 축적하도록 허용하는 자본주의 경제를 배제한다. 그 대신 지고한 존재와의 찬란한 교감을 포함하여, 모든 인류에게 필요한 것이 무엇인지에 관심을 기울이는 본연의 감각classic sense을 회복하도록 해준다.

　프라우트에 대해서 읽고, 이 제도를 모든 분야에 적용할 것을 강력히 권고하는 바다. 프라우트 모델은 특히 가톨릭교회의 영성중심 공동체와, 대중의 구매력을 향상시키고자 노력하는 민중중심의 단체들에게 유용할 것이다. 프라우트 체제는 현재의 지배적인 자본주의 경제체제와 신자유주의적 접근방법을 비판한다. 또한 사회주의 시스템의 중앙 집중성과 체제의 필연적인 경직성도 비판하고 있다. 프라우트는 무엇보다도 진정한 인간을 위한 경제의 대안제도로서 그 역할을 할 것이다. 이를 통해 프라우트 모델은 사람들을 살리고 행복을 창출해 낼 것이다.

리우데자네이로에서

제3장
살아갈 권리를!

오늘날 돈을 가진 자는 존경과 대우를 받지만,
돈이 없는 자는 어느 누구도 거들떠보지 않는다…
민중들은 모든 것을 잃어버린 채 박봉에 하루종일 시달린다…
기차역과 저잣거리에서 헐벗고 굶주린 거지와
문둥병자들이 결사적으로 동냥바가지를 내밀고 있다…
가난한 자들은 빈민가에서 위험에 노출된 채
아무런 보호 없이 살아가고… 시골에서는
의약품이 부족해 죽어 가고 있다…
길거리가 수많은 사람들의 집이 되었다.

−P. R. 사카르[1]

지구는 모든 사람들이 쓸 수 있는 충분한 자원을 보유하고 있다(만약 사람들이 그것을 서로 나누기만 한다면 말이다!). 앞장에서 설명한 대로 우주적 유산의 원칙에 따라, 부나 자원을 축적하는 것은 용납할 수 없다. 프라우트의 목표는 모든 사람들의 복리를 위해 서로 나누어 쓰도록 물려받은 유산을 합리적으로 활용하고 분배하는 것이다.

프라우트에는 남보다 더 열심히 일하거나, 더 많은 기술을 가졌거나, 사회에 더 많은 기여를 하는 사람들을 위한 물질적인 장려책(인센티브)도 포함되어 있다. 그 인센티브는 합리적이어야 한다. 프라우트의 목표는 자연계와 여타의 창조물에 해를 덜 끼치면서, 모든 사람들의 생활수준과 삶의 질을 점진적으로 향상시키는 것이다.

삶의 최저생계 수준

프라우트의 첫 번째 요건은 누구나 삶의 최저생계가 보장되어야 한다는 것이다. 즉, "어느 시대든 모든 이들의 최저필수품은 보장되어야 한다"는 것이다.[2] 어느 나라든지 삶의 권리를 보장하는 것이 최우선순위가 되어야 한다. 브라질 출신의 영성가 프레이 베투Frei Betto는 다음과 같은 말로 최저생계 요건의 중요성을 환기시켰다. "어느 한 사회의 정의 수준은 모든 시민들에게 식량이 어떻게 분배되는지에 따라서 평가될 수 있다."[3]

프라우트에서는 삶의 기본 필수품목을 다섯 가지로 정하고 있다. 음식(마실 수 있는 깨끗한 물 포함), 의복, 주거(적절한 위생시설과 에너지 포함), 의료, 교육 등이 그것이다. 그리고 추가로 지역 교통수단과 관개용수를 필요항목으로 넣고 있다. 네오휴머니즘의 원리에 따른 생득권이란 국적을 초월하는 권리다. 즉, 그 나라의 국민이든 방문자든 누구를 막론하고 이 필수품목이 보장되는 것을 의미한다.

어느 경제든 이 기본 필수품목을 제공하는 것이 첫 번째 역할과 의무가 되어야 한다. 이와 같은 필수품목들은 삶의 고귀한 목표를 성취하는 데 필요한 것들이다. 그 목표란 다름 아닌 잠재성 실현, 문화적인 성장, 내면의 충만, 자아실현 등을 말한다.

  적정한 임금이 주어지는 보람 있는 일자리를 갖는 것 역시 기본 인권 중의 하나다. 최저생계를 유지하는 데 필요한 것들이, 현재 세계 자유민주주의 국가에서처럼, 정부기관이 나누어 주는 방식이어서는 안 된다. 그보다는, 국민들이 정직한 일거리를 통해서 받는 소득을 가지고 스스로 구매할 수 있도록 해야 한다. 일자리를 완전고용 상태에 도달시키고, 그것을 유지시키는 정책을 추구하는 것이 정부가 지닌 책임이다. 그리고 그 일자리는 각자의 기술과 재능을 활용할 수 있어야 한다. 또한 최저임금은 공정하고 그 수준이 최저생계를 유지할 수 있어야 한다.

  대부분의 복지제도는 복지혜택을 받는 사람들이 일하는 것을 기피하게끔 만들어져 있다. 미국의 경우, 복지보조금을 받는 사람들이 일을 하여 돈을 벌면 즉시 수입을 보고하도록 되어 있다. 그 경우, 다음에 받는 복지보조금에서 그 수입만큼을 상쇄한다. 또한 조그마한 사업이라도 하려고 돈을 빌릴 경우에도 그 즉시 매월 받는 복지보조금을 포기해야 한다. 따라서 복지보조금을 받는 자들은 정서적으로 의존적이 되며, 가난과 복지제도 양자의 노예가 된다. 이와 달리, 프라우트에서는 육체적 혹은 정신적으로 일할 수 없는 특별한 처지에 있는 자들에게만 복지보조금을 주도록 한다.

  최저생계 수준은 진보적인 방식으로 결정되어야 한다. 즉, 최저생계에 필요한 필수품목의 수준은 지역 내 자원의 가용성과 과학적인 기준에 따라 지속적으로 조정해야 한다. 프라우트의 모든 원칙들처럼, 최저생계의 수준 역시 시간과 장소에 따라 변경될 것이다.

  예를 들면, 문화권마다 주식품이 다르지만 적절한 영양기준을 충족시켜야 된다. 의복은 기후와 문화에 따라 달라야 한다. 최저 주거수준도 기후와 문화에 적합하게 결정되어야 할 것이다. 물론, 남보다 더 열심히 일하는 사람들은 더 크고 좋은 집을 살 수 있는 충분한 돈을 벌 것이다. 공산주의 경제와는 달리, 이러한 인센티브 제도가 프라우트 체제에 도입되어 모든 사람들에게 안식처가 보장될 것이다.

프라우트 구조에서는 사람들의 구매 능력의 정도가 경제발전의 척도가 된다. 구매 능력을 지속적으로 증가시키기 위해서는 몇 가지 조건이 필요하다. 삶의 기본적인 재화와 서비스의 공급 보장, 안정된 물가, 진보적이고 주기적인 임금 상승, 그리고 사회 전체의 부와 생산성 증가 등이 그것이다.

지구촌의 사람들 누구든 나와 가족을 위한 음식, 의복, 주거, 교육, 그리고 의료 혜택을 받는 데 걱정이 없다면 얼마나 아름다운 세상이 될까!

다국적 제약회사

가난은 건강을 해치고 전염병을 퍼뜨린다. 아프리카, 아시아, 중남미의 가난한 나라들은 매년 1,100만 명(매일 3만 명 이상!)이 전염성 질병으로 죽어간다. 그중 절반은 5세 미만의 어린이들이다. 그리고 4분의 1 이상인 2,600만 명이 AIDS로 사망한다. 그런데 그들과 정부는 약품을 살 능력이 없다.

개발도상국가들은 서양 의약품을 모방하여 값싼 의약품을 제조한다. 인도는 자국에서 소비하는 약의 70%를 생산하며, 이집트, 태국, 아르헨티나, 브라질 등도 점차 자급률을 높이고 있다. 다른 개도국들도 자국의 충분치 못한 의료예산으로 이처럼 값싼 복제약을 사서 더 많은 사람들을 치료하여 혜택을 보고 있다. 50개 이상의 개도국과 일부 선진국에서까지도 생명을 살리는 값싼 복제약을 허용해 주기 위해서 의약품을 특허 품목으로 하지 않고 있다.

브라질은 HIV/AIDS 약을 성공적으로 제조하고 있다. 그래서 3제요법(세 가지 약품을 이용한 치료)에 드는 비용이 미국에서는 15,000달러인데 비해, 브라질에서는 4,000달러에 지나지 않는다. 그리고 거의 9만 명에 달하는 브라질의 HIV 양성 환자들은 무료로 치료를 받는다. 이는 브라질이 정식 특허를 받은 약을 사용할 경우에 비해 네 배나 많은 숫자다.

그러나 세계적으로는 몇몇 다국적 제약회사들이 제약산업을 지배하고 있다. 2006년의 매출의 경우, 화이자Pfizer(미국)는 483억 달러, 글락소 스미스클라인Glaxo SmithKline(영국)은 462억 달러, 엘리 릴리Eli Lilly(미국)는 156억 달러, 머크Merck(원래는 스위스였으나 현재는 미국)는 226억 달러를 기록하였다. 이들 네 개 회사는 카르텔(기업연합)처럼 행동하면서, 그들의 경제력과 영향력을 사용하여 상표 없는 싼 의약품 제조를 억압한다.

그들은 신약 개발을 위한 연구에 많은 돈을 투자하였기 때문에, 그에 따른 천문학적인 이윤은 당연한 권리라고 주장한다. 그런데 그 연구비 예산은 수십억 달러에 달하는 홍보비보다 훨씬 적다. 더군다나, 연구개발비의 10%만이 범지구적인 질병의 90%를 퇴치하는 의약개발에 사용되었다. 나머지는 모두 부유한 나라들의 골칫거리(예컨대 당뇨병 같은 질병)를 위해서 사용되었다. 한편, 그들의 요구에 따라 WTO는 무역관련지적재산권(TRIPS, Trade Related Intellectual Property Rights)이라는 매우 엄격한 법을 제정하였다.

TRIPS가 발효되자 많은 개도국, 학계, NGO 단체들은 그 비난의 수위를 높여 가고 있다. TRIPS가 국제화로 인해 생길 수 있는 사회적 · 정치적 · 경제적 불공정을 구체화한 법규이기 때문이다. TRIPS에는 어떤 나라에 '국가 비상사태'가 발생할 경우, TRIPS 합의를 무시할 수 있다는 안전조항이 담겨 있다. AIDS나 하루 3,000명이 사망하는 전염병은 여기서 언급한 '비상사태'가 분명하다. 그러나 위에서 언급한 제약회사 4인방은 미국 정부에 압력을 가했고, 수십 명의 법률가를 고용하여 이 안전조항을 없애 버렸다. WTO에서는 특허권 침해 제소가 분쟁위원회에 접수되면, 범법행위의 경우와는 달리 제소를 당한 국가가 반증을 해야 한다.

이보다 더 지독한 것은, 미국 정부가 이들 4인방의 편에 서서 위협을 가한다는 점이다. 미국 정부는 도미니카 공화국에 대해 만약 상표 없는 약품의 수입 계획을 취소하지 않으면, 미국에 섬유를 팔게 한 특별한 지위를 취소하겠다고 위협하고 있다. 브라질과 인도는 미국 양자간의 협정, 슈퍼301

조에 따라 제제를 당할 수 있다는 경고를 계속 받고 있다.[4]

브라질의 의약품 자급자족

사카르는 "자연은 어느 지역이나 그 지역 주민들의 일반적인 병을 치유할 약초들을 풍부하게 자라게 한다"고 했다.[5] 그러나 브라질은 다국적 제약회사들로부터 매년 13억 달러 이상의 약품을 수입하고 있다. 수입된 그 약들은 자국민들에게 매우 높은 가격으로 판매된다. 두 명의 프라우트주의자들은 리우데자네이로의 테레소폴리스Teresopolis 지역에서, 브라질 토양에서도 사람들이 필요로 하는 약을 적정한 비용으로 생산할 수 있다는 것을 증명했다.

아리 모라에스Ary Moraes는 대학에서 약초학을 전공했으며, 그 후 아마존에서 원주민들과 4년을 공부하면서 지냈다. 1988년, 그는 고향으로 돌아와 삼림지 10헥타르를 구입했다. 지금은 그의 조그만 땅에서 150종 이상의 토종 약초가 자라고 있다. 그의 약초 농원은 작물 성장에 적합하도록 특별한 원형(만다라 형태)으로 디자인되었다. 또한 범우주적인 뜻을 지닌 만트라(주문)의 소야곡이 연주되고 있다. 그는 그 음악이 약초의 치유력을 증진시킨다고 믿는다. 모라에스는 그의 조그만 작업장에서 120종이 넘는 생약을 대량으로 생산하여, 그가 사는 지역의 건강식품점과 야외시장에서 팔고 있다.

브라질은 미국의 요구에 따라, 이들 자연치료제 등을 '의약품'으로 분류하여 판매하지 못하게 하는 엄격한 법을 시행하고 있다. 정부는 또한 소규모의 지역 생산업자들에게 법적인 제한을 가하여, 이들이 수십억 달러 규모의 의약산업과 경쟁하는 것을 방지하고 있다. 이런 식으로 브라질과 경제적으로 뒤지는 나라들은 자국민들에게 외국 의약품에 의존하도록 강요하고 있다.

현재로서는 모라에스의 땅 중에서 겨우 3헥타르만이 경작되고 있다. 그는 원주민들처럼 약초 대부분을 숲에서 채취하고 있다. 그가 사는 지역에는 80가구의 가난한 가정이 살고 있다. 이에 그와 부인 로사 헬레나Rosa Helena는 무료 의료 및 치과 클리닉, 성인을 위한 문맹학교를 열었다. 부부는 여성협동조합을 조직하여 가장 잘 나가는 약초 재배법과 시장에서 잘 팔리는 생약 기침해소제 생산법을 가르쳤다. 그리고 지역주민협회는 지역 내에서 주민간 서비스를 교환할 수 있는 지역통화local currency 제도와 지역산품을 상품화하였다. 또한 가내공업을 시작하여 수공예품, 빵, 전통식품, 헌책, 의류, 식기 등을 생산하고 판매하고 있다.

포르투알레그레Porto Alegre 근교의 프라우트주의자들은 비아마오 Viamao 자치정부와 협동으로, 50명 이상의 지역 실업자들에게 일자리를 제공하는 협동조합을 시작했다. 그들은 약초를 재배하고 지역공동체를 위한 각종 치료제들을 생산한다.

모라에스 다음과 같이 말한다. "우리가 도전하는 것은 사람들의 의존적인 태도를 깨뜨리는 것입니다. 우리 모두는 협동심과 단결력을 통해 지역민들이 최저생계 문제를 해결할 수 있는 대중 참여 프로젝트를 시작해야 합니다. 개혁적인 조직을 통해서 말입니다." [6]

공산주의와 다른점

프라우트 사회에서는 모든 구성원들의 최저생계를 보장해야 하는 동시에, 보장하고 남은 재화를 어떻게 배분하는가도 결정해야 한다. 사카르는 잉여분의 재화를 모두에게 똑같이 분배하는 것은 실용적이지 못하다고 주장한다.

"동일성이 아닌 다양성이 자연의 법칙이다… 모든 것을 똑같게 만들려는 자들은 분명히 실패할 수밖에 없다. 그것은 자연의 본질과 반대로 가는 것이기 때문이다." [7]

사카르는 공산주의 사상을 인정하지 않았다. 비록 칼 마르크스Karl Marx

가 휴머니스트로서 모든 이들의 최저생계를 보장하라고 혁명가들을 고무
했지만, 사카르는 공산주의 철학은 인간심리에 적합하지 못한 것이었다고
주장하였다. "그대의 능력에 따라 봉사(일)하고, 필요한 만큼 받는다"라는
말은 좋게 들리지만, 대부분의 사람들을 고무시키기에는 적당치 않다.

　많은 공산주의 지도자들은 정치권력 및 경제력을 국가에 집중시키는 식
으로, 오직 자기들만이 옳다는 믿음을 만들었다. 이 교만함은 목적은 수단
을 정당화한다는 물질주의 철학과 함께, 공산당의 독재를 초래하였다.

　공산주의 체제는 전 세계 민중들로 하여금 강렬한 불만을 야기시켰다.
공산당의 독재는 저항하거나 탈출하려는 자국민들을 투옥하고 살해했다.
권위주의적인 공산당 정부는 예술 작품을 검열하고 개인사업을 금하였다.
또한 개개인의 진취정신을 억누르고, 종교와 영적인 자유를 금지하였다.
결국 이들 독재권력은 동유럽과 러시아의 민중 봉기에 의해 무너졌다.

　그러나 아직 몇몇 국가에서는 공산주의 압제가 지속되고 있다. 중국은
사형통계를 발표하지 않는다. 그러나 국제사면협회Amnesty International에
의하면, 2006년 무려 8,000명의 사형이 집행되었다고 한다. 체포와 고문
및 투옥이 영적이고 종교적인 그룹과 반체제인사, 인권활동가들을 상대로
계속되고 있다. 3,000명 이상의 파룬궁Falun Gong 수련자들이 구금 상태에
서 고문으로 죽었다. 그중 70% 이상이 여성들이었다. 티베트에서는 수십
명의 남녀 승려들이 투옥 중이다.[8]

자원의 합리적 배분

프라우트에서는 "(주민 모두의 최저생계를 보장하고 남은) 잉여분의 부는 사회
의 기여자들에게 그 기여 정도에 따라 분배해야 한다"는 원칙을 주장한다.[9]

　프라우트 경제학에서는 잉여의 부를 산스크리트어로 '아티릭탐
Atiriktam'이라 부른다. 아티릭탐은 사람들의 동기를 자극하여 사회에 더
많이 봉사하게 만드는 장려금으로 사용된다. 이것은 추가 급여 및 기타 다

른 형태로 주어진다. 그 목적은 사람들을 고무시켜 각자의 기술을 계발하고 능력을 향상시켜, 사회를 돕도록 하는 것이다. 그러므로 아티릭탐은 특별한 임무와 연계된 특전의 형태를 취한다. 예를 들면, 재능이 뛰어난 연구원에게는 값비싼 실험실 장비의 사용이 허락되고, 효율적이고 이기심 없는 사회봉사 일꾼에게는 데리고 일할 부하직원들을 추가로 배치할 수도 있다.

1990년 사카르가 타계하기 직전에 출판된 한편의 글 〈최저의 생필품과 최대의 편의물〉에서, 그는 최저급여와 아티릭탐의 관계에 대한 부연설명을 하였다. 최저생계에 필요한 필수품을 제공하는 것이, 단지 죽지 않고 겨우 생존할 수 있는 수준이어서는 안 된다고 강조하였다. 기여도가 높은 사람들에게는 더 많은 급여를 제공하고, 지속적인 공동의 노력으로 보통 사람들의 경제수준을 때와 장소에 적합한 수준으로 끌어올려야 할 필요가 있다고 하였다. 다수의 대중들이 인간으로서의 존엄성을 지키면서 살아가고 있다는 느낌을 가져야 한다는 것이다.[10]

프라우트의 5대 기본원칙

다음의 5가지 선언은 어떻게 자원을 분배해야 하는지를 제시한다. 이들을 총괄한 것이 '프라우트의 5대 기본원칙'이라 알려져 있다.[11] 프라우트 모델의 특징은 자연자원뿐만 아니라, 인간의 물질적 · 정신적 · 영적인 자질들까지 고려하고 있다는 점이다.

1. "개인은 소속 공동체의 허락이나 승인 없이 물질적 부를 축적해서는 안 된다."

이는 지구촌의 물질적 자원이 한정되어 있음을 인정하는 것이다. 그러므로 사재나 남용은 다른 이들의 기회를 감소시키는 짓이다. 생산적 투자가 아닌 투기를 위한 부의 축적이나 사용은 다른 사람들의 기회를 직접적으로 감소시킨다. 따라서 급여와 유산, 그리고 재산과 토지 소유에 대한 최고 한도가 설정되어야 한다.

이 원칙은 앞 장에서 언급한 우주적 유산Cosmic Inheritance의 개념에 기반을 두었다. 인간은 창조주로부터 부여받은 자원들을 축적하고 남용하는 것이 아닌, 활용하고 나누는 권리를 가졌음을 강조한다.

급여는 합리적인 최고 수준을 넘지 않아야 한다. 최고임금 수준은 급여의 성격을 가진 모든 항목(주식옵션, 장려금, 성과 보너스, 개인적 잡비계정 등)들을 포함해 산정해야 한다. 그리고 최저임금과 최고임금의 격차는 점차 축소되어야 하지만, 그 격차가 전혀 없어져서는 안 된다.

기업 내에서 최저임금과 최고임금의 격차가 통제되어야 한다는 의견은 점차 인정되는 추세다. 유명한 경제학자 존 케네스 갤브레이스John Kenneth Galbraith는 이렇게 말했다. "기업 내에서 평등성을 강화시키는 가장 쉽고 효과적인 방법은, 평균임금과 최고임금의 격차 한계를 명시하는 것이다."[12] 일본 및 유럽의 몇몇 기업들은 이미 그 같은 정책을 가지고 있다.

사카르는 '소속 공동체Collective Body'라는 용어를 사용하였다. 이 말은 사회를 지칭한다. 그는 정부가 책임을 갖고 부의 축적 한도를 정할 것을 제안하였다. 정부는 경제위원회를 만들어 이를 시행할 수 있을 것이다. 사카르는 위원회의 위원들은 '정직해야 하며, 사회적 서비스를 공동체적으로 제공하는 방법을 통하여… 인류의 복지를 향상시키기를 진정으로 원하는 자…'들로 구성되어야 한다고 강조하였다.[13] 경제위원회는 경제정책과 기준을 정하는 동시에, 상한선에 대한 예외를 신청하는 시민들의 요청에도 귀를 기울여야 할 것이다. 예를 들면, 하반신 마비의 환자에게는 정교하고 값비싼 전자장치가 부착된 휠체어를 특별히 마련해 주어야 할 것이다.

이 첫 번째 원칙은 오직 물질적인 부의 경우에 해당된다. 지식과 영적인 지혜에는 제한이 없기 때문이다.

2. "우주의 모든 감각적, 초감각적, 영적 잠재가능성을 최대한 활용하고 합리적으로 분배해야 한다."

최대한 활용한다는 의미는, 자연환경을 보호하면서 우주의 모든 자원을 경제적·기술적으로 잘 이용한다는 것이다. 우리에게 주어진 자원을 현명하게 이용한다면, 누구나 질 높은 삶을 경험할 수 있다는 것이 프라우트의 확신이다.

미국의 과학자이자 미래에 대한 통찰력을 지닌 벅민스터 풀러R. Buckminster Fuller는 이렇게 말한다. "우리들은 사용 가능한 충분한 기술적인 지식을 가지고 있어서, 모두에게 멋진 삶을 부여할 수 있다. 그리고 우리들의 마음을 이용하여 단순한 생존을 위한 투쟁이 아닌, 매우 특별한 것들을 성취하는 것이 가능하다."[14]

부의 지나친 편중은 지구 자원 상태를 악화시키거나 비효율적인 활용을 야기시킨다. 소수의 엘리트가 거대한 농토를 소유하게 되면, 그 땅을 그대로 놀리는 경우가 많다. 아니면 수출을 위한 환금작물을 생산한다. 그렇게 되면, 가난한 농부들은 매우 작은 땅만을 경작하도록 강요되고, 집중 경작을 하게 된다. 이는 유휴지를 유지하지 않는, 생태적으로 비참한 결과를 초래한다.

초감각적supermundane인 잠재성이란 우리의 감각 기관으로는 감지 못하는 재산들을 포함한다. 그것은 정묘하고 오묘한 지식과 힘들로 텔레파시, 천리안, 직관능력 등을 포함한다. 영적인 잠재성이란, 우리들이 지고의 순수의식에 가까이 갈 수 있도록 우주가 인도하는 힘을 지칭한다.

3. "인간사회의 개인과 집단이 지닌 형이하학적, 형이상학적, 영적인 잠재력을 최대한 활용해야 한다."

이 원칙은 모든 인적 자원이 개인과 집단의 복지에 가치를 두는 방향에서 활용되어야 함을 나타낸다. 건강한 사회가 건강한 개인들을 길러 내듯이, 건강한 개인이 건강한 사회를 창조한다. 프라우트에 따르면, 개인의 이익과 집단의 이익이 반드시 상충되는 것만은 아니다. 오히려 양자의 진정한 이익은 상호 공유될 수 있다.

가정파탄과 서양사회 전체에 만연해 있는 '나 먼저'라는 이기적인 태도에서 지나친 개인주의의 결과를 볼 수 있다. 물질중심의 소비사회는 자신의 기쁨과 편안함만 추구하고, 다른 이들의 필요에 대해서는 무관심해지도록 강요한다.

그렇다고 위의 원칙이 사회의 공동선共同善을 꾀하기 위해 모든 개별성을 포기하라는 주장은 아니다. 사회라는 것은 인간의 다양성을 존중하고, 자신들을 위해 생각할 자유를 허용하고, 각자의 창조적 재능을 표현하고, 다양한 관계를 형성할 수 있도록 할 필요가 있다.

프라우트의 중요한 목표 중 하나는, 각 개인이 지닌 모든 잠재력을 실현시키고 그들의 꿈과 목적을 성취시키도록 고무하는 것이다. 공산주의는 지나친 집단주의의 위험을 매우 잘 보여 주었다. 대부분의 공산주의 정부는 지나치게 비효율적이었다. 그래서 삶을 재미없고, 무기력하고, 기계적인 것으로 만들어 버렸다.

사람들이 교육을 제대로 받지 못하거나, 인종 또는 성별에 따른 차별과 경제적 착취로 인해 개인의 다양한 재능을 계발하지 못하고, 사회에 기여할 기회를 얻지 못할 때 지적 자원의 낭비가 발생한다. 각 개인의 창의성을 고무하고, 그것이 세상을 개선시키는 데 초점이 맞춰져 있다면 얼마나 멋질까! 그 창의성이 낭비되거나, 혹은 원하지도 않는 것을 사도록 설득하는 광고의 방향대로 잘못 지향되지 않아야 한다.

물질중심 사회에서는 평화, 조화, 지혜, 전체성, 내면의 영속적인 기쁨을 계발케 하는 영적 잠재성은 대부분 발굴되지 않은 채 그대로 남아 있다. 그러나 역사적으로 모든 문화권에서는 소수의 신비가들이 이 내면의 보물을 찾아내고, 그것을 다른 이들과 나누기 위해 영성을 계발하는 기법을 연마

하는 데 자신들의 삶을 바쳐 왔다.

4. "형이하학적, 형이상학적, 감각적, 초감각적, 영적인 잠재성을 활용할 때는 이들 상호간에 적절한 조정을 해야 한다."

전통적인 경제원리인 비교우위론에서는 국가와 개인은 자신이 가장 잘 할 수 있는 것을 해야 한다고 주장한다. 그런데 슬프게도 이 원리는 중미는 북미 사람들을 위해 바나나를 생산하는 데 가장 적합하며, 미국은 그 이외의 모든 것들을 생산하는 데 최고라는 주장에 이용되어 왔다. 푸드 퍼스트 연구소Food First Institute는 전 세계의 모든 국가들은 자국민들을 먹여 살릴 수 있는 농업생산 잠재력이 있음을 시범 보이고 있다.[15] 프라우트에서는 지역 내 자급자족이야말로 모든 사람들의 생활수준을 높이는 가장 효과적인 수단이라고 강조한다. 프라우트에서는 각 지역의 농토는 먼저 지역민들의 먹을 식량을 생산해야 하고, 그것이 달성된 후에 나머지 생산물을 수출해야 한다고 주장한다.

이 네 번째 원칙의 핵심 주제는 개인과 사회의 통합적 발전을 도모하는 데 있다. 어떤 자원에 대해 경쟁적인 수요가 있을 경우에는, 그 자원이 지닌 희소성과 귀중한 가치를 활용해야 한다. 문화혁명 기간의 중국과 크메르 루즈가 정권을 장악한 캄보디아에서는 의사, 간호사, 대학 졸업자들이 부당하게 지방으로 쫓겨나 집단 농장에서 농사를 짓도록 강요당했다. 정직한 일을 한다면 누구든 존엄성을 가지며, 직업에 상관없이 사회의 존경을 받아야 하는 것은 당연하다. 그러나 지적 능력이 높은 사람들이 단순한 육체노동에만 종사하는 것은 바람직하지 못하다.

깊은 지혜와 자비심이 몸에 벤 영적으로 발전된 사람들은 매우 드물다. 이들은 대부분의 시간을 자신의 가르침을 다른 사람들에게 전하면서 보내도록 해야 할 것이다.

물질 차원에서도 위와 동일한 원칙이 적용된다. 특별한 영감을 불러일으키는 아름다운 경치를 지닌, 사람의 손이 가지 않은 지역들은 철광석을 캐내는 광산으로 만들기보다 국립공원으로 보존해야 할 것이다. 같은 의미로, 화석연료를 태우는 것은 우리의 기후와 환경을 파괴하는 것이다. 프라마(역동적 균형)를 다시 회복하기 위해서는 태양광, 바람, 조류 및 중력 등의 대체에너지 자원들을 개발하고 활용하는 노력들이 경주되어야 한다.

5. "활용 방법은 시간 · 장소 · 사람에 따라 변화되어야 하며, 진취적인 방법이어야 한다."

이 원칙은 변화가 계속된다는 점을 인정하는 것이다. 프라우트 모델은 고정된 것이 아니고, 역동적인 일련의 원칙들이다. 이런 원칙들이 실제로 적용될 지역의 위치와 문화가 지닌 수많은 예외 조건들을 충분히 고려해 적용해야 하는 것이다.

기술의 발전은 창조와 파괴의 두 가지 능력을 다 갖추고 있다. 오늘날 조직이나 개인은 막대한 부를 가지고 과학적 연구의 방향을 좌지우지하며, 자신들의 이익을 위해 그 힘을 사용하고 있다.

프라우트 사회가 맞게 될 도전은 연구와 개발이 인간사회와 지구의 장기적인 복지를 위하는 방향이 될 수 있도록 현명한 선택을 하는 것이다. 새로운 기술이 보다 더 높은 것을 추구할 수 있게끔 인간의 마음과 손(노동력)을 해방시켜 준다면, 우리는 언제나 환영한다. 새로운 기술이 가져올 영향을 철저하게 평가하고, 부정적인 반작용을 최소화하는 노력을 기울여야 한다.

일하게 하는 동기유발 요인

흔히들 소득 간에 큰 격차를 두는 것이 뛰어난 재능을 지닌 사람들을 더욱 생산적이 되게 고무시키고, 보다 도전적인 일을 받아들이는 데 필요하다고 주장한다. 프라우트에서도 소득 격차가 더 높은 생산성을 향한 자극을 실질적으로 제공한다면, 어느 정도의 소득 차이는 사회적으로 혜택이 된다고 인정한다. 그러나 인간의 동기유발은 매우 복잡하다는 점을 인정해야만 한다. 인간들이 더욱 생산적이 되기를 원하는 데에는 많은 이유들이 있다. 소득은 단지 그중의 하나일 뿐이다. 이 진리는 소득 자극책 하나로만 생산성을 올리려는 논리를 뒤집는 것이다.

매슬로는 위의 주제를 깊이 탐구하였다. 그는 건강하고, 잠재능력을 최고로 실현하고자 하는 사람들이 자신의 일에 헌신적이라는 것을 발견하였다. 이들은 외적인 보상보다, 일 자체에 흥미를 가지기 때문이다. 그는 어린이나 어른들 모두가 무엇을 만들어 내거나 일하고자 하는 동기를 가지고 있으며, 대부분 '좋은 업무수행 태도를 지니고, 시간 낭비와 비효율성에 대해 반대하며, 일을 잘 해내기를 원한다…' 는 것에 주목하였다.[16] 사람들이 일을 하지 못하게 막는 것들은 작업환경에서 발생하는 부정적인 면들이었다. 즉, 인간관계의 갈등, 위압, 지루함, 반복적인 임무, 비합리적인 지시 같은 것들이 그것이다. 반면, 잘 관리되고 긍정적인 작업환경은 일을 잘 해내려는 자연스런 욕망을 강화시켰다. 이와 같은 긍정적인 일꾼과 작업환경을 만드는 고용 전략은 사회 전반에 기여를 한다.

매슬로는 틀에 박힌 전통적 경제학(낮은 차원의 기본적 욕구를 충족시키기 위해 더 많은 돈을 벌고자 열심히 일한다는 낡아 빠진 동기부여 이론에 기반을 둔 경제학)에 대해 매우 비판적이었다. 그러나 건전한 경쟁과 금전적인 유인책의 유효성도 인정하였다. 그는 이렇게 말했다. "권투선수는 좋은 스파링 상대를 필요로 하며, 그렇지 않을 경우 그는 결국 퇴보할 것이다… 가장 뛰어난 제품이 구매되어야 하고, 가장 빼어난 사람이 더 보상을 받아야 할 것이다."[17]

프라우트주의자인 마크 프리드먼은 미국 미네소타 주립대학 경제학 부교수다. 그는 〈가장 이상적인 소득의 불평등 수준을 향하여Toward an Optimal Level of Income Inequality〉[18]라는 논문에서, 사카르가 제시한 경제적 유인책 제도에 대해 폭넓은 평가를 하였다.

프리드먼 교수는 노동자들에게 생산성을 고무시키는 여덟 가지 동기부여 요소를 보여 주는 경제모델을 제시하였다. 그는 매슬로의 연구를 기초로, 경제학자 하비 라이벤스타인Harvey Leibenstein과 존 토머John Tomer의 분석을 포함시켰다. 그리고 아래와 같이 하나의 경제방정식으로 표현하였다.

$$Pr = f(A, P, Ed, Ex, WE, FG, SC, MI)$$

Pr은 생산성을 표시하며, 그 생산성은 여덟 가지 변수들이 상호작용하는 함수(f)로 보았다.

A는 개인의 능력을 나타낸다. 프리드먼은 사람들 간의 어느 정도의 타고난 차이(타고난 재능과 후천적인 노력으로 얻은 능력)를 상정하였다.

P는 개인적 성품을 말하며, 개인적 동기, 성숙도, 근로윤리 및 정신적 건강을 포함한다.

Ed는 교육을 나타낸다.

Ex는 일에 대한 경험을 말한다.

WE는 근무환경을 나타내며, 여러 가지 요소를 포함한다. 예를 들면, 업무와 조직이 그 개인에게 적합한가? 그 업무가 혼자서 하는 일인가(어떤 사람들은 그것을 좋아한다)? 아니면 상호간의 협력을 필요로 하는 것인가? 그것이 글솜씨, 또는 기계적인 기술을 필요로 하는가? 그 업무에서 목표에 대한 보람이 중요한 부분이 되는가? 상사나 동료가 공정하고 협조적인가?

FG는 미래의 성장을 의미한다. 근로자의 입장에서 느끼는, 현재의 일을 통하여 성장하고 배울 수 있는 잠재성이다. 이 요소는 자부심을 기르고, 일에 대한 만족도를 강화시키며, 동기부여를 증가시킨다.

SC는 봉사적 문화를 나타낸다. 즉, 소속 문화에서 봉사와 희생이 권장되는 정도다. 만일 조직상의 목표가 고귀하다면, 봉사 윤리에 고무되는 사람은 그 고귀한 목표를 달성하기 위하여 개인적인 보상을 기대하지 않고도 더 많은 노력을 경주할 것이다.

MI는 물질적 유인책을 나타낸다.

위의 모든 변수들은 상호작용적이다. 예를 들면, 남보다 능력이 많은 자들은 더 많은 교육을 추구하고, 더 많은 교육은 그들의 능력을 더 강화시킬 것이다. 일에 대한 경험은 교육의 기여도를 보강하며, 능력을 강화시킨다.

이 모델은 급여 등의 물질적 유인책이 여덟 가지 요소들 중의 하나에 지나지 않는다는 것을 보여 준다. 그러므로 필요 이상으로 과다하게 강조되어서는 안 된다는 것이다.

최저임금 및 최고임금 설정에 필요한 경제적 지표

경제학자들은 가장 효율적인 생산과 가장 공평하고 정의로운 분배라는 문제를 놓고 오랫동안 씨름해 왔다. 일반적으로 경제적인 효율성과 형평성은 두 개의 분리된 이슈로 취급되었다. 그래서 많은경제학자들은 (가치판단이 개입되는) 형평성의 문제를 아예 다루지 않아야 한다고 주장하였다.

프라우트의 아티릭탐(모든 사람들에게 최저생계 수준을 보장하고 남은 사회적으로 이용 가능한 잉여의 부) 원칙은 이와 같은 딜레마를 논리적이고 도덕적으로 해결해 준다. 프라우트에서는 어떤 사람에게 보다 많은 소득을 허락하는 유일한 정당성은, 그 사람이 사회에 보다 도움이 되도록 노력할 것을 고무시키기 위한 것이라고 주장한다.

더 많은 급여는 개인을 더욱 열심히 일하게 하고, 가진 능력을 향상시킬 수 있도록 고무시킨다. 그러나 한 사람이 달성할 수 있는 생산성에는 한계가 있다. 개인의 능력은 제한되어 있고, 하루는 24시간만 있을 뿐이다. 생산성은 물질적인 동기부여를 통해 일정 정도 끌어올릴 수는 있지만, 그것을 무한정으로 증가시킬 수는 없다. 그 생산 '곡선' 은 종국에는 수평선을 그릴 수밖에 없다.

이것이 바로 경제학의 중심 원리인 한계생산체감의 법칙이다. 임금을

100배 올려 준다고 일을 100배 더 열심히 하게 하거나, 100배 더 효율적이 되게 만들 수는 없다. 제1장에서 자세히 언급했듯이, 오늘날 어떤 개인들(대기업의 CEO들)은 근로자의 3만 배에 달하는 임금을 받고 있다.

프라우트 경제학자인 라비 바트라Ravi Batra 교수는 프라우트의 아티릭탐 원리에 기초를 둔 소득분배 시스템을 고안하였다.

$$A = NNP - wL$$

A는 아티릭탐을 가리키며, NNP는 국민순생산을 말하고, L은 노동력을, 그리고 w는 최저생계에 필요한 실질임금을 나타낸다.

그러므로 실질임금(적정한 최저임금)을 노동시장에 있는 사람 수대로 곱하면, 그것은 총 임금액이 될 것이다. 그 금액을 한 국가 또는 한 기업의 순생산에서 차감하면, 그 잔액은 잉여분인 아티릭탐이 된다. 그것으로 더 많은 임금이나 장려금을 분배할 수 있다.[19]

프리드먼은 이 등식을 기초로, 최대 생산성을 달성할 수 있는 최적의 급여 수준을 나타내는 경제모델을 개발하였다. 사회적인 관점에서 볼 때, 그 급여 수준을 넘어서는 추가 지불은 낭비가 될 것이다. 그러므로 사회는 그 잉여 재원을 (급여 이외의) 다른 목적으로 사용하여야 한다. 그의 모델은 통계(계량)적인 연구의 이론적 틀을 제공한다. 또한 각 기업들이 개인의 최적 급여 수준을 찾아낼 수 있도록 도와준다.[20]

프라우트 경제위원회는 그 지역 내에서의 최저생계 유지에 필요한 비용을 근거로 개인 및 가족 단위로 법적 최저임금을 계산한다. 이것은 현재 모든 경제단위에서 설정된 최저임금 수준을 훨씬 넘어설 것이다. 물론, 경제적으로 덜 발달한 지역의 생계비용은 상대적으로 낮기 때문에, 최저임금 역시 초기에는 낮게 설정될 수 있을 것이다.

최저임금이 정해지면 위원회는 국내총생산GDP 및 여타의 지표들을 사용하여 그 경제단위에서 그 시점에 생산한 잉여의 부(아티릭탐)를 계산한다. 총생산액에서 최저임금액을 차감한 잔액이 그것이다. 이 계산된 자료를 가지고, 그 지역의 최고임금을 산출해 낼 수 있다. 적어도 최저임금의 열 배는 될 것이다. 초기단계에는 이 최저임금과 최고임금의 비율이 덜 발달된 지역에서는 높이 책정될 수 있을 것이다. 이후 전반적으로 생활수준과 삶의 질이 향상되어 감에 따라 점차 줄여 갈 수 있을 것이다.

이렇게 사람답게 살 수 있는 최저임금 보장요건은 저임금 및 저생산성 일자리를 없앨 것이다. 저개발 국가에서는 입주 가정부의 보수가 매우 낮기 때문에, 대부분의 중류 가정은 최소 한 명의 가정부를 두고 있다. 반면 선진국에서는 보수가 높아 부유층만이 가정부를 둘 수 있다. 프라우트 경제는 더 이상 저임금의 육체노동자들을 착취하는 것을 허용하지 않을 것이다.

육체적 또는 정신적으로 장애 상태에 있거나, 고생산성 일을 할 수 없는 사람들은 소득 보조금을 받을 것이다. 아니면, 공공사업 프로젝트나 일종의 서비스 협동조합 분야에 고용될 것이다. 이 완전고용 제도는, 노인 대상의 사회보장 제도를 제외하고는 오늘날 정부가 시행하는 대부분의 복지 기능을 대체할 것이다.

케인즈학파 경제학자들은, 최저임금을 올리는 것이 총수요를 촉진시키고, 그로 인하여 생산을 증가시키며 더 많은 일자리를 창출할 것이라고 높이 평가할 것이다. 많은 연구를 보면, 자본주의 경제체제에서 최저임금의 상승은 빈곤층을 돕고, 실업을 막고, 실업을 가져온다 해도 매우 미미할 것임을 알 수 있다. 프라우트 사회가 당면할 과제는 사람들의 기술과 실력을, 다양한 종류의 교육을 통해 지속적으로 증진시켜야 한다는 점이다. 협동조합이나 자영업에 대해서 낮은 이자로 사업자금 융자를 가능케 하여, 자본투자 증대를 통한 생산성을 높이는 것도 필요할 것이다.

제4장
경제적 민주주의

경제적 해방은 모든 개인의 타고난 권리다.
그것이 이루어지기 위해서는
지역민들에게 경제력이 주어져야 한다.
경제적 민주주의에서는 지역민이 모든
경제적 의사결정을 할 권리를 가질 것이다.
지역민 공동의 필요성에 의해 생산을 하고,
생산된 모든 농산물과 공산품을
배분하는 권한도 가질 것이다.

－P. R. 사카르[1]

프라우트에서는 대중의, 대중에 의한, 대중을 위한 역동적인 경제를 제안하고 있다. 프라우트에서는 경제의 목표를 이윤추구로 설정하는 것을 거부한다. 경제정책의 기본을 소비, 즉 대중의 실질적 소비 욕구를 만족시키는 데 두고 있다.

소위 정치적 민주주의는 자본주의 제도 아래에서는 심각한 단점을 지니고 있다. 모든 시민들이 정부의 대표를 선택할 권리를 갖지만, 돈이 선거에 영향을 미치기 때문이다. 그와는 달리, 경제적 민주주의는 거의 모든 기업 경영에 있어 대중들에게 힘을 부여하고 있다. 이는 협동조합 경영방식을 통해서 가능하다. 경제적 민주주의는 의사결정권을 지역으로 분산시켜, 대중들에게 그들이 사는 지역의 경제가 어떻게 운영되어야 할지 선택할 권리를 부여한다.

사카르는 경제적 민주주의가 성공하기 위한 네 가지 조건을 명시하고, 그것을 충족시킬 수 있는 프라우트 경제구조를 고안하였다.

첫 번째는 제3장에서 설명했듯이, 모두에게 최저생계에 필요한 것들이 주어져야 한다는 것이다. 이로써 모든 이들이 가난과 궁핍에 대한 두려움으로부터 해방된다.

두 번째는 대중들이 상품과 서비스를 구매할 능력이 점진적으로 늘어나야 한다는 것이다. 이것은 매우 중요하다. 사람들이 삶의 질이 향상되고 있다고 느끼는 것이 필요하기 때문이다. 사람들이 가진 구매 능력을 측정하여 생활수준과 경제 상태를 올바르게 평가한다. 그러므로 그들의 구매 능력인 소득은 증가되어야 한다. 이것을 성취하려면 원자재, 농산물, 기타 자원들이 원산지에서 가까운 지역에서 가공되고 정제되어 부가가치를 높여야 한다. 이때 자체 기술력과 제조과정에서 얻는 개선책들은 지역 주민들에게 혜택을 주게 될 것이다. 이러한 지역 중심적 제도는 각 지역의 완전고용을 가져오고, 지역 사람들의 생활수준을 향상시킬 것이다. 또한 재화와 자본의 흐름도 골고루 분산시킬 것이다.

세 번째 요건은, 지역 주민들이 그들의 삶에 직접적으로 영향을 미치는 모든 경제적인 의사결정을 스스로 할 권리를 가져야만 한다는 것이다. 이와 같은 지역분산 경제에 대해서는 뒤에서 다루게 될 것이다.

마지막으로, 지역 경제의 안건들에 대해서 외부인들이 부정적으로 간섭하는 것을 방지해야 한다. 외부인들이 토지와 자원을 소유하는 것을 금지하고, 지역에서 거둔 이윤이 외부로 빠져나가거나 유휴성 축적이 되지 못하게 해야 한다. 즉, 그 지역의 생산적인 사업에 재투자되어야 한다.

산업, 상업, 서비스업의 3단계 구조

프라우트에 기반을 둔 경제적 민주주의는 다음과 같은 3단계 구조로 되어 있다.

소규모 개인사업: 창의성과 발상을 고무하기 위해서는, 개인이나 가족 및 소규모 동업자 등은 사적 소유의 개인사업을 할 수 있도록 허용해야 한다. 그 사업들은 생필품이 아니거나 사치스런 재화 및 서비스를 생산할 수도 있다. 사카르는 다음과 같이 명시하고 있다.

"너무 소규모거나, 혹은 소규모면서도 복잡하여 협동조합 체제가 될 수 없는 사업들은 개인사업이 되어야 한다." [2]

예를 들면, 소규모의 가족사업, 음식점, 소매상, 수공예품점, 예술가, 개인 발명가들은 자영업 형태를 선호할 것이다. 모든 자영업자들과 소규모 사업들에는 불필요한 행정절차나 비용 없이 사업 등록을 할 수 있게 장려해야 한다.

방글라데시의 그라민Grameen 은행의 놀랄 만한 성공에서 이러한 접근방식이 현명하다는 것을 엿볼 수 있다. 1983년, 경제학자인 무하마드 유누스Muhammad Yunus는 은행과 정부 직원들의 자문을 무시한 채 은행을 시작하여, 가진 것 없는 가장 가난한 자국민들에게 대출을 해주었다. 그라민 은행은 융자 대상을 주로 여성들(그들 중 많은 이들이 문맹이었다)에게 맞추고,

담보물을 요구하는 대신 다섯 명으로 그룹을 만들어야만 융자를 받을 수 있게 했다. 그리고 그룹 내 구성원에 대한 추가 융자는 기존 융자의 상환여부에 따라 결정되었다. 이것은 구성원들이 서로 돕고 용기를 주도록 하였다. 융자 혜택을 받은 사람들은 매주 조금씩 상환을 해야 한다.

이 은행의 융자액 상환율은 97%에 달했다. 그것은 기록이었다. 국제 은행과 국내 은행의 것과 비교할 때, 그것은 매우 높은 상환율이었기 때문이다. 그라민 은행은 방글라데시의 시골에 사는 667만 명 이상에게 총 57억 달러 이상의 마이크로(미니) 융자를 제공하였다. 그리고 현재 전 세계적으로 그라민 은행을 모델로 여러 마이크로 신용 프로그램들이 생겨나고 있다.[3] 2006년, 무하마드 유누스는 '경제적이고 사회적인 발전을 밑으로부터 이끌어 낸 노력으로' 노벨 평화상을 공동수상하였다.

대부분의 개발 프로그램과는 대조적으로, 그라민 은행은 대출을 해주기 전에 직업훈련을 강요하지 않는다. 반면, 정식 교육을 받지 못한 농촌의 가장 가난한 사람들이라도 기회가 주어진다면, 시장에 독창적으로 내보일 수 있는 솜씨와 재능을 가지고 있음을 증명해 주었다. 소규모의 자영업은 협동조합 은행으로부터 마이크로 융자(그라민 은행이 해준 것과 같은 융자)를 받게 되면, 가난을 극복하고 완전고용을 달성할 수 있는 효과적인 방안이 된다.

프라우트 경제에서는 민간 개인사업에 대해 피고용자 수와 매출 규모의 상한선이 설정될 것이다. 만약 어떤 개인기업이 상한선에 이르면, 확장을 중단하거나 또는 협동조합 체제의 기업으로 반드시 전환시켜야 한다. 한 사람의 손에 부가 무제한 축적되는, 사회적으로 바람직하지 못한 결과를 막기 위해서다.

협동조합: 협동조합 체제는 프라우트 경제의 기능과 조직에 있어서 핵심적인 것이다. 경제적 민주주의에서는 근로자들이 공동경영을 통해 자신의 기업을 관리하고 소유하는 것이 기본 권리다. 공업, 유통, 농업, 금융 등은

생산자 및 소비자 조합의 형태로 조직되어야 한다. 이들 협동조합은 최저 생계에 필요한 생필품을 비롯해 여러 재화와 서비스를 생산할 것이다. 따라서 협동조합은 경제체제의 가장 큰 부분을 차지할 것이다. 그리고 작은 규모의 '위성' 협동조합들은 보다 큰 규모의 협동조합을 도울 것이다. 예를 들면, 자동차에 필요한 부품들을 생산하여, 최종조립을 하는 자동차 제조공장으로 운송하는 것과 같은 경우다.

프라우트에서는 성공적인 협동조합의 요건으로 세 가지를 들고 있다. 첫 번째는 정직하고 신뢰할 수 있는 지도자다. 두 번째는 투명한 회계를 바탕으로 엄격한 관리로 협동조합 구성원들과 대중들에게 신뢰를 쌓는 것이다. 세 번째 요건은 대중들이 협동조합 제도를 진지하게 받아들이는 것이다. 이 세 번째 요건을 만족시키려면, 각 지역공동체 협동조합을 묶는 통합적 네트워크를 만들기 위해 대중을 교육시켜야 한다.

글로벌 자본주의는 세계 도처의 지역 기업들을 도태시키고 있다. 동시에 협동조합에 대해서도 부당한 압력을 가한다. 그러나 지역분산적인 경제적 민주주의에서는 누구나 고용기회를 가지며, 의사결정 과정에서 자신의 목소리를 낼 수 있게 보장해 준다.

협동조합식 시장경제는 소비자 물가인하, 인플레이션 억제, 낮은 원자재 가격 보장, 형평성 있는 부의 분배 촉진, 사람들 간의 유대 강화, 공동체 정신 함양 등의 장점을 갖는다.

규모가 큰 기간산업: 사카르는 "협동조합으로 하기에는 규모가 너무 크거나 복잡한 사업은 대규모 기간산업이 되어야 한다"고 말했다.[4] 수송, 에너지, 통신, 국방, 광업, 정유, 석유화학, 철강 등은 모두 경제의 필수 분야들이다. 이들은 대규모의 자본투자를 필요로 하며 지역적으로 분산시키기기도 어렵다. 프라우트에서는 이와 같은 핵심 산업은 정부에 의해서 설립된 자율 기관들에 의해 공익사업으로 경영되어야 한다고 권한다.

이러한 자율 기관들은 연구 및 개발, 병원 및 요양원 운영, 항구 및 공항과 같은 주요 기간시설 관리를 담당해야 한다(필수서비스들은 다음 절에서 논의된다).

모든 종류의 자연자원, 공익시설 및 전략산업들은 지역 주민들의 공동소유다. 지역 정부는 이들 사업들이 생태적이며 지속가능한 방법으로 관리되는지를 감시하여야 한다. 그러므로 프라우트에서는 공공기업들을 민간 투자자들에게 팔게 하는 IMF의 압력에 근본적으로 반대 입장에 있다.

기간산업들은 '이윤도 손실도 없는no profit-no loss' 원칙에 근거하여 경영되어야 한다. 이는 모든 수익을 재투자하거나, 또는 효율성, 품질, 근로자 만족을 극대화하는 보너스 지급 등을 의미한다. 이 잉여분의 일정 부분은 미래의 손실에 대비한 기금으로 확보해 둘 수도 있다. 이들 산업들은 개인 소유가 아니므로, 잉여 수익이 주주들이나 사적 투자가들에게 배당식으로 지급되지는 않을 것이다. 오히려 기간산업들은 필수 원료와 서비스를 개개의 수요자들과 협동조합들에 저렴한 가격에 공급함으로써 경제성장을 활성화시킬 것이다.

재화와 서비스의 공급

사카르는 경제학의 한 분야를 매우 중시했는데, 그 분야를 '대중경제people's economy'라고 불렀다. 이 분야는 개인의 삶을 전체 경제와의 관계에서 분석하는데, 개개인의 생활수준, 구매 능력, 경제적인 문제점들을 포함하고 있다. 이 대중경제의 가장 중요한 측면은 누구나 최저생계가 보장되어야 한다는 점이다. 그리고 여기에는 소비재의 생산, 분배, 보관, 마케팅 및 가격 책정 감독 등의 책임이 뒤따른다.

이런 노력을 위해 연방(중앙)정부는 모든 재화를 기본적인 세 가지 유형, 즉 필수품목, 준필수품목, 비필수품목으로 분리할 필요가 있을 것이다. 필수품목은 적절한 수준의 삶을 유지(최저생계 유지)하는 데 요구되는 것들이다. 깨끗한 물, 대부분의 음식, 통상적인 의류, 약품, 건축자재, 교과서와 기타 교육에 필요한 교재들, 전기, 에너지 등이 그것이다. 준필수품목은 특정 종류의 음식과 의복, 교과서 이외의 서적, 대부분의 전자제품, 각종 살림 품목 등이다. 비필수품목은 사치품들을 말한다.

필수품목은 오직 협동조합만이 생산 및 판매할 수 있으며, 준필수품목들도 협동조합에서 가능한 한 많이 취급해야 한다. 소규모의 개인기업들은 사치품과 약간의 준필수품목을 생산하게 될 것이다.

한편, 지역 경제가 발전되어 감에 따라 위의 세 가지 범주에 해당하는 상품의 가지수가 증가할 것이다. 누구나 최저생계에 필요한 필수품목들을 구매할 수 있게 되면, 점진적으로 가전제품 및 전자제품 등의 준필수품목을 필수품목으로 재분류하게 될 것이다. 그리고 초기에 사치품으로 간주되던 품목들도, 시간이 지나면 준필수품목이나 필수품목으로 분류될 것이다.

서비스(용역) 역시 동일한 방법으로 분류될 것이다. 필수서비스는 교육 (유치원부터 대학까지), 병원, 상하수도 시설, 지역 내 대중교통 수단, 기차수송, 국내 항공, 에너지 생산, 통신 등과 같은 기본적인 필수품목을 제공한다. 지방, 주, 연방정부는 이와 같은 필수서비스를, 그 서비스를 목적으로 설립한 독립적 기구들을 통해 제공할 의무를 져야 한다.

몇 가지의 필수서비스 중 건강센터, 의료센터 및 건강유지 클리닉처럼 세 명 이상의 건강관리 전문가를 고용하는 곳은 서비스 협동조합으로 만들어 운영해야 한다. 그리고 건강관리 전문가들이 직접 소유하고 운영해야 한다.

프라우트 정부가 맡을 역할은 재화와 서비스의 생산 및 분배를 조정하는 것이다. 직접 생산 및 분배를 실행하는 것이 아니라는 점을 분명히 해야 한다.

대중경제가 가진 또 다른 책임은 누구나 직장을 가질 수 있도록 한다는 것이다. 이것은 아마 경쟁적인 글로벌 자본주의가 지배되는 세계에서는 공상처럼 들리겠지만, 협동조합에 기반을 둔 경제적 민주주의에서는 실현이 가능하다. 그러므로 정부는 협동조합의 발전을 촉진시키고 지원해야 한다.

프라우트의 주택제도

주택에 대해서는 특별한 언급이 필요하다. 각 지역의 주택위원회는 단독주택의 최저 기준을 집의 규모와 시설 면에서 정해야 할 것이다. 위원회는 주택 설계가 그곳의 기후와 문화에 적합한지, 적절한 건축자재의 확보가 용이한지, 건축 기술이 충분한지, 가능한 한 생태적인지 등을 확인해야 한다.

이와 같은 기준들을 충족시킬 수 있는 집을 건축하고 개수하는 데 들어가는 자금의 월 분할 상환액은, 그 지역의 적정 최저임금을 산출할 때 포함시켜야 한다. 집이 없거나, 기준 미달의 집에 사는 개인이나 가정 역시 위에서 언급한 수준의 적절한 주택을 가질 권한이 있다. 협동조합 은행은 장기 저리융자를 신규 소유자에게 제공할 것이다.

집을 소유할 사람이 설계, 융자 주선, 그리고 가능할 경우 건축에까지 참여하는 것은, 미국의 성공적인 저가 지역공동체 주택건설 프로그램의 핵심 요소가 되고 있다. 한편, 새로운 집을 짓는 것보다는 기존의 집이나 빌딩을 개선하는 것이 우선되어야 한다. 그리고 주택위원회는 개인, 대가족, 그리고 집단으로 사는 것을 원하는 사람들을 위해 각각의 최저 주택 기준들을 설정해야 한다. 물론 더 크고 더 나은 집을 사기 위해 더 열심히 일하도록 만드는 인센티브를 가질 수 있지만, 그 전에 최소한의 주거환경이 모든 이들에게 보장되어야 한다.

대중의 구매력 증진

지난 20년간 미국 경제는 별다른 지장 없이 꾸준히 성장했다. 그러나 국민들의 실질임금과 구매 능력에 대한 분석에 의하면 이야기는 다르다. 〈대통령 경제보고The Economic Report of the President〉라는 미국 정부의 연보에 따르면, 생산직 근로자의 주당 임금을 1982년 가격으로 측정할 때, 1972년의 315달러에서 1997년에는 260달러로 17%나 줄었다. 한편 같은 기간에 기업 총수들의 평균 실질급여는 175%나 치솟았다![5] 미국의 소위 경제호황은 실상 일부 소수에게만 혜택을 주었다. 미국의 평균적인 피고용자들은 덜 받으면서도, 더 고되게, 더 많은 시간을 일하고 있다. 미국의 호황을 지탱하는 데에는 엄청난 노동 착취가 자행된 것이다.

프라우트에서는 경제의 건전도와 활력도를 매우 다르게 측정하고 있다. 즉, 대중들의 실질 구매력과 그들의 생활수준을 평가하는 방식이다. 프라우트의 경제전문가들은 구매 능력지수(PCI, Purchasing Capacity Index)를 정한다. PCI는 모든 필수 재화와 서비스를 구매하는 데 충분한 최저수준의 금액부터 시작한다. 최저임금은 이 금액과 같아야 한다. 물론, 최저생계에 필요한 필수품들에 대한 실제적인 지출비용은 가구 내 사람 수에 따라 다를 것이다.

정부는 초등교육에서부터 고등교육까지 모든 단계에서 질 높은 교육을 공급할 책임을 지니고 있다. 프라우트 정부는 근로자들이 매월 부담하는 건강보험 기금을 감시할 것이다. 그 기금은 모든 이들에게 질 높은 의료서비스 비용을 감당할 수준이어야 한다. PCI 및 그 PCI에 부합하는 최저임금 수준을 4인 가정의 음식, 의복, 지역 교통비, 건강 보험료, 월간 주거비 및 공공요금 등을 포함시켜서 책정해야 한다. 그리하여 4인 이상의 부양가족을 둔 근로자의 최저임금은 더 높게 책정되어야 할 것이다. 협동조합에 기반을 둔 경제라면, 이 같은 차별을 둔 임금 수준을 수용할 수 있을 것이다.

모든 재화와 서비스의 실질 비용에 맞게 PCI를 정기적으로 재검토하고, 이것을 토대로 실질임금을 결정한다. 자본주의 경제에서는 물가가 단기간에도 자주 심하게 등락한다. 그러나 협동조합식 기업체제에 기반을 둔 경제에서는 물가가 긴 기간 동안 매우 낮은 수준에서 유지될 것이다. 누구나 삶의 기본적인 필수품을 보장받고, 자본의 비용이 낮게 유지되기 때문이다. 또 자본이 생산적인 사업에 계속 재투자되고, 협동조합에 의해서 형성된 부는 사회 전체를 통해 형평성 있게 분배될 것이기 때문이다.

단기적인 차원에서 물가의 안정을 유지하는 다른 방법은, 중요하고 필수적인 재화들을 비축하는 것이다. 특정 품목의 수요가 공급을 초과해 가격 인상의 기미가 있을 때, 정부는 그 비축품을 풀 수 있다. 같은 이치로, 어떤 재화가 초과공급 상태에 있으면 정부는 비축 수준을 늘릴 수 있다. 장기적 측면에서, 경제계획을 수립하는 사람들은 수요를 예측하고 이에 맞게 생산을 재구성해야 한다(다음 절 참조).

프라우트 경제는 대중들의 구매 능력을 확실히 증대시킨다. 이는 인플레이션보다 모든 근로자의 임금이 더 높이 상승될 것이라는 의미다. 이처럼 최저임금도 점진적으로 상향되어, 사람들이 모든 재화와 서비스를 더 많이 살 수 있는 기회를 가져야 한다.

임금이 증가할 수 있는 또 다른 방법은 그들에게 주어지는 혜택이나 근무 조건의 개선을 통해서다. 예를 들면, 대부분의 국가에서 최저임금은 주당 40시간의 근무시간을 기준으로 한다. 초과근무에 대해서는 더 높은 임금률이 적용된다. 그런데 프라우트에서는 향상된 기술의 도입과 협동조합 경영의 효율화를 통하여, 주당 근무시간을 점진적으로 줄이는 것이 가능하다. 그래서 동일한 생산수준이 유지되면서, 근로자들은 근무시간이 줄어도 전과 같은 급여를 받을 수 있다. 이와 같은 노동시간의 점진적인 감소는 모두에게 문화생활의 추구, 더 많은 교육의 기회, 스포츠와 기타 취미활동을 위한 시간을 갖게 할 것이다.

협동조합은 구성원들에게 '근무시간 자유선택제도flexitime'를 허용하여, 가정사 또는 기타 책무를 해낼 수 있도록 근무시간과 작업일정을 적당한 범위 내에서 조정할 수 있도록 해주는 것이 바람직하다.

그리고 14세 미만의 어린이들이 노동시장에서 일하는 것은 불법으로 해야 한다. 14세에서 16세까지의 소년들은 근로시간을 주당 최고 20시간으로 제한해야 하며, 급여는 적정 최저임금의 수준을 감안하여 시간당으로 지불되어야 한다. 그들이 학생이고, 하는 일이 도제훈련의 일부일 경우라면 예외가 될 것이다.

경제의 지역분산과 사회적 · 경제적 지역

프라우트에서는 공통된 경제적 · 사회적 문제점, 지리적 잠재성, 문화유산 및 언어 등을 기반으로 각각 '경제적으로 자립적인 지역'을 조성할 것을 제안한다. 여기서 '지역'이라는 용어는 일반적으로 쓰이는 의미와 같다. 예를 들면, 유럽 국가들의 대부분은 독립된 각각의 '사회적 · 경제적 지역'들로서 취급될 수 있다. 가장 중요한 것은 지역 내 사람들은 그들의 지역을 통합시키며, 가능한 한 그 지역을 자립적으로 만들기 위해서 서로 협력하고자 하는 정신을 길러야 한다는 점이다.

그리고 계획을 수립하기 위해 각각의 사회적 · 경제적 지역을 더 세밀하게 나눈다. 경제적, 지리적, 인구적인 고려에 근거하여 지구districts와 '블럭blocks'으로 세분한다. 각각의 블럭은 최고 10만 명의 인구(인구밀도가 낮은 곳에서는 더 적은 인구)가 있어야 한다. 블럭의 면적은 인구밀도가 높은 곳은 좁고, 인구밀도가 낮은 곳은 넓을 것이다. 프라우트의 경제계획에서는 블럭이 가장 중요한 경제단위가 된다. 그것은 블럭이 가장 '기초적인grass-roots' 차원을 대변하기 때문이다.

프라우트의 지역분산 경제에서는 각 국가들이 자립을 위해 노력해야 한다. 국가 내부의 지역, 지구, 그리고 심지어는 블럭까지도 자립적이 되도록 힘을 써야 한다. 이것은 권위적인 중앙집중식 계획수립이 아닌, 활력 넘치는 공동체적인 과정이라고 할 수 있다.

유럽공동체EU는 문제가 많다. 경제적으로 편차가 있는 국가들에게 자유무역을 강요하기 때문이다. 또한 각 지역의 농업과 산업을 희생시켜 국제적 규모의 사업에 힘을 싣고 있기 때문이기도 하다. 프라우트는 발전 정도가 비슷한 지역이나 국가들 간에 공정무역이 이루어져야 하며, 이들 대등한 지역들을 점차 통합하여 궁극적으로 보다 더 큰 연합confederations으로 만들어 갈 것을 권장한다.

자본주의의 중요한 결점 중의 하나는 지역 원자재와 자본이 독점되고,

소수에게만 자원이 집중된다는 것이다. 낮은 비용으로 저개발 지역의 자원들을 캐내고, 그 지역 밖의 자본가들에게 혜택이 돌아가는 식이다. 중앙집중식 경제 역시 산업 및 도시 집중을 초래한다.

이와 반대로 지역분산 경제는 새로운 직업 및 소도시와 농촌에서의 질 높은 삶을 도시 거주자들에게 제공하여, 이들이 대도시를 떠나도록 유인한다. 또한 계절마다 농장 노동자들이 작물을 추수하기 위해 이 지역 저 지역으로 옮겨 다니는 문제도 방지한다. 그리고 각 지역이 사회적·경제적 잠재력을 계발할 기회를 가지게 되어, 지역 내에서 자원과 자본이 최대한으로 활용되고 조정된다. 이렇게 각 지역은 자연환경을 보호하면서도, 경제적인 자급자족 및 발전을 이룩할 계획들을 자유롭게 추진하게 된다.

역사적으로 인종주의, 성차별, 혐오성 범죄들은 지역자치 운동을 저해해 왔다. 실업상태에 있거나 저임금을 받는 대중들은 외국노동자들을 미워하고, 다른 나라 또는 다른 종교나 문화적 배경을 가진 지주 및 자본가들에 대해 분노한다. 이것은 때때로 폭력으로까지 연결된다. 이러한 편협한 태도의 주원인은 언제나 경제적인 착취였다. 그리고 정치 지도자들은 인기와 권력을 얻고자 일반 대중이 갖는 좌절감, 신랄함, 분노의 정서를 포착하여 그것을 부추긴다.

프라우트는 누구나 자신의 경제적 이익을 그 지역의 이익에 합치시키는 한, 어느 지역에서든 거주가 가능하도록 유도함으로써 위의 문제점을 극복할 수 있다. 이윤은 그 지역 밖으로 유출되지 않을 것이다. 완전고용을 통하여 모든 사람들에게 최저생계에 필요한 필수품목이 보장되고 급여와 부에 대한 상한선이 설정될 때, 외부인에 대한 분노나 아량의 부족은 자연스럽게 줄어들 것이다. 학교, 대중교육, 대중매체 또한 범우주적인 정신을 고무시키는 데 서로 협조할 필요가 있다.

구상무역

원칙적으로 프라우트는 자유무역을 지지한다. 그러나 모든 교역 대상국들이 경제적인 동등성을 향유할 때만 자유무역이 확대되어야 한다. 그렇지 않으면 보다 부유하고 힘 있는 나라가 가난한 나라를 착취하게 될 것이다.

교역과 관련된 모든 당사자들, 나아가 경제 전체에 혜택을 주기 위해서는 일정한 지침들이 필요하다. 경제적 민주주의에서 자원은 지역 내 거주민들의 공동 재산으로 간주된다. 그러므로 자원을 이용한 가공과 제조는 가능한 한 원산지에서 가까운 곳에서 이루어져야 한다.

지역에 없거나 생산이 어려운 완성품 및 준완성품은, 지역 경제가 주민들의 필수품에 대한 욕구를 충족시킨 후에 수입할 수 있다. 이때 지역산품이 판매되는 지역시장을 교란시키지 않아야 된다.

지역 간 또는 국가 간 교류 중에서 가장 바람직한 형태는 구상무역Barter Trade(물물교환)이거나 양자 간 교역이다. 이 교역은 외국통화로 지불할 필요가 없기 때문이다. 양국은 남아도는 상품을 자국에는 없는 물건과 교환함으로써 양자 모두 혜택을 본다.

베네수엘라의 우고 차베스Hugo Chavez 대통령은 현재 구상무역을 선구적으로 시작하고 있다. 그는 13개 국가들과 양자 간 교역협정을 맺어서, 베네수엘라의 석유를 자국이 필요로 하는 다른 것들과 서로 맞바꾸고 있다. 베네수엘라의 슬럼가와 농촌에 진료소를 설치한 1만5,000명의 쿠바 출신 의사와 치과의사들도 이와 같은 구상무역에 포함된다.

교역 증가로 대중들은 다양한 종류의 상품을 얻을 수 있게 된다. 이것은 풍요를 가져오고, 사회적 · 경제적 지역들 간의 경제적 평등성을 촉진시킨다. 이렇게 되면, 점진적으로 서로 이웃한 사회적 · 경제적 지역들이 통합될 것이다. 그래서 공정성과 경제적 민주주의에 바탕을 둔 글로벌 자유무역지대가 만들어지게 된다.

프라우트의 금융제도

화폐는 물건 교환을 촉진시키기 위해 개발되었다. 화폐는 공동체의 경제적 활동을 촉진시키는 사회적인 도구라고 할 수 있다. 화폐의 가치는 유통 정도에 따라서 증가된다. 화폐가 많은 사람들의 손을 거칠수록 더 많은 사람들이 혜택을 보기 때문이다.

1931년 오스트리아의 뵈르글Wörgl에서 지역통화와 관련된 흥미로운 사건이 발생하였다. 당시 그 마을은 유럽이나 북미 지역과 마찬가지로 경제불황으로 고통을 겪고 있었다. 실업은 심각했고, 도로와 교량은 수리가 필요했으나 주민들이 세금을 낼 수 없어 재정은 고갈된 상태였다. 그곳 시장은 문제는 오직 돈이 부족한 점임을 깨닫고, 일련번호를 붙인 '작업 증서labor certificates'(그 지방의 은행에 있는 오스트리아 통화 준비금의 보증을 받은 증서)를 발행하였다. 즉시 그 지역의 경제는 반응을 보였고, 2년이 안 되어 뵈르글은 오스트리아에서 가장 번영하는 소도시가 되었다. 그때 오스트리아 중앙은행은 자신의 화폐발행 독점권이 위협받게 되자, 정부로 하여금 모든 지역통화를 불법화할 것을 요구하였다.[6]

그 후, 여러 가지의 다양한 지역통화 시스템들이 각각 다른 성공도를 보이면서 시도되었다. 1986년, 캐나다에서 지역사업 거래시스템(LETS, Local Enterprise Trading System)이 개발되었다. 이것은 참가자들 간에 이루어지는 모든 거래를 기록하는 회계기록 시스템이었다. 중앙정부가 발행한 화폐가 개입되지 않은, 이런 거래시스템들이 다양한 이름으로 세계 도처에서 지역공동체의 경제활동을 촉진시키기 위해 생겨났다.

그중 제일 큰 것이 아르헨티나의 물물교환 클럽Barter Club of Argentina이었다. 이는 부에노스 아이레스 교외의 하급 중산층지역 인근의 노점시장에서 물품을 거래하기 위해 모이는 약 30명의 프로슈머Prosumer(생산소비자)들에 의해 1995년에 만들어졌다. 경제가 침체 국면으로 빠져들어 감에 따라서, 물물교환은 더 큰 인기를 얻었고 다양화되었다. '신용표credito'라 불리는 종이로 된 교역 단위가 생겨났다. 전성기에는 8,000곳 이상의 지역에서 1,000만 명 이상이 동참하였다.[7]

지역 거래제도의 주요 단점은 사용상의 한계다. 즉, 그 통화가 사용될 수 있는 지역이 제한(대부분 지역공동체내에서만 사용 가능)되고, 살 수 있는 재화와 서비스가 다양하지 않다는 점이다. 이런 이유로, 프라우트에서는 인플레이션에 영향을 받지 않는 안정된 표준 가치를 가졌으면서 교환(태환)이 가능한, 국가 전체가 쓸 수 있는 통화의 필요성을 주장한다. 이것은 찍어낸 통화의 양과 동일한 금액의 금 또는 다른 안정된 상품을 태환 준비금으로 보유하고 있으면 된다.

조세의 누진제도

대부분의 자본주의 국가들에서는 조세 부담이 저소득층과 중산층에게는 소득에 비해 높게 주어진다. 미국의 경우, 현재 상위 1%의 소득층은 1960년에 동일 소득층이 납부했던 소득세의 3분의 1만을 납부한다. 반면, 중산층은 거의 두 배를 납부하고 있다.[8] 대부분의 판매세 역시 동일한 품목에 대해 가난한 사람들과 중산층이 부유층에 비해 많이 납부하고 있다.

새로운 조세 누진제도가 생산부문에 도입되어야 한다. 즉, 물품에 대한 조세는 소비자가 구매하는 시점이 아닌, 생산하는 시점에 부과되어야 한다. 또한 서비스에 대한 세금도 서비스를 제공하는 자에게, 제공하는 서비스를 과세기준으로 하여 부과해야 한다.

이와 같은 생산세production tax에 기반을 둔 조세제도는 가장 폭넓은 과세기준을 제공할 것이다. 따라서 생산된 모든 재화는 그 재화가 경제 속으로 들어오는 시점에 조세가 부과될 것이며, 생산자가 세금을 납부할 것이다. 수입된 재화는 수입시점에 세금이 부과될 것이며, 수입자가 세금을 납부한다. 마찬가지로, 서비스에 대한 세금도 서비스가 소비자에게 공급되는 시점에 부과될 것이며, 서비스 공급자가 납부해야 한다. 그러므로 이러한 생산세 시스템에서는 정부가 가장 많은 조세수입을 올릴 수 있다.

또한 생산세에 기반을 둔 조세제도는 소비자들에게 가장 공정할 수 있다. 필수품, 준필수품, 그리고 비필수품목 생산자들은 각각의 필요도에 따라 상이한 세율로 매겨진 세금을 부과받게 된다. 즉, 필수적인 재화와 서비스에는 가장 낮은 세율을 부과하고, 준필수적인 것에는 그보다 더 높은 세율을, 그리고 비필수적인 것에는 가장 높은 세율을 적용한다. 그러므로 소비자들은 사치품에 대해서는 더 높은 세금을 지불해야 한다는 점을 알고, 어떤 종류의 재화와 서비스를 선택할지 기회를 가지게 되는 것이다.

건강에 해가 되는 담배나 주류 등은 비필수품목보다 훨씬 높은 세율이 부과되어야 한다. 이 품목들의 생산자나 판매자들은 이러한 것들을 판매하여 이윤을 얻거나 광고를 하지 못하도록 해야 한다. 이 품목들에 대한 조세수입은 건강관리 시스템을 재정적으로 지원하는 데 들어가야 한다.

프라우트 정부는 다양한 자원에 대한 각각 다른 세율을 통하여, 자원의 종류에 따라 사용을 장려하거나 억제할 수 있다. 또한 대체기술에 대한 연구를 재정적으로 지원토록 할 수 있다. 각 자원에 대한 세율은 모든 사회적·환경적인 비용뿐만 아니라, 그 매장량을 반영하여 조정해야 할 것이다.

조세개혁을 위한 프라우트주의자들의 노력

원칙적으로 판매세와 소득세는 폐지되어야 한다. 프라우트에서 소득이란 대중의 구매 능력 향상을 보장하기 위한 것이다. 그러므로 소득에다 세금을 부과하는 것은 합리적이지 못하다. 그러나 소득과 부에 대해 설정한 상한선이 확고히 자리 잡힐 때까지는 소득세가 폐지되어서는 안 된다. 왜냐하면 정부의 재원을 고갈시키고, 충분한 부를 가진 높은 소득을 올리는 사람들에게만 혜택을 줄 것이기 때문이다.

그러므로 첫 단계에는 새로 설정된 적정 최저임금을 받는 모든 사람들에게는 소득세를 부과하지 않는다. 다음 단계로는, 소득세 면제를 받는 소득액을 점차 상향시킨다. 동시에 소득세 면제 그룹의 상위 소득자들의 소득세율을 낮춘다. 이와 같은 방법으로, 단계적으로 소득세를 점차 없애야 한다. 최종적으로는 적정 최저임금과 합리적인 최고임금을 정하고, 이들 양자 간의 합리적인 비율을 유지하는 급여 시스템을 도입한다.

높은 소득 과세에 해당하는 소득은 합리적으로 정해진 자산富의 상한선과 연계되도록 세율을 설계해야 한다. 호주의 프라우트주의자들은 순자산의 상한선을 적정 최저임금 1년 평균액의 1,000배를 넘지 않아야 한다고 제안하였다. 이 상한선을 초과하는 자산을 가진 이들은 모두 소득세를 통해 자산이 감소되게 해야 한다. 소득세는 이처럼 점차 개인의 자산이 상한선을 넘지 못하도록 하는 일종의 제도적 장치가 될 것이다.

또 다른 프라우트주의자인 알래나 하르촉Alanna Hartzok(미국 펜실베니아 주에 있는 지구 권리 연구소Earth Rights Institute 공동 책임자)은 몇몇 사람들과 함께 토지 사용에 근거한 누진세 개혁 운동을 주도하고 있다. 고전적 경제학자인 헨리 조지(Henry George, 1839~1897)와 그의 저서 《진보와 빈곤 Progressive and Poverty》에 고무받은 그들은 투기와 토지임대에서 오는 사적 이윤은 자본주의 하에서 불로소득의 중요한 원천이라고 지적하였다. 나아가 사람들을 빈곤으로 모는 주요 원인들의 하나라고 하였다.

일반적으로, 건물에 대한 재산세는 건물이 신축되거나 개수될 때마다 늘어나며, 그 때문에 건물 개선을 억제시키는 역할을 한다. 프라우트주의자들의 조세개혁 내용은 주택과 건물에 대한 과세를 없애고, 세금을 토지의 가치에다 부과하는 것이다.

펜실베니아 주의 주도인 해리스버그Harrisburg 시가 이 조세정책을 제한적으로 시행했고, 그 결과는 매우 놀라웠다. 1980년 당시 그 도시는 건물이 비었거나 판자로 둘러쳐진(폐쇄된) 건물들로 가득했고, 그 수는 5,000 채가 넘었다. 연방정부는 그곳을 미국에서 두 번째로 가장 침체된 도시로 분류했다.

조세구조의 변화 때문에, 유휴 자산을 소유한 지주와 투기꾼들은 자신들이 보유한 자산을 쓰거나 처분할 수밖에 없었다. 그 결과 낡은 빌딩들은 개조되었고, 토지는 값이 내려가 더 많은 사람들이 집을 살 수 있게 되었다. 오늘날에는 200채 미만의 빌딩들만이 판자로 둘러쳐져 있을 뿐이다. 해리스버그는 적절한 주거시설이 결코 부족하지 않고, 삶의 질이 높은 곳 중 하나로 꼽히게 되었다. 펜실베니아 주의 다른 18개의 도시들도 지금은 이 조세제도로 전환하고 있다.9 하르촉은 자신의 책에 다음과 같이 썼다.

> 우리는 다음과 같은 상황이 전 세계적으로 발생할고 있음을 알고 있다. 즉, 대중들은 더 오래 더 열심히 일하지만, 아직도 삶의 필수요소인 적절한 주거환경을 구매할 수가 없다. 전통적인 재산세 제도는 조그만 집 소유자들이 그들의 주택을 개선시키고자 할 때 불이익을 주고 있다. 그리고 높은 임대료와 높은 이자를 내는 융자나 모기지는 대중들을 더욱 뒤처지게 만든다.

중산층과 저소득층의 구매 능력을 향상시키기 위해서는, 노동에 대한 과세를 중지할 필요가 있다. 토지의 가치에 대한 과세나 자원에 대한 세금은 몇몇 자본가들의 불로소득에 대한 당연한 과세라고 이해되어야 한다. 그 불로소득이란 대자연의 선물인 토지, 석유, 광물, 전자기장, 위성궤도지역, 대양의 물고기들로부터 거둬들이는 수십 억 달러의 소득을 말한다. 이 같은 조세제도는 '공해원인제공자 지불' 과세제도와 유사한 것이다. 이 제도를 적용하는 나라에서는 공기와 수질 오염이 극적으로 감소되었다. 불로소득은 공동체 전체가 혜택을 받을 수 있도록 형평성 있게 나눌 필요가 있다.10

아마티아 센의 복지경제학과 사카르의 프라우트 비교

캘커타 출신의 아마티아 센Amartya Sen은 1998년 노벨경제학상을 수상하였다. 전 하버드 대학 교수이며, 현재는 영국 캠브리지의 트리니티 대학 학료장Master이다. 왕립 스웨덴 과학 아카데미는 그가 "경제학상의 핵심적인 문제점들에 대한 논의에 있어, 윤리적인 차원을 재정립시켰다"고 평가하였다. 그는 오늘날 복지경제학으로 알려진 분야에서 중요한 개척자다. 그의 광범위한 업적은 형평성, 빈곤의 측정, 사회가 공정하면서도 효율적인 선택을 할 수 있는 방법에 집중되어 있다.

1943년 500만 명이 죽어간 벵골 대기근 때, 소년 센은 굶어죽어 가는 사람들이 그의 할아버지 집 앞을 지나가면 그들에게 담배갑에 담은 쌀을 나누어 주었다. 30년이 지난 후에도 여전히 그 장면을 소름끼치게 떠올리는 그는, 자신의 연구에서 당시 인도의 식량 공급은 특별하게 부족한 상태가 아니었다고 밝혔다. 그 기근은 전쟁의 공포와 투기 조작으로 식량가격이 폭등하여 일어난 것이었다. 영국의 식민 통치자들은 민주적인 압력에 무디어진 상태였기에 이를 방관했다.

센은 그의 역사적인 연구 《가난과 기근Poverty and Famine》에서, 기근에 대해 이렇게 밝혔다. 기근이란 보통 가뭄과 홍수 뒤에 오는 자연재해의 단순한 결과가 아니라, 극빈층이 일자리를 잃거나 식량 가격이 치솟아 더 이상 그것을 살 형편이 되지 못하는 상태라는 것이다. 즉, 피할 수 있는 경제적 · 정치적인 대재난이 바로 기근이라는 것이다. 〈뉴욕타임즈〉는 그의 연구가 많은 생명을 구하는 업적을 이뤘다고 평가하였다. 그 연구 결과, 오늘날 정부 및 구호 기구들은 가난한 이들에게 식량을 직접 나누어 주는 것을 덜 중요시한다. 그것보다는 공공사업 등과 같은 프로그램들을 통해 개인의 소득을 회복시켜 주는 데 더 많이 집중하고 있다.[11]

사카르는 센과 동시대의 사람으로, 그 역시 그 비참한 기근을 목격하였다. 그는 1959년에 쓴 글에서, "역사를 통해서 수백만 명의 사람들이 다른 사람들이 만든 인위적인 기근 때문에 죽어 갔다… 그들은 곡식을 사재기하여 인위적인 기근을 유발시켰다"[12]고 하면서, 센이 지적한 원인들 중의 하나를 기근의 원인으로 꼽았다.

센은 복지가 실제적으로 물질적인 재화에 좌우되기보다는, 복지를 위해 어떻게 행동하는가에 달려 있다고 강조한다. 그의 관점에 의하면, 소득의 중요성이란 그 소득이 만들어 내는 기회와 장래성의 관점에서 찾아야 한다. 그는 건강도 여타의 요소들과 함께 복지의 수준을 측정하는 데 있어서 빠뜨리지 말고 고려해야 할 요소라고 주장했다.

사카르는 센보다도 한 걸음 더 나아갔다. 부가 과다하게 축적되고 생산적인 투자를 게을리하면 재화를 얻고자 하는 대중의 경제활동을 감소시키고, 그로 인하여 구매 능력이 줄어든다고 주장한다. 프라우트에서는 음식, 의류, 주거, 교육과 같은 필수품목은 물론, 의료까지도 최저생계에 필요한 기본적인 필수품으로 포함시킨다. 그래서 모든 사람들에게 완전고용과 적절한 구매 능력을 제공하고, 의료서비스를 받을 수 있도록 한다.

센이 지적한 또 다른 중요한 점은, 모든 건전한 윤리적 원칙들에 의하면 인간들은 근본적으로 평등하므로 평등한 기회와 평등한 인권을 보장받아야 한다고 인정한 것이다. 그러나 사람들에게 동일한 기회가 주어져도 그것을 활용할 수 있는 능력들이 각각 다르기 때문에, 분배의 문제는 결코 완전하게 해결할 수 없다고 결론 내렸다. 그는 어떤 분야에서의 평등성은, 분명 다른 부문에서의 불평등을 의미하는 것이라고 보았다. 그러나 센은 어느 부문에서 평등성이 옹호되어야 하고, 어느 부문에서는 불평등이 받아들여져야 하는지에 대해서는 언급하지 않았다.

사카르는 이와 같은 딜레마에 대해 철학적인 관점을 제시하였다. 그는 자본주의의 기반인 이기적 쾌락의 원칙Principle of Selfish Pleasure이라는 개념을 도입하였다. 그것은 공동의 이익을 해치고, 마침내 개인의 의식마저 타락시킨다고 주장한다. 이것을 방지하기 위해서는 사회가 사회적 평등의 원칙Principle of Social Equality을 받아들여야 한다고 촉구했다. 프라우트에서는 모든 사회 구성원들에게 최저생계를 보장해 주고 경제적 평등성을 보장한다. 또한 모두 사회적인 기회에 접근이 가능하게 하여 사회적 평등성을 달성한다. 사회적 평등성의 원칙은 개인과 집단 모두에게 혜택을 준다.[13]

아울러 프라우트는 사회에 더욱 기여하는 재능이 많은 사람들에게 특별한 편익을 제공하여, 불평등성 문제도 해결한다. 최저생계 수준과 최고 또는 특별한 편익 간의 격차를 줄이되, 결코 그 격차가 완전히 없어지게 하지 않는다. 이로써 프라우트 사회는 지속적으로 생활수준을 향상시키며, 누구나 질 높은 삶을 살 수 있게 된다.

부족함이 없는 삶을 위한 임금과
질 높은 근로환경의 필요성

프라카시 로퍼Prakash Laufer
(프라우트주의자, 마더웨어 기업 공동 소유자)

프라카시 로퍼는 프라우트주의자이며 마더웨어Motherwear Inc.[14]라는 기업의 공동 소유자다. 이 기업은 모유를 먹이는 엄마들을 위한 의류를 통신판매 및 인터넷 판매를 하는 회사다. 65명의 근로자가 회사의 주식 17%를 '피고용자주식소유계획(ESOP, Employee Stock Ownership Plan)'을 통해 소유하고 있다. 2001년 4월 4일, 로퍼는 매사추세츠 주 상업 및 노동 합동 위원회Commonwealth of Massachusetts Joint Committee of Commerce and Labor에 출석하였다. 다음의 글은 주 상원의장인 토마스 버밍햄Thomas F. Birmingham이 제안한, 소비자물가지수 상승에 연동되어 최저임금 가치가 유지되는 법안을 지지하는 청문회 증언의 일부다.

'최저생활을 할 수 있는 임금living wage'과 매사추세츠 주 최저임금을 넓은 시야에서 바라볼 때, 다음과 같은 몇 가지 흥미로운 통계치를 접할 수 있다. 최고경영자와 생산직 근로자 간의 임금(스톡옵션 가치를 제외한 임금) 격차는 1980년의 42 대 1에서, 2000년에는 531 대 1로 늘어났다. 만약 근로자의 평균임금이 경영자들과 같은 추세로 올랐다면, 현재 연간 11만 달러를 받을 것이며, 최저임금은 시간당 22달러 8센트가 되어야 한다. 한편 1960년대 이래로 물가상승률과 같은 속도로 최저임금이 상승했다면, 현재 최저임금은 미국 근로자들의 약 30%가 받는 임금보다도 높을 것이다.

만약 최저임금이 그 기간 동안에 이 수준으로 증가했다면, 사업비용도 대단히 높아졌을 것이다. 그러나 이 높은 사업비용은 시장 규모의 충분한 확대로 상쇄되었을 것이다. 수백만 가정의 구매 능력이 훨씬 커졌을 것이며, 그로 인하여 제품을 살 수 있는 능력이 더 늘어났을 것이기 때문이다.

최저임금을 인상하는 것과 함께, 근로환경의 질을 향상시켜 주는 등의 혜택들을 추가하는 것도 중요하다. 예를 들어, 마더웨어에서는 근로자들과 그들의 피부양자들에게 건강보험 및 치과보험을 제공한다. 또한 장단기 장애보험, 육아보조, 그리고 유급휴가를 명절, 휴가, 웰빙 타임의 형태로 제공한다. 이러한 혜택 제공으로 인한 비용은 신규 근로자의 경우 기본 급여의 35%에서 50%까지 이른다. 이것이 비록 비용이기는 하나, 우리는 그것을 회사 사람들에 대한 하나의 필수적인 투자라고 여긴다.

전 노동부장관이었던 로버트 라이시Robert Reich가 썼던 비유를 인용한다면, 사업자는 근로자들을 도축업자보다는 빵굽는 사람의 태도로 대하는 것이 더 좋을 것이다. 목표는 빵굽는 사람처럼, 가장 좋은 재료를 사용하여 가장 좋은 제품을 얻는 것이다. 이것은 도축업자의 칼로 도려내는 기름덩어리처럼 근로자들을 대하여, 기업이 날씬해지기 위해서 언제든지 잘라 낼 수 있는 대상으로 근로자들을 보는 것보다 훨씬 낫다.

나는 매사추세츠 주의 근로자들에게 최저생활을 할 수 있는 임금을 보장해 주자는 생각을 지지한다. 이를 통해 기업 소유주들과 근로 대중들은 모두 혜택을 받을 것이다.

제5장
협동조합을 통한
인간의 정신과 역동성 고양

프라우트 제도는 협동조합 체제의 적용을 지지한다.

협동조합이 가지는 내적인 정신이 바로

'대등한 협동coordinated cooperation'이기 때문이다.

오직 협동조합 제도만이 인류의 보다 건전하고

통합된 진보를 보장할 수 있으며, 인간 사이의 완전하고도

영속적인 단결을 보장할 수 있다.

-P. R. 사카르[1]

성공적인 협동조합 사례

1994년, 전 UN 사무총장인 부트로스 갈리Boutros Ghali는 UN 총회 보고에서 이렇게 말했다. "협동조합식 기업들은 자신들 스스로 생산적인 일자리를 많이 만들어 내고 가난을 극복하며, 사회의 통합을 성취할 수 있는 조직적인 수단을 제공한다."

전 세계에서 얼마나 많은 협동조합들이 성공적으로 운영되는지 아는 사람은 그리 많지 않을 것이다. 전 세계 협동조합 회원은 8억 명 이상이며, 이들은 세계에서 가장 큰 NGO인 국제협동조합연맹(ICA, International Cooperative Alliance)에 소속되어 있다. ICA는 221개의 국가 및 국제 단체를 대표한다.[2] 미국의 경우 국가협동조합사업협회National Cooperative Business Association는 47,000개의 협동조합으로 구성되어 있으며, 총인구의 37%에 해당하는 1억 명에게 서비스를 제공하고 있다.[3]

스웨덴 낙농제품의 99%, 일본의 어획량 99%와 쌀 95%, 캐나다 서부의 양곡과 착유용 곡물 생산의 75%, 그리고 이탈리아의 와인 생산의 60%는 모두 협동조합들이 관장하고 있다. 유럽의 몇몇 주요 상업은행은 협동조합식 소유와 조직으로 되어 있다. 독일의 DZG 은행, 네덜란드의 라보뱅크Rabobank, 프랑스의 농업신용조합Credit Agricole인 Caisse D'Epargne and Confëdëration Nationale du Crëdit Mutuel 등이 그렇다.[4] 캐나다의 퀘벡 주에는 Dësjardins Movement라는 가장 성공적인 소비자 신용조합이 있다.

스페인 북부 바스크Basque 지역의 몬드라곤Mondragon 협동조합 그룹은 세계에서 가장 잘 발달한 협동조합 모델이다. 1940년대 호세 마리아 아리즈멘디아리에타Jose Maria Arizmendiarrieta라는 가톨릭 신부가 그 지역에 부임했을 때, 사람들은 스페인 내전으로 큰 타격을 입고 있었고, 만연한 실업에 고통 받고 있었다. 그는 그들의 삶을 개선시킬 수 있는 실천적인 방법을 찾기 위해, 영국과 이탈리아의 협동조합 운동에 대해 공부했다. 거기서 노동자들과 소유주들을 단결시키는 비폭력적인 방법을 찾아냈다.

아리즈멘디아리에타는 그가 지도하던 가톨릭 학교에서 학생들이 협동조합에 대해 공부하도록 열정적으로 인도했다. 드디어 1956년, 그의 졸업생 중 몇 명이 그 지역에서는 최초로 공업협동조합을 시작했고, 높은 품질의 가정용품과 공구를 생산했다. 극단적으로 민족주의적인 바스크 대중들은 대단히 높은 사회의식을 가지고 있었다. 그들은 협동조합을 그 태동 때부터 지지했다. 조합은 착실하게 성장하였으며, 100개가 넘는 신규 협동조합을 퍼뜨렸다. 1970년대에 이르러, 그 조합은 스페인의 10대 기업 중 하나가 되었다. 그리고 세상에서 가장 성공적인 협동조합의 모델이 되었다.

몬드라곤의 가장 큰 시련은 스페인이 유럽경제연합European Economic Union에 가입하게 되면서 시작되었다. 수입품에 부과하던 18~35%의 세금이 갑자기 없어졌고, 다국적기업의 상품이 스페인 시장을 휩쓸었다. 그리하여 수많은 소규모 기업들과 협동조합들이 파산했다. 이러한 위기에 대응하고자 몬드라곤 기업협동조합Mondragon Corporacion Cooperativa은 중앙집중식 경영방식으로 전환하여, 글로벌시장에서 공격적인 경쟁을 시작하였다. 해외에 공장을 설립하였고, 오늘날 6만 명 이상을 고용하고 있다. 또한 연간 80억 달러에 달하는 매출을 올리고 있다.

안타까운 것은, 몬드라곤의 해외 확장으로 그간 지켜 오던 협동조합의 원칙들을 부분적으로 포기했다는 것이다. 이집트, 모로코, 멕시코, 아르헨티나, 태국, 중국 등에 있는 해외공장들은 모두 협동조합 방식으로 운영되고 있지 않다. 오히려 전통적인 자본가적 고용자처럼 활동하고 있는 것이 현실이다. 오늘날 몬드라곤의 협동조합 근로자 중 3분의 1 이상이 비회원이다.[5]

정부정책을 통하여 협동조합의 설립을 시도했던 아프리카, 아시아, 태평양 지역의 많은 신생독립 개발도상국들에서는 다른 문제점들이 협동조합을 괴롭히고 있다. 많은 조합들이 지역공동체 스스로에 의한 밑으로부터의 노력으로 만들어진 것이 아니어서 실패했다. 그들을 구하기 위해 정부의 보조금이 주어졌지만, 오히려 그들의 독립정신을 무너뜨리는 결과를 낳았다. 더구나 부정직한 조합 지도자들은 너무도 빈번하게 그 돈을 유용하였다. 이런 모든 것들이 협동조합의 이름에 먹칠을 하게 만들었다.

근로자 협동조합

프라우트 경제의 세 가지 사업 형태(소규모 개인사업, 협동조합, 대규모 기간산업)에서 협동조합은 가장 많은 사람들을 고용할 것이다. 협동조합 기업들(공업, 농업, 서비스, 소비자, 신용)은 프라우트 경제사회의 핵심을 이룬다. 협동조합은 가장 명예로운 산업 부문이다. 프라우트의 염원이기도 한, 함께 일하는 것을 권장하기 때문이다.

ICA는 협동조합의 정의를 다음과 같이 내리고 있다. "공동으로 소유하고 민주적으로 관리하는 사업을 통하여, 구성원들의 공통된 경제적 · 사회적 · 문화적인 필요성과 바람을 실현시키기 위해서, 자발적으로 뭉친 사람들의 자율적인 협회."6

협동조합이 성공하기 위한 핵심 요건은 도덕성을 갖춘 리더십이다. 매우 높은 수준의 성실성은 효율적인 조합 관리경영에 필수적이다. 엄격한 회계 및 조직상의 규정들이 정직한 관리자에 의해서 제대로 적용되면, 조합 회원들 간에 신뢰가 구축될 것이다.

사카르는 다음과 같이 주장했다.

"인간사회는 하나고, 나눌 수 없는 것이다. 인간은 홀로 살 수 없다. 사회 안에서 인간들은 다른 사람과 합심해서 일해야 하며, 그래야 모든 개개인이 함께 앞으로 나아갈 수 있다… 개인주의가 인간의 삶을 지배할 때, 환경과 다른 이들의 복지, 나아가 인간사회의 지속적인 존재에 부정적인 영향을 주게 될 것이다."7

성공적인 협동조합은 지역에 사는 사람들의 노력과 헌신적인 참여를 통해 가능하다. 협동조합 제도는 그 기반을 '대등한 협동coordinated cooperation'에 두고 있다. 대등한 협동이란 자유로운 인간이 동등한 권리와 상호존중을 바탕으로, 서로의 이익을 위해 공동의 필요를 충족시키고자 함께 일하는 것이다.

협동조합은 전통적인 자본주의 기업과 다르다. 또한 강제적인 집단화로 만들어진 사회주의 공동체와도 다르다. 이들 두 시스템은 '종속적 협동 subordinated cooperation'을 통해 운영되고, 관리자가 노동자를 감독하고 명령을 내린다. 이와 달리 프라우트의 협동조합은 경제적인 목표와 사회적인 목표를 결합시켜, 부와 권한을 조합의 각 구성원들에게 공평하게 분산시킨다.

협동조합은 경쟁 면에서 민간기업이나 공공기업들보다 우위를 차지한다. 조합원들이 조합의 성공을 마치 자신의 것처럼 관심을 가지기 때문이다. 조합원들은 조합을 소유한다. 그래서 조합 제품과 서비스를 더욱 사려고 할 것이다. 조합의 투자 지분은 시장에서 거래되지 않는다. 지분은 조합원들의 공동 소유이기 때문이다. 그리고 조합원들은 스스로 조합의 이윤을 어떻게 사용할 것인지를 결정한다.

오늘날 자본주의 국가들에서는 많은 일반적 협동조합들이 자금운용 사업을 하고, 그 사업이윤을 서로 분배하는 일에 개입하고 있다. 프라우트에서는 오직 협동조합은행만이 이 기능을 하게 되어 있다. 그리고 모든 프라우트 협동조합의 조합원들은 조합을 위해서 활발하게 일을 한다. 이는 보다 나은 작업환경을 조성하고, 생산성을 제고시킨다. 그러한 조합은 노동이 자본을 고용하는 것이지, 자본주의처럼 자본이 노동을 고용하는 것이 아니다. 노동이 중심에 위치하여 더 이상 자본의 명령에 굴복하지 않음으로써, 대중들은 자존감을 회복할 것이다.

협동조합의 생산성은 자본주의와는 대조적으로 생산물과 소득이라는 차원에서 측정된다. 동시에 일자리의 안정성 및 기쁨이라는 측면도 고려된다.

프라우트 근로자 협동조합은 어떻게 기능하는가

근로자 협동조합의 회원자격은 협동조합에서 일하는 사람에게만 열려 있다. 신입 근로자들은 정식 회원이 되기 전에는 조합에 들어올 수 없다. 조합의 관리권 및 모든 잔여재산과 이윤에 대한 권리는 노동의 기여도에 기준을 둔다. 조합에 투자한 자본이나 재산의 가치에 기준을 두지 않는다.

그 통제는 1인 1표 원칙에 의거한다. 조합에 대한 개인의 투자액이나 조합 지분의 수에 의존하지 않는다. 만약 비근로 지분보유자를 조합원 자격으로 인정한다면, 조합원 상호간의 이해충돌이 야기될 것이다. 그것은 근로자 동기부여 시스템을 약화시킨다. 비조합원을 통한 외부자본 조달은, 조합 의사결정에 외부자본이 영향을 미치지 않는 경우에만 허용된다.

급여와 이윤 배분의 인센티브 시스템은 공정하고 매력적이어야 한다. 그래야 유능한 사람들을 끌어들일 수 있다. 프라우트에서는 근로자들의 기술과 기여도에 따라 성과급을 주는 보상 제도를 지지한다. 단, 최고임금으로 정한 수준을 넘지 않는 한도 내에서 보상한다. 프라우트 경제에서 근로자들의 최저임금과 최고임금 격차는 시간과 장소에 따라서 결정되지만, 그 격차는 전반적인 생활수준이 올라감에 따라서 자연스럽게 줄어들 것이다. 그리고 인센티브는 생산성과 근로자 만족도를 높이는 다른 방법으로 주어질 수도 있다. 예를 들면 더 나은 장비, 교육 및 훈련, 한 작업조에 더 많은 사람들을 배정하는 것, 일과 관련된 여행보조금 등의 형태가 그것이다.

일반적으로 민간기업은 개인적인 차원에서의 높은 훈련과 성장을 요구한다. 그러나 협동조합에서는 이보다 더 높은 수준의 다양한 자질, 의사소통 기술, 대인관계에서의 절제력 등이 요구된다. 대인관계의 기술과 사업경영의 전문성을 기르기 위한 근로자 교육에 지속적으로 투자하는 것은 매우 중요하다. 각 조합원들에게 교육을 더 받게 하고, 자기 분야의 기술발전에 뒤떨어지지 않게 하며, 동료들과 아는 것을 서로 나누도록 활발하게 권장하는 것은 매우 중요하다. 이를 통해 조합원이 사업에 기여할 수 있는 능력이 향상될 것이다. 더불어 스스로에 대한 자부심도 증가할 것이다. 이러한 방식으로 협동정신과 근로조건이 향상될 것이다.

협동조합이 추구하는 가치들을 서로 공유하고 실천하고자 하는 진지한 노력은, 조합원들의 믿음과 사회적·경제적인 삶을 일치시켜 줄 것이다. 이것은 깊은 차원의 만족, 충성심, 공동체에 대한 온전한 헌신 등으로 이어질 수 있다.

집단 의사결정의 방법은 협동조합의 규모에 달려 있다. 대략 12명 정도의 소규모 집단에서는 모든 회원들이 함께 주요 결정들을 한다. 보다 큰 규모의 협동조합에서는 위원회 임원들을 선출할 필요가 있다. 위원회는 조합원 중에서 운영 책임을 맡을 사람을 경영자로 선출한다. 각 조합은 사업 현실 여건을 감안하여 경영자, 위원회, 조합총회에서 결정할 각각의 사안을 정해야 한다. 이에 대한 지침은 여타 협동조합들의 경험을 참조하여 만들 수 있을 것이다.

대등한 협동에는 조합원과 경영자 상호간의 존경과 신뢰가 필요하다. 경험에 의하면, 협동조합 윤리를 조합원들에게 주지시켜 그들이 조합의 일에 참여하고 통제할 수 있는 능력을 기르게 하는 것이 중요하다. 가장 성공적이었던 조합들을 보면, 경영자는 근로자들에게 협동조합에 대한 이해와 기능 원리를 일깨워 주는 스승의 역할을 한다.

과거 경험에 의하면, 조합에 대한 장기적 투자동기를 충분히 부여하기 위해, 조합 근로자들이 임금 이외에도 기업의 순자산 증가와 감소에 관여해야 하는 것으로 나타났다. 그러나 조합원들의 자산에 대한 전적인 소유나 통제가 반드시 필요한 것은 아니다.

프라우트의 협동조합들은 몬드라곤의 경우처럼, 양자 간 인센티브의 균형을 이루는 (노동과 자본의) 공동소유권 모델에 따라서 조직될 것이다. 몬드라곤이 만든 창의적인 내부 자본계정 제도는, 조합의 순자산에서 발생하는 모든 이익과 손실을 근로자들의 계정에 분산시키도록 한다. 조합은 근로자들이 자산잔고를 마음대로 인출하는 것을 제한하여, 그 자산을 조합에 재투자할 수 있게 유도한다. 1년간 발생한 이자는 각 조합원 계정에 입금되며, 그 계정 잔고는 일정한 기간(예를 들면 5년) 후에 또는 조합원이 조합을 떠날 때 지불한다.

지도력이 뛰어나지 않거나 조합의 구조가 부실하면, 조합원들은 때때로 잘못된 선택을 한다. 극동 러시아의 하바로프스크Khabarovsk 지역의 박흐루세바Vakhrusheva 석탄광산에서는 근로자들이 즉각적인 배당, 즉 높은 임금과 수입제품의 구매 등을 선호하였다. 이것은 그들의 이윤을 조합의 발전이나 긴 장래를 위한 재투자에 쓰이는 일과는 상치되는 것이었다.

프라우트의 협동조합은 개인사업보다 안정적인 직업을 제공한다. 협동조합에서는 단기적으로는 노동을 가변비용이 아닌 고정비용으로 본다. 이것은 생산이 축소된다고 해서 노동자들이 그 즉시 해고되지 않는 것을 의미한다. 해고에 대한 적절한 대안으로는 모든 조합원의 근로시간 단축, 새로운 생산라인 및 서비스라인 신설, 근로자의 재훈련, 다른 조합으로의 전근 등이 있다.

협동조합을 위한 인프라

자본주의 경제에서 협동조합이 고립되면 살아남기가 지극히 어렵다. 사카르가 지적한 대로, 협동조합이 성공하기 위한 요건은 대중들이 협동조합 제도를 성실하게 받아들이는 것이다.

협동조합이 민주적으로 그 기능을 발휘하기 위해서는 규모가 작아야 한다. 특정 서비스들의 경우, 상호 협력적 지원을 통해 제공할 수 있다. 여러 조합들은 공동으로 금융, 기술 및 경영지원, 재화와 서비스의 공동구매 및 판매, 신상품 연구개발, 협동조합 교육 및 훈련, 로비 및 홍보서비스 등을 확보하기 위한 지원 인프라를 구축할 수 있다. 협동조합이 이와 같은 지원 인프라에 대한 접근이 가능할 때에는 민간기업보다 더 좋은 성과를 내는 것이 보통이다.

몬드라곤 협동조합 그룹 중, 카자 라보랄Caja Laboral 협동조합은행은 각 조합에게 성장과 각종 어려움을 극복하는 데 필요한 자본을 융자해 주고 있다. 총자산 대비 이윤 비율 면에서 세계에서 가장 효율적인 100대 금융기관 리스트에서 높은 순위를 차지하고 있는 점이, 이 은행의 효율성을 잘 말해 주고 있다.

협동조합은 지역사회에 널리 혜택을 주고 있다. 조합 근로자들과 지역사회는 협동조합을 통한 경제적 민주주의의 실천을 통해서 민주적 사안들에 대해 각성하게 된다.

말레니의 소규모 협동조합 사례[8]

말레니Maleny는 호주의 선샤인Sunshine 해변에 있는 브리즈번Brisbane 시에서 북쪽으로 약 100㎞에 위치한 인구 4,000명의 조그만 도시다. 17개의 성공적인 협동조합들이 그 지역 공동체 삶의 모든 분야를 연결시키며 활동하고 있다. 이들 협동조합들에는 협동조합은행, 소비자식품 협동조합, 협동조합클럽, 근로자 협동조합, 무현금거래 협동조합, 협동조합 라디오방송, 협동조합 영화협회, 네 개의 환경협동조합, 그리고 몇 개의 공동체정착 협동조합 등이 있다.

말레니 신용조합

1984년, 말레니 신용조합Maleny Credit Union은 오직 지역주민과 지역사업에만 대출을 해주어, 지역의 금융 독립성을 기르는 '윤리적인' 금융기관을 창설한다는 목적으로 시작되었다. 초기 신용조합 직원들은 자원봉사자들이었다. 이들은 임대한 방에서, 들어온 예금을 입금장부에 손으로 직접 적어 넣었다. 영업 첫날, 이들은 2만5,000달러 이상을 예치하였다.

현재는 조합원 6,000명 이상, 14명의 유급직원, 그리고 자체소유 건물은 물론 미화 800만 달러의 자산을 갖춘 규모로 성장하였다. 호주 전역에서

이 조합에 투자를 하는데, 예금 절반이 외부 지역에서 온 것이다.

말레니 신용조합이 제공하는 서비스는 보통예금, 당좌예금, 대출, 신용 카드, 정기예금 등이다. 또한 조합원들을 위한 퇴직연금보험과 각종 보험도 제공하고 있다. 신용조합은 설립 이래 78개의 신규 사업에서 180개의 일자리를 창출하는 데 필요한 자금을 제공했다. 또한 그 지역사회에 2,500만 달러 이상을 재투자하였다.

수년에 걸쳐, 조합은 일반 은행에서는 융자를 받지 못하는 많은 주민들에게 소규모의 융자를 해주었다. 이 융자는 주민들이 땅을 사고, 집을 짓고, 사업을 시작하는 데 도움을 주었다. 조합 융자의 80%는 주택융자였다. 비록 초기에는 어려움이 있었지만, 오늘날에는 대단히 성공적이다. 그 이유는 금융에 관한 전문성과 협동조합 정신 간의 적절한 균형을 이루어 나갔기 때문이다.[9]

소비자식품 협동조합

1980년, 가공하지 않은 식품과 지역농가에서 자란 산품을 원하는 몇몇 사람들이 메이플 스트리트 식품협동조합Maple Street Food Cooperative이라는 조그만 그룹을 만들었다. 오늘날 그 조합은 말레니 중심가에서 유기농 건강식품 소매점을 운영하고 있다. 주 7일 개점에, 450명의 적극적인 회원을 확보하고 있다. 그곳은 소비자 협동조합으로 운영되지만. 일반 대중에게도 물건을 팔고 있다.

조합의 최우선 목표는 유기농 식품을 공급하는 것이다. 지역에서 나온 식품에 중점을 두고 있으며, 그것이 불가능한 경우 다른 지역에서 생산된 식품을 취급하고 있다. 유전자조작 제품은 일체 취급하지 않으며, 대중과 환경을 착취하는 기업의 제품도 취급하지 않는다. 조합은 전원합의 방식으로 의사결정의 원칙을 정해 운영되고 있다.

초기에는 자원봉사로 조합을 꾸려 나갔으나, 사업이 번성하면서 급여를 받는 근로자가 서서히 증가하였다. 지난 22년간 몇 번의 어려운 장애를 극복하기도 하였다. 적절한 사업계획의 부족, 손실 경영, 잘못된 투자결정, 미숙한 자금관리, 조합원 간의 의견차이를 해소하는 데 많은 시간을 소비 등 많은 문제점들을 경험하였다.

경험을 통해 배워 가면서 조합은 점차 성공비결을 계발해 갔다. 오늘날 11명의 파트타임 직원과 한 명의 전업 관리자를 고용하고 있다. 조합은 훌륭한 전략과 금융관리 계획으로 지난 6년간 이윤을 기록하였다. 조합의 구조는 비영리사업으로 되어 있어, 이윤은 조합의 서비스를 확대하고 하부구조를 개발하는 데 재투자되거나 지역사회 활동에 기부되고 있다.

말레니 지역의 기타 협동조합들

말레니에는 호주에서 가장 성공적인 지역사회 거래시스템(LETS, Local Energy Transfer System)가 있다. 이 제도는 일종의 무현금교환 협동조합이다. 회원들은 상호간에 현금을 사용하지 않고, 각자의 산품을 교환하고 서비스를 공급할 수 있다. 이들은 현금 대신 '버냐Bunya'라는 지역 고유의 잣나무 열매 이름을 딴 지역통화를 사용한다. 이 제도는 현금이 적거나 없는 사람들도 지역 경제활동에 참여할 수 있게 만든다.[10]

업 프론트 클럽 Up Front Club은 사람들이 먹고, 휴식하고, 교류할 수 있는 아늑하고 편안한 곳이다. 건강에 좋은 음식들을 취급하지만 비싸지는 않다. 또 커피맛이 대단히 좋다. 그 지역에 사는 음악가와 연예인들이 이곳에서 공연을 한다. 이곳은 말레니 지역사회의 문화센터로서 역할을 하고 있다.

지역 경제 및 사업진흥 협동조합(LEED, Local Economic and Enterprise Development Cooperative)은 여섯 명의 근로자를 두고 있으며, 선샤인 해변의 배후지역에서 새로운 사업과 일자리를 창출한다. 말레니 신용조합과 제휴하여, 신규 사업에 대해 무보증 융자를 제공한다. 또한 신규 기업들의 창업 후 첫 12개월간 조언자 역할을 해준다. 지금까지 27건의 신규 사업에 융자하였고, 그중 23건은 성공적인 경영을 지속하고 있다.

말레니에는 네 개의 환경관련 협동조합이 있다. **말레니 웨이스트버스터** Maleny Wastebusters는 지역사회에 기반을 둔 재활용 협동조합이다. 20명의 근로자가 일하며, 사람들로 하여금 쓰레기를 줄이고, 재사용 및 재활용하도록 고무시킨다. **바룽 랜드캐어**Barung Landcare는 호주 전역에 있는 수백 개의 지역사회에 기반을 둔 토지관리 단체들 중 하나다. 이 단체는 매우 성공적인 육묘원을 경영하며, 환경교육을 제공하고, 토종 목재의 지속가능한 벌목을 유도한다. **부루빈 부시 매직**Booroobin Bush Magic은 열대우림 육묘원을 경영하며, **그린 힐스 펀드**Green Hills Fund는 말레니 내륙의 녹화사업을 한다.

말레니에는 지역사회 정착을 목표로 한 네 개의 협동조합이 있다. 그중에는 **크리스털 워터스 퍼머컬쳐 빌리지**Crystal Waters Permaculture Village라는 85명의 거주자로 구성된 조합과, **프라우트 지역정착 협동조합**Prout Community Settlement Co-op이 있다. 후자는 세 가정으로 구성되어 있으며, 리버River 초등학교를 운영하고 있다. 이 학교는 조합 소유의 25헥타르 땅에 200명 이상의 학생들이 재학하고 있다.[11]

베네수엘라의 협동조합 경험

1960년, 베네수엘라의 합법적인 협동조합으로 '저축 및 융자협회'가 첫 번째로 탄생되었다. 1998년까지 대략 750개의 조합에 23만 명의 회원이 있었다. 그해 우고 차베스가 대통령으로 당선되자, 그는 협동조합을 볼리바리안(베네수엘라의 화폐단위) 혁명의 중요한 열쇠라고 강조하였다. 나중에는 '21세기 사회주의'의 관건이라고 강조하였다. 그가 만든 실업자를 위한 직업훈련 프로그램인 '미션 부엘반 카라스Mission Vuelvan Caras'는 협동조합 교육을 포함하였으며, 모든 졸업생에게 협동조합을 하나씩 만들도록 권장하였다. 또한 여러 가지 법률을 만들어, 정부가 민간기업과 계약을 할 때

협동조합에 우선권을 주도록 만들었다.

이러한 목적은 이윤이 중시되는 자본주의 경제를, 사회의 변두리에 있거나 소외된 사람들을 참여시키는 내부지향적이고 지속가능한 사회발전에 중심을 둔 경제체제로 전환시키는 것이었다. 다양한 정부 은행들을 통해 모든 협동조합들이 사업 시작에 필요한 자금을 융자받을 수 있었다. 그 결과는 대단하여, 2006년 말 18만 개 이상의 조합들이 등록하는 성장을 보였다. 그러나 이들 중 많은 조합은 활동이 없거나 문을 닫았다. 정확한 추계에 의하면 5만 개의 협동조합만이 그 기능을 하고 있는 것으로 나타났다. 이는 여전히 세계에서 가장 많은 협동조합이 기능하는 나라 중 하나임을 나타낸다.

몇몇의 협동조합들은 매우 성공적이다. 예를 들면, 장례식장, 저축 및 융자협회, 가정용품상, 협동조합식 건강관리 제도 등은 네트워크가 잘 결성되어 있다. 그러나 대부분의 협동조합들은 경험이 부족한 소수의 회원들로 구성되어 있다.

베네수엘라 프라우트 연구소Prout Research Institute of Venezuela는 바를로벤토Barlovento 주의 시골지역 협동조합들이 직면한 문제점과 필요한 것들을 알기 위해 조사에 착수했다. 그 지역은 수도 카라카스Caracas로부터 2시간 거리에 있는데, 빈곤과 실업률이 높고, 경제적인 불평등과 도시로의 인구 유출이 많은 곳이다. 조사의 목적은 민주적으로 운영 및 통제되는 근로자 소유의 기업들이 직면한 문제점과 과제를 진단하기 위한 것이었다. 그 조사 결과는 아래와 같다.

● 조합회원의 60%는 협동조합에서 훈련을 받은 적이 없다.
● 30%의 회원은 상호간 의사교환에 어려움을 겪고 있다.
● 협동조합의 절반은 아직 최저임금을 지급하지 못하고 있다. 그 이유는 모든 수익을 재투자하거나, 사업이 잘 안 되거나, 방금 시작했기 때문이었다.

- 협동조합들 간에 협동이 거의 없으며, 지역사회로부터의 협조도 거의 없다.
- 가장 안정적인 조합들은 조합원들이 초기자본 형성에 조금이라도 투자한 경우다.

성공적인 협동조합을 위한 가이드라인

말레니 협동조합의 성공은 지난 20년간 힘겨운 투쟁을 통해 얻어진 것이다. 그곳의 프라우트주의자들은 조합경영위원회 소속의 비프라우트 위원들과 합의하여, 성공적인 협동조합 사업을 위한 중요한 가이드라인을 다음과 같이 뽑았다.

1. **필요의 충족**: 주민들이 지역사회의 필요성을 충족시키기 위해서 함께 나아가야 한다. 아무리 구상이 좋다고 해도, 지역사회가 필요로 하는 것이 아니면 그 사업은 성공할 수 없다.

2. **핵심 선도그룹의 결성**: 몇 명의 책임 있는 사람들이 초기의 구상을 실행에 옮기는 책임을 맡아야 한다. 그런 경우에도 리더로서의 역할을 할 사람이 있어야 한다.

3. **비전에 대한 헌신**: 협동조합 사업이 내포하고 있는 이상과 가치를 위해 헌신적으로 임해야 한다. 조합원과 경영자 양자 모두 정직해야 하고, 혼신으로 일에 몰두하며, 능력을 갖추도록 노력해야 한다.

4. **타당성을 위한 조사**: 필요성에 대해 객관적으로 평가하고, 제안된 사업이 그 필요성을 충족시킬 수 있을지에 대한 타당성 조사를 행한 후에 결정한다.

5. **명백한 목표 설정**: 각 사업의 구성원들은 분명한 목표를 합의를 통해서 정해야 한다. 이러한 관행은 초기 조합설립회원들이 고려했던 중요한 사안들에서, 앞으로 수년에 걸쳐 결정할 성장전략과 예산의 방향에 이르기

까지 도움을 줄 것이다.

6. 충실한 사업계획 개발: 조합 사업은 자본을 필요로 하며, 재무관리를 효율적으로 해야 한다. 때에 따라 채무의 상환과 이윤 배정에 적합한 결정을 해야만 할 것이다.

7. 조합원들의 지지와 참여 확보: 조합원들이 바로 주인이다. 그러므로 모든 면에서 그들의 지지와 참여가 필수적이다.

8. 좋은 입지 확보: 사업 운영에 적합한 장소를, 그 지역사회에서 가능한 한 가장 좋은 위치에 확보한다.

9. 능력을 갖춘 경영전문가 영입: 지역사회 안에서 관리, 사업, 재무, 법률 및 회계 기능을 가진 사람들을 발굴하여 조합으로 영입한다.

10. 지속적인 교육과 훈련: 조합원들이 사업을 성공적으로 운영하는 데 필요한 기술(특히 의사소통 및 대인관계 기술)을 갖고 있으면 이상적이다. 그러지 않은 경우라면, 조합원들이 그런 기술을 계발하거나 그런 기술을 가진 사람들을 신규 조합원으로 영입해야 한다.

지역사회의 경제발전 전략 시행에 필요한 황금률은 다음과 같다.
- 작게 시작하고, 지역사회 내에서 확보가 가능한 기술과 자원을 활용한다.
- 가능할 경우에는 언제라도 지역사회 개발에 경험이 있는 사람들과 함께 역할모델을 만든다.
- 사업에 가능한 한 많은 사람들이 참여하도록 한다.

지역사회가 얻는 혜택

협동조합의 사업은 지역사회에 다양한 혜택을 제공한다. 사람들을 단결시키고, 그들 각자의 다양한 솜씨와 재능을 사용하게 하며, 새로운 능력을 계발할 수 있는 기회를 제공한다. 또한 소속감을 일으키고, 다양한 사람들 간에 긴밀한 관계를 형성한다. 그리고 주민들에게 권한을 부여하여, 스스로 공동체 개발과 관련된 의사결정을 하게 한다.

이러한 모든 것들이 공동체 정신을 자라게 한다. 지역공동체는 그 구성원들이 각자 분리된 길을 갈 때보다, 함께 일할 때 훨씬 더 많은 것을 성취할 수 있다.

협동조합은 경제적 자립과 외부 간섭으로부터 독립할 수 있게 하며, 지역민들에게 힘을 부여한다. 또한 고용을 창출하며, 지역공동체 내에서 돈이 흐르게 하여 다양한 종류의 재화와 서비스를 제공한다. 조합은 회원들 소유이므로, 그 이윤은 바로 조합원들의 지역에 남아 있게 된다. 이처럼 조합은 지역의 부를 증대시키고 지역사회의 힘을 강화시킨다.

한마디로, 성공적인 조합 사업은 경제적 민주주의를 확립시킴으로써 지역사회를 변환시킨다.

협동조합은 미래에 올 사회·경제체제다. 글로벌 자본주의 경제체제에 대한 불신이 일고 있는 상태에서 협동조합을 독립적인 대안제도로 개발하는 것은 매우 타당하다. 협동조합의 미래 모습이 지금 몬드라곤, 말레니, 그리고 베네수엘라에서 나타나고 있다.

제6장
지속가능 농업과
환경보존

협동조합 체제는 농업과 공업 분야에 있어 최선의 제도다…
이 제도는 국가로 하여금, 식량과 여타의 상업적 곡물 생산을
늘려 자급도를 높인다. 또한 생산된 식량의 분배 문제로
야기되는 식량 부족 문제를 극복하도록 도와줄 것이다.

－P. R. 사카르[1]

심각한 농업 위기

지난 1만여 년간 인간사회는 각종 농법의 시행과 생태계의 관리를 통해, 기본적인 필수품인 식량, 의류용 섬유, 약초, 공업 원재료들을 얻어 왔다. 농업은 가장 중요한 활동으로 여겨진다. 주어진 환경에서 에너지와 자원을 얻게 해주기 때문이다. 지역에서 생산된 자연자원과 에너지, 그리고 농업의 가치가 클수록 지역의 경제적 잠재력은 더 커진다.

좁은 안목의 농업 관행이 초래한 결과가 이미 지구의 토양을 황폐하게 만들고 있다. 튀니지의 팀가드Timgad에 있는 로마유적 도시 주민들은 땅의 지력이 황폐화되어 더 이상 곡식을 기를 수 없게 되자 땅을 내버렸다. 이라크 북부의 마그잘리알Magzalial 지역 역시 한때는 활엽수림을 이루던 곳이다. 이곳은 이제까지 지구상에서 발견된 가장 오래된 농사 흔적이 있는 곳이기도 하다. 그런데 오늘날 그 땅은 완전히 사막이 되었다.

적어도 9,000년 전 유프라테스 강 하류에서 시작된 수메르 문명은 토양의 염분 증가로 무너지고 말았다. 별로 비옥하지 않은 토양에 집중적으로 관개농업을 하게 되면, 땅 속에 있던 염분이 지표면으로 올라와 쌓이게 된다. 같은 경우가 파키스탄의 인더스 강 계곡에서 일어나고 있으며, 캘리포니아에서도 시작되고 있다. 그런데 놀라운 사실은 바로 수메르 사람들은 이 위험을 모두 알고 있었을 뿐만 아니라, 그것을 피할 수 있는 방법까지도 알고 있었다는 점이다.[2] 그러나 농민들의 탐욕과 단견은 그들로 하여금 필요한 조치를 취하는 것을 도외시하게 만들었다.

이런 상황은 현재도 마찬가지다. 단일 작물을 일정한 방법으로 경작하여 10년 또는 20년 동안 상당한 이윤을 얻을 수 있다면, 많은 농민들은 기꺼이 그렇게 할 것이다. 자신들의 행동이 토지를 황폐화시켜서 미래 세대에게 영향을 줄 거라는 사실은 별로 개의치 않고 말이다.

지난 세기 동안, 지속가능하지 않은 농업 기술들이 대규모로 도입되어 왔다. 근대의 기업적 농법은 기본적으로 대량의 화학비료, 제초제, 살충제를 투여하고 있다. 이는 단기적으로는 높은 산출을 낼 수 있지만, 점차적으로 부식토와 토양의 성분 구성을 악화시킨다. 과학자들은 농업에서의 화석연료 사용과, 좁은 공간에서 많은 가축을 도살용으로 사육하는 데서 발생하는 엄청난 양의 메탄가스가 지구촌 온난화와 지하수 오염의 주요인이라고 보고 있다.

불행하게도, 단일작물 경작은 자연 생태계의 다양성을 없애고 단순화시킨다. 대규모의 단일경작 농장은 그 특성상 복합작물을 경작하는 농장보다 병충해에 더욱 취약하다. 또한 화학적 질소비료를 지속적으로 사용하는 것은 지하수와 주변 생태계를 오염시킨다. 예를 들면, 호주의 그레이트 배리어 리프Great Barrier Reef(호주 북동부에 위치한 세계 최대의 산호초 지대)는 사탕수수 농장에서 흘러나오는 질산염으로 점점 파괴되고 있다. 매년 미국 중서부에서 사용한 질소비료는 멕시코 만으로 흘러들어가, 수천 킬로미터에 달하는 해양 서식처를 파괴하고 있다.

특정한 과학적 원리들이 공업적인 차원에서는 매우 효과적이지만, 농업에 적용될 때에는 심각한 문제를 일으킨다. 예를 들면, 비유기적 및 화학적 생산에서는 측정, 압력, 균형, 작용과 반작용의 법칙들은 모두 유효한 원칙들이다. 철제 구조물에서 가공 벽돌 및 합판에 이르기까지 가치 있고 튼튼하며 표준화된 생산품을 원하는 규격대로 생산하는 것이 가능하다.

그러나 농업에서는 이처럼 환원주의적(생명현상은 물리학적 · 화학적으로 모두 설명된다는 태도)이고, 단순히 투입 대비 산출로 보는 접근방식은 장기적으로는 심각한 문제를 일으킬 수 있으며, 기계에서 부품을 떼어내듯 단순하게 생각할 수 없다. 농토의 비옥도, 연작가능성, 지력의 회복성은 대부분 생물학적인 복잡성과 다양성에 크게 달려 있다. 농업을 단일품종 재배로 표준화하려는 시도는 땅의 산출을 크게 저해하는 행위다.

또한 기업화된 농업은 생물학적인 다양성을 위협한다. GATT 무역협정은 식물육종 회사들에게 종자의 특허권을 부여하였다. 예를 들면, 파이어니어 하이브레드 기업Pioneer Hi-Bred Corporation은 다양한 종자들을 대량

생산할 경우, 특허권으로 보호받을 수 있다. 그러나 농부들은 지난 수천 년 간 좋은 씨를 선별하여 보관함으로써 식물 종자를 개량해 왔음에도, 아무런 보호나 보상을 받지 못하고 있다. 또한 오늘날 농업분야에는 바이오기술과 유전자공학이 침투하기 시작했는데, 과학자들은 이것이 장기적으로 어떤 영향을 미칠지 확실한 답을 못하고 있다.

기업농은 소농들을 망하게 하며, 농민들을 그들의 땅에서 몰아내고 있다. 1945년 이래, 미국의 가족농업 수는 3분의 2가 줄었으며, 현재는 미국 인구의 1% 미만이 농사를 짓고 있다. 이와 같은 추세는 세계 전역에서 일어나고 있다. 농민들이 시골을 떠나 도시로 이주함에 따라, 그들이 살던 많은 농촌 지역들이 유령마을로 변하고 있다. 미국과 유럽에서는 외국으로부터 오는 심각한 경쟁이 부른 농산물 가격하락으로 인해, 자국 농민들의 도산을 막기 위한 보조금을 주고 있다.

프라우트 농업혁명

새로운 세계를 향한 프라우트의 목표 중 하나는 환경차원에서의 프라마(역동적 균형, 제2장 참조)를 회복하는 것이다. 이 개념은 데이비드 스즈키David Suzuki가 일컫는 '성스러운 균형Sacred Balance'과 유사하다.[3] 프라우트에서는 지구의 산림과 미개발지를 보존하고 황폐된 지역을 다시 회복시키면서, 대자연이 준 선물들을 균형 있고 재생가능한 방법으로 활용하는 것을 지지한다. 환경에 대한 '활용'과 '착취'의 차이는, '사용'과 '남용'의 차이에 비유될 수 있다.

사카르는 '농업혁명'을 주창했으며, 농업을 경제의 가장 중요한 분야로 취급하였다. 그는 모든 지역이 주민들에게 필요한 식량을 생산하도록 노력해야 한다고 강조하였다. 각 지역의 식량자급이라는 이 간단한 아이디어는 오늘날의 기업 농업과는 완전히 다르다. 미국에서는 식품이 소비자의 식탁에 도달하기까지 평균 3,000km의 거리를 이동한다.[4] 브라질은 매년 50억 달러의 식품을 수입하는데, 이것은 경제개발 과정에 있는 국가로서는 막대한 재정 부담이다.

프라우트에서는 영농법이 지구의 미래를 보존하는 지속가능한 것이어야 한다고 주장한다. 이를 위한 기술에는 유기농법, 바이오농법, 퍼머컬처 Permaculture(Permaculture는 permanent와 culture 혹은 agriculture의 합성어로 영속적인 문화 및 농업을 의미한다 – 역자주), 총체적관리농법holistic management, 자연적 병충해 방제, 윤작, 혼작inter-cropping 등이 포함된다.

프라우트 경제체제는 토지의 배분 문제를 다룰 것이다. 토지의 지형, 토양의 비옥도, 관개용수의 접근성 등을 고려하고 지역의 기술과 영농관행들을 참조하여, 경제성이 있는 최소한의 토지규모 단위가 결정될 것이다. 즉, 그 최소 규모의 농토를 경작하는 농가는 경제적으로 살아남을 수 있어야 한다. 그러기 위해서는 농산물의 시장 판매수입이 자가 노동비 등 모든 영농 원자재의 비용을 포함한 생산가격을 초과해야 한다. 이처럼 오늘날 공업부문에서 사용되는 원가계산 회계원칙들이 농업에서도 그대로 적용되어야 한다. 많은 경우에 농가의 가족 전체가 일을 하지만, 양곡 가격의 책정에는 그들의 노동이 포함되지 않는다. 또한 농토의 감가상각 역시 농업회계에서는 포함시키지 않는다.

적절한 회계방법을 적용하여 농산물 가격을 책정한다면 농민의 삶과 농촌지역의 안정이 보장될 것이다. 초기에는 몇몇 농산물의 가격이 상승될 가능성이 있지만, 나중에는 안정을 되찾을 것이다. 그러한 일시적 상승은 저소득층에게 어려움을 발생시키지 않을 것이다. 누구에게나 보장되는 최저임금에 이 상승분이 포함되기 때문이다.

오늘날 전 세계 많은 소규모 농가는 적절한 생활수준, 심지어 생존을 유지할 수 있는 규모의 농토도 가지고 있지 못하다. 반면, 큰 땅을 가진 대농가들은 경작지 단위당 낮은 소출을 내며, 넓은 땅을 제대로 이용하지 못하고 있다. 그러므로 경제성 있는 영농 규모란 너무 넓어도, 너무 좁아서도 안 된다.

농업협동조합

프라우트에서는 농업협동조합을 농업경영의 이상적인 형태로 본다. 협동조합은 농부들이 자원사용, 농자재 구매, 생산물의 보관 및 판매 등을 공동으로 할 수 있게 한다. 가장 중요한 것은 농민들이 '중간상'(농민들에게 매우 싼값에 사서 도시의 소매상들에게 높은 가격에 파는 상인들)을 배제할 수 있다는 것이다. 농업협동조합은 소비자 협동조합에 직접 판매를 하게 되어 있어, 양자 모두 혜택을 받게 된다.

프라우트에서 구상하는 협동조합은 과거 소비에트연방, 중국, 기타 공산주의 국가들에서 실패한 국가관리 집단농장communes과는 전적으로 다르다. 이들 집단농장은 낮은 생산성으로 심각한 식량부족을 자주 초래했다. 사유재산권과 인센티브를 부정하여, 일하는 사람들의 참여의식을 창출하는 데 실패하였다. 중앙당국은 계획과 할당량을 지시했고, 농민들은 아무런 의견제시도 할 수 없었다. 강압과 처형을 통해 집단농장 제도를 유지해 왔다.

프라우트는 농경지의 강제수용이나 강요를 통해 농민들을 협동조합에 참여시키지 않는다. 토착 농민들의 경우, 조상 대대로 물려받은 토지에 대한 애착이 대단히 강하다. 그래서 땅을 잃느니 차라리 죽음을 택하는 농부도 있다.

그러므로 프라우트에서는 해당 지역마다 경제적으로 합당한 최소한의 토지규모를 먼저 파악한다. 그 다음 최소 수준보다 작은 땅을 갖고 있거나, 최소 산출수준에 미치지 못하는 땅을 소유한 소농들에게, 그들의 토지 소유권을 인정해 주는 조건으로 협동조합에 참여하도록 권유한다. 협동조합에서는 토지와 노동에 대해 보수를 지불한다. 이때 보상 기준으로는, 참여한 노동량의 보수액과 협동조합에 기여한 토지 비중에 대한 보상액이 대체로 같도록 책정한다. 그리고 농업 이윤을 보너스 시스템에 근거하여 분배하는 제도도 둔다. 이렇게 함으로써, 사람들의 소유권에 대한 내재적인 욕구와 자신에게 결정권이 있다는 심리 등에 배치되지 않게 한다. 또한 선출을 통한 조합경영관리체제를 구축하며, 경영에 관여한 사람들에게는 능력에 따라서 보상을 해준다. 그리하여 훌륭한 경영과 혁신을 끌어내는 인센티브로 활용한다.

이런 방식의 협동조합 시스템이 갖는 주요 장점은 한 농가가 개별적으로 할 수 없는 농기계의 공동구매 등을 가능하게 해준다는 점이다. 또한 농지가 많지 않고 인구밀도가 높은 국가들에서는 토지의 경계선이나 담을 만드는 데 많은 농지가 낭비되는데, 협동조합을 통해서 이런 땅을 즉시 활용할 수 있다는 것도 장점이다. 그리고 소비자 협동조합에 직접 판매를 함으로써, 농민들은 더 높은 값으로 자신들의 농작물을 판매할 수 있게 된다.

한편 비생산적으로 활용되는 개별적인 대규모 토지들은 자연스럽게 협동조합으로 들어오게 될 것이다. 협동조합에 참여함으로써 더 높은 수익을 얻기 때문이다. 이런 식으로 농업협동조합의 성공과 장점이 대중들에게 잘 알려지게 된 후에는, 모든 농토의 소유자들에게 자발적으로 협동조합에 참여할 것을 권유하면 될 것이다.

전인적인 인간 성장을 이루려는 프라우트 사회에서는 진정한 의미의 함께하는 정신이 강화될 것이다. 그러므로 토지에 대한 개인 소유권은 점점 그 중요성을 잃을 것이다.

이상적인 농업

토지를 최대한 활용하는 것은 프라우트의 주요 목표 중 하나다. 이 목표를 성취하기 위해 사카르는 세 종류의 대안 경작제도를 주창하였다. 즉, 혼작 mixed cropping, 보충작supplementary cropping, 윤작crop rotation 등이 그것이다. 혼작은 한 경작지에 상호보완적인 작물을 심는 것으로, 고랑마다 각각 다른 작물을 번갈아 가며 심으면 된다. 이 기법은 토지의 빈 공간을 더욱 활용하고, 토양 침식을 줄이고, 물을 보존한다. 또한 자연스러운 작물 간

보완관계를 활용한다. 예를 들면, 한 작물이 질소를 사용한다면 다른 작물이 그것을 공급해 주는 식이다.

보충작은 주작물 주위에 있는 여분의 땅을 활용하는 것이다. 그 여분의 땅에 두 번째 작물을 심는 것인데, 예를 들어 복숭아나무 밑에 가지를 심을 수 있다.

윤작은 각기 다른 경작 시기에 작물을 심는 것이다. 아열대 기후에서는 윤작으로 1년 내내 같은 땅을 생산적으로 사용할 수 있다.

집합적 영농integrated farming은 지속가능한 모든 종류의 농업 생산을 함께하는 것이다. 양봉, 과채, 화원, 양잠, 낙농, 축산, 어장 등이 이에 포함된다. 프라우트에서는 다양한 종류의 씨앗들을 수집하고 여러 곳으로 분배하여, 우리 행성의 생태적 다양성을 보존할 것을 중요시 여긴다.

재생 에너지원 역시 바이오가스(유기물질 발효 탱크에서 생산되는 부산물), 태양열, 풍력 등으로 개발할 수 있다.

지속가능 농업을 가능하게 하는 가장 핵심적인 주제는 물의 보존이다. 지하수를 보존하는 것은 생태적 균형에 절대적으로 필요하다. 그러므로 관개 및 기타 목적에서는 관정수보다 지표수 사용을 우선한다. 산림의 재조림으로 강우량을 증가시키는 것과, 작은 호수 및 연못들을 많이 건설하여 빗물을 저장하는 것이 매우 중요하다. 특정한 나무들은 뿌리에 물을 머금고 있는데, 이러한 나무들을 강가나 호수 및 연못 주변에 심는다. 그러면 물의 증발을 방지하고 수위를 유지하는 데 도움이 된다.[5]

네오휴머니즘 정신이 농업부문에 적용되는 시점이 오게 되면, 축산업에도 변화가 올 것이다. 수천 년 동안, 집에서 소규모로 기르는 가축들은 농업에 기여해 왔다. 예를 들면, 토양을 가축 거름으로 비옥하게 하고, 풀을 우유로 변환시키는 것 등이 그것이다. 그러나 현재의 축산업과 양계산업은 커다란 생태적 파괴를 불러일으키고 있다. 현재 전 세계 축산농가의 가축 수는 1950년에 비해 500%나 증가했다. 이는 지구 인구의 세 배에 달하며, 지구촌 곡물의 반을 소비하고 있다.

가축들을 도살하기 위해 기르는 것은 잔인한 일이다. 그리고 식량의 공급 측면에서도 비효율적이다. 도살용 가축을 기르기 위해 사용하는 광대한 땅과 엄청난 양의 물이 인간을 위한 옥수수, 콩 등의 곡식을 기르는 데 사용된다면, 훨씬 더 많은 사람들을 먹여 살릴 수 있을 것이다.

높은 육류소비가 건강에 미치는 나쁜 영향에 대해 많이 알려지고 있다. 프라우트에서는 현재 일어나고 있는 육류소비 감소 추세를 건강과 생태적인 이유에서 지지한다. 이러한 감소 추세는 정기적인 캠페인을 통해 대중을 교육시킴으로써 더욱 고무되어야 한다.

농촌 개발: 농산물 가공 및 농기계 산업

농촌의 빈곤은 세계 대부분의 지역이 당면하고 있는 매우 심각한 문제다. 자유시장 자본주의는 농촌경제의 발전에 대해서는 거의 관심을 기울이지 않고 있다. 부유한 국가에서는 대도시에서 자동차로 한두 시간 나가야 가난한 지역을 볼 수 있다. 공업중심적 산업화는 대부분 도시를 중심으로 해서, 잘 갖추어진 기반시설, 수송수단, 값싼 노동력의 접근성 등을 기반으로 해서 일어났다. 이는 농촌지역의 인구를 고갈시키고, 지속적으로 커지는 공룡도시를 만들어 가고 있다. 이런 현상은 특히 남반구의 경제적으로 낙후된 지역에서 더욱 심하다.

빈곤에 찌든 농촌경제에서 소득의 주원천은 농사, 그리고 목재나 광물과 같은 원자재를 추출하는 것이다. 프라우트에서는 농민이 필요로 하는 산품을 생산하는 산업과, 또한 그 지역 농산물을 가공할 수 있는 산업을 그 지역 내에 설치할 것을 제안한다. 농촌산업은 농촌의 일자리를 창출하며, 농촌 사람들의 생활수준을 향상시켜 경제적 민주주의의 중요한 일부분을 이룬다.

애그리코 산업agrico-indusrty이라는 용어는 '수확 전pre-harvest' 산업을 말한다. 농민들이 농사를 짓는 데 필요한 농기구, 가축 및 동력 장비, 씨앗,

비료, 온실, 병충해 방제물질 등을 일컫는다. **애그로 산업**agro-industry(농산물가공 산업)은 '수확 후post-harvest' 산업을 의미하며, 농산물 원재료를 가공품으로 만드는 것이다. 제분, 착유, 섬유 및 제지공장, 과일과 채소 보존 및 가공, 유가공, 약초실험실 등이 그것이다.

침체된 농촌지역은 농업협동조합과 함께 교육의 향상, 통신시설의 개선, 수공업의 개시 등으로 다양화되고 다시 활기를 띠게 될 것이다. 이는 바로 프라우트의 목표인 과밀한 도시 인구를 소규모의 지속가능한 인간적인 농촌으로 유치하는 것과 부합된다.

균형을 이룬 경제

경제면에서 과도한 발전이나 저개발은, 양자 모두 경제적·정치적 불균형을 초래한다. 이런 균형의 상실은 인간의 진보를 막고, 환경재난을 자주 불러온다.

많은 개발도상국가들(인도, 아프리카, 중국 등)에서는 농업부문에 종사하는 인구 비중이 매우 높다. 인구의 40% 이상이 생계를 직접적으로 농업에 의존하는 자급적 생존 농업은 토지를 지나치게 이용하게 만든다. 반면, 과도하게 공업화된 국가는 대개 농업국가들을 자국의 영향 아래에 두어 값싼 농산물의 공급원으로 하는 한편, 자신들의 소비재를 파는 시장으로 이용하려 한다.

프라우트에서는 교역상의 갈등을 줄이고 균형을 이루려면 모든 지역이 안정적이고 믿을 만한 식량 공급처를 갖고 있어야 하는 동시에, 발전된 공업부문도 갖고 있어야 한다고 주장한다. 이를 위해서는 한 지역의 근로 인구는 다음과 같은 비율로 나뉘어야 한다. 즉, 근로 인구의 20~40%는 농업(자연자원 보존 및 채굴 산업 포함)에 종사해야 하며, 10~20%는 애그리코 산업에, 10~20%는 애그로 산업에, 10%는 무역 및 상업부문에, 10%는 서비스부문, 행정부문, 경영부문, 공공봉사 부문에, 그리고 20~30%는 농업과 관계없는 제조업 부문에 종사해야 한다.

현재 대부분의 국가 상황은 이런 비율과 판이하게 다르다. 미국은 인구의 1% 미만이 농업에 종사하고 있으며, 26%는 공업에, 그리고 72%는 서비스업과 무역업에 종사하고 있다. 브라질의 경우 26%가 농업에, 23%는 공업에, 13%는 상업에, 그리고 36%는 서비스업에 종사한다.[6]

사카르는 농업에 종사하는 인구의 비중이 20% 이하로 떨어지면, 농업이 갖는 중요성이 무시될 거라고 경고했다. 이런 현상이 오늘날 일본에서 일어나고 있다. 겨우 4%만이 농업에 종사하며, 식량의 자급도는 30% 미만이다. 이것도 더욱 감소되고 있는 것으로 추산되고 있다.

인간과 자연은 서로 연결고리가 유지되어야 한다. 그것이 자연으로부터 우리가 식량을 공급받기 때문만은 아니다. 수많은 사람들이 땅으로부터 유리되고, 자연과 더불어 살면서 일하는 경험을 상실하게 되면, 집단적인 혼란과 소외감이 발생하게 된다. 북미 인디언과 생태심리학자들은 미국사회의 많은 사회적 병리들이 이와 같은 '지구 어머니'로부터의 소외에 기인한 것이라고 이야기한다. 사카르는 다음과 같이 경고하였다.

"지나친 산업화가 우리 내면에 끼치는 해로운 결과는 개인, 사회, 국가에 악영향을 미친다. 뿐만 아니라, 점진적으로 개인 및 집단의 심리적 타락을 촉진시킬 것이다."[7]

세계 선진국에서는, 지역 농부들이 공급할 수 없을 정도로 유기농산물에 대한 수요가 급속히 증가하고 있다. 그런데 놀랍게도, 많은 미개발 열대지역의 국가들은 농촌지역에서조차 과일과 채소가 너무 비싸다고 불평한다. 그 이유는 신선한 농산물이 그 지역에서 경작되지 않기 때문이다. 농업협동조합은 선진국과 후진국 모두에서 훈련, 지원, 효율적인 근로 여건, 일자리가 없는 사람들에 대한 혜택 등을 제공함으로써, 이와 같은 문제점들을 해결하는 데 도움을 줄 수 있다.

일본의 역사를 보면, 이와 같이 변화된 선례가 있다. 일본정부는 제2차 세계대전 후 농업개발에 지대한 노력을 경주하였다. 일본은 직업을 잃은 수많은 군인과 해외에서 귀국하는 국민들의 노동력을 성공적으로 흡수하였다.

　대부분의 소규모 농업은 뼈가 빠지게 일해야 하는데, 아무도 그것을 원하지 않는다. 이것이 바로 젊은이들이 농촌을 등진 또 다른 이유이다. 사람들을 다시 농촌생활로 유인해 들이기 위해서는, 제조업을 보다 효율적으로 만들기 위해 발휘된 열정을 농업부문에도 그대로 적용시킬 필요가 있다. 농촌지역 산업의 부흥, 근로시간의 단축, 활발한 연구 및 개발이 필요하다. 아울러 농업협동조합은 현재 농업 이외의 산업부문에 집중되어 온 모든 기술적, 경영적, 지적 기술들을 농촌의 삶이 더욱 흥미롭고 매력적이 되도록 활용해야 할 것이다.

　일본, 유럽, 미국에서는 농업에서의 새로운 시도가 확산되고 있다. 이를 미국에서는 CSA, 즉 '지역사회가 지원하는 농업Community Supported Agriculture'이라 부르며, 일본에서는 '얼굴을 보이는 농업'이라 부른다. 무농약 계절작물을 지역에서 생산하는데 농부와 소비자가 함께한다. 매 봄마다 소비자들은 농민들의 경비를 일정 부분 지불한다. 이것은 농민들이 높은 이자의 은행 대출을 피할 수 있게 한다. 소비자는 투자에 대한 보답으로, 매주 신선한 제철 농산물을 공급받는다. CSA 농장은 지역의 지속가능한 농업을 지원한다. 또한 소비자들이 농장을 방문하고, 추수 때는 도와주도록 고무시킨다. 오늘날 이와 같은 농장들이 수백 개 존재한다. 이는 생산자 협동조합이 소비자 협동조합에게 판매하는 경제적인 상호호혜의 훌륭한 본보기다. 또한 도시 거주자들로 하여금 시골 농장에서 더 많은 시간을 보내도록 만든다.[8]

균형 경제로 전환할 경우 오는 혜택[9]

프라우트에 기반을 둔 농업혁명을 통해 국가는 다음과 같은 혜택을 얻게 될 것이다.

1. 수출과 수입에 대한 의존도가 줄어들어 무역마찰이 감소될 것이다.

2. 지역의 수요에 기반을 둔 새로운 일자리와 보다 안정된 일자리를 창출한다.

3. 식량 자급도를 높여 국가 안보를 보장한다.

4. 국가가 국제금융기관의 압력으로부터 자유로워지며, 지역주민들이 지역의 필요에 기반을 둔 의사결정을 할 수 있게 된다.

5. 내수 의존도의 증가를 통해, 국제경제가 급변하는 상황과 기타 예측치 못한 사건들로 인한 위험성이 줄어들게 된다.

6. 대도시 거주자들에게 농촌의 농업협동조합, 애그로 및 애그리코 산업 부문의 고용 기회를 제공함으로써, 시골로 이주하도록 유인하여 대도시의 인구 과밀을 줄인다.

7. 농촌지역의 경제와 문화의 부흥을 촉진시킴으로써, 국민들이 자연과 더욱 밀착된 삶을 살게 된다.

8. 농촌으로의 인구 유입은 농촌 지역에 더 많은 집과 큰 집들을 건설하고 개선하도록 유도할 것이다. 이것은 나아가 건설, 가구, 가정용품 산업을 촉진할 것이다.

9. 유기농업으로의 전환, 기업식 농업으로부터의 일탈, 그리고 공장 및 도시 오염의 감소 등을 통해 환경을 개선한다.

사라질 위기에 처한 열대우림

글로벌 자본주의는 모든 자연자원에 대해 심각한 압박을 가하고 있다. 그 중에서도 자본주의의 가장 위험한 영향력은 세계의 열대우림을 지속적으로 파괴하는 것이다. 그것은 우리가 사는 바로 이 지구를 위험으로 몰아가는 것이다.

아마존의 열대우림은 세계에서 가장 큰 삼림으로, 브라질에서 시작되어 여덟 개 나라에 뻗어 있다. 아마존 열대우림은 미국 대륙과 맞먹는 넓이다.

아마존에는 상상을 초월할 정도로 다양한 동식물의 생태계가 있어, 이를 다 알 수 없을 정도다. 아마존 강에 서식하는 물고기의 종류는 유럽의 모든 강에 있는 물고기 종류를 다 합친 것보다 많다. 그리고 생물권 보호구로 지정된 페루 소재의 마누 국립공원Manu National Park에는, 미국 전역에서 발견되는 새보다 더 많은 종류의 새가 서식한다.

과학자들은 지구 전체 산소량의 40%를 아마존 열대우림이 뿜어낸다고 추정하고 있다. 삼림은 대기의 탄산가스를 제거하는 자연의 중요한 수단이기도 하다. 사카르는 아마존을 '지구의 허파'라고 불렀으며, 프라우트주의자들에게 아마존을 보존하는 데 앞서서 싸우라고 촉구하였다.

브라질의 군사독재 기간(1964~1986년)에 정부는 아마존을 개발해서 많은 주민들을 이주시키는 거대한 계획을 시작하였다. 그 이후 수많은 개인과 기업들이 토지와 돈을 위해 아마존으로 들어갔다. 그들 중 많은 사람들이 물질중심주의와 부정부패에 이끌려 들어간 것이다.

아마존 지역 대부분의 토양은 비옥도가 중하급이다. 그런데 정부는 소위 '토지개혁'이라는 이름 아래, 그곳의 토지들을 소규모 농가에게 분양하였다. 사람들은 이곳의 삼림을 없애고 커피와 기타의 작물을 심었다. 이 박토는 불과 수년 만에 황폐해지기 시작했다. 농민들을 다시 새로운 땅을 찾아 나서고 그 땅은 완전히 황폐화된다. 한편 목축업자들은 이 버려진 땅을 사들여 넓은 축산지를 만든다. 로도니아Rondonia 주가 그러한 지역이다. 인구는 고작 130만 명에 불과한데, 가축은 800만 두가 있다.

목재는 사람들이 아마존에서 가장 탐을 내는 자원이다. 거대한 통나무를 실어 내는 대형 트럭의 끝없는 행렬은, 프라우트주의자이며 산림보존 엔지니어인 에데밀손 산토스Edemilson Santos의 가슴을 아프게 한다. 그는 쿠리티바Curitiba 지역 출신으로, 1999년에 가족과 함께 아마존의 심장인 로도니아 주로 이사왔다. 그가 사는 롤림 데 모라Rolim de Moura 지구를 위성사진으로 보면, 그 지역의 90%에 해당하는 1,300㎢의 숲이 없어졌다. 그곳 대부분은 목축지가 되었다. 목재회사들은 법적으로 허가받은 지역에서만 벌목하지만, 그런 지역은 거의 다 소진된 탓에 보존지역에서도 불법적인 벌목을 한다. 지구정상회의Earth Summit가 리우데자네이루에서 열린 지 15년이 지났지만, 환경파괴는 조금도 줄어들지 않고 계속되고 있다.

삼림보존을 위한 전략

오늘날 브라질에는 다양한 종류의 보호삼림이 있다. **영구 보존지**는 취약한 생태계에 속하거나, 또는 사회적인 중요성의 이유로 결코 벌목이 허가될 수 없는 지역이다. 영구 보존지에는 생태연구 목적의 보존지역, 생태관광을 진흥시키는 국립 및 도립공원 등이 포함된다. 열대우림에는 샘물, 실개천, 하천, 강, 섬들이 다양하게 존재한다. 이들 습지의 양쪽 100m 주변지역이 큰 중요성을 지닌 취약한 생태계여서, 브라질 삼림법은 그 지역의 숲을 보호하고 있다.

　인디언 원주민 보호구역 역시 보호되고 있다. 불행하게도, 브라질에서는 국제법과는 달리 인디언들은 민법상 미성년minors으로 취급되어, 그들이 사는 땅에 대한 소유권을 가질 수 없게 되어 있다. 각 보호구역은 정부 소유로, 어느 때든지 그 구역이 축소되거나 환수될 수 있다.

　또 다른 보호구역은 **채취 보존지**로서, 거주하면서 나무를 자르지 않은 채 천연고무 원액, 견과류, 약초 등의 채취와 사냥 및 어획 활동을 할 수 있도록 허용된 곳이다. 그 지역에 이해관계가 있는 이기적인 사람들은 채취 보존지에서 주민들을 몰아내려 한다. 한 예로, 1988년에 생태주의자인 치코 멘데스Chico Mendes는 주민들을 보호하다 암살당했다. 정부는 숲에 사는 사람들과의 협력관계를 증진하는 과정에서, 그들이 솜씨 있게 땅을 잘 보호한다는 점을 알게 되었다. 그러나 불행하게도, 이들의 생산품은 제값을 받지 못해 숲속의 많은 공동체가 힘들게 살아가고 있다. 다만, 협동조합을 결성한 사람들의 형편은 조금 나은 편이다.

　돈만 추구하는 자본가들은 이러한 삼림보존 지역에 엄청난 압박을 가하고 있다. 불법적인 벌목꾼이나 광산업자들은 끊임없이 이들 보존 경계를 잠식해 들어오고 있다. 정부의 몇 명 되지 않는 삼림보호 경비원들은 자신들의 신변안전을 위해서 자동소총들을 소지하고 다녀야만 하는 처지다.

다른 착취자들은 삼림을 베어 내기 위한 교묘하고 합법적인 전략들을 짜내고 있다. 현재 브라질 국회에서는 앞에서 언급된 숲의 습지보호 구역을 100m에서 30m로 줄이는 법안이 논의되고 있다. 이 법이 통과된다면, 더 많은 숲이 잘려 나갈 것이며, 생태계를 더욱 약화시킬 것이다. 부패한 정부 관료들과 정직하지 못한 삼림 전문가들은 교묘한 사업제안서를 작성하고 있다. 이런 사업제안서는 옳은 것같이 보이지만, 실질적으로는 목재회사들에게 보호지역에서 벌목하는 권한을 부여하는 것이다. 몇몇 주 정치인들은 광대한 목축장을 소유하고 있는데다 강력한 세력을 가지고 있어서, 환경관련 법을 어겨도 처벌되지 않는다. 이 모든 것들은 소위 '개발'이라는 미명하에 이루어지고 있다.

숲에서 자원을 채취하여 살아가는 몇몇 지역공동체와 인디언 부족들은 목재가 보장된 시장가격을 가장 높게 받을 수 있는 삼림자원임을 깊이 인식했다. 그리하여 이들은 국내외 관련단체들의 지원에 힘입어 **지속가능한 임업 경영**Sustainable Forestry Management이라는 대안적 사업을 시작했다. 이는 선별된 목재를 삼림공학 기술을 적용하여 숲을 손상시키지 않고 베어 내는 것이다. 이 전략은 임업자원을 최대한 활용하는 데 우선순위를 두고 부작용을 최소화하는 등 지속가능한 방법을 이용하는 것이다. 이는 불법적인 벌목 또한 줄일 것이다.

브라질의 법은 아마존 지역의 각 토지소유자들로 하여금 그들의 땅을 최고 80%까지 삼림으로 보존하도록 요구하고 있다. 산토스와 다른 임업 자문가들은 소농들이 자신들이 소유한 숲을 합쳐서 지속가능한 임업경영 방법을 적용하라고 권고하고 있다. 그렇게 얻은 소득은 협동조합이 소유하고 있는 기계, 시설, 애그로 산업 등에 다시 투자된다. 또한 산토스는 소규모 농지를 가진 사람들이 어떻게 재조림을 해야 하며, 황폐된 땅을 어떻게 다

시 경제적으로 생산성 있는 땅으로 만들 수 있는지를 알리고 있다.[10]

원주민의 약초 지식

아마존에는 약 6만 종의 식물이 자라고 있다. 정글에 사는 토착민들은 수천 년에 걸친 시행착오를 통하여, 수천 종에 달하는 치료 효능을 지닌 식물에 관한 폭넓은 지식을 계발해 왔다. 그러나 현재 그곳은 식물의 생태계가 파괴되고 있고, 토착문화도 빠른 속도로 사라지고 있다.

미국의 몇몇 복음주의 개신교 선교사들이 토착 원주민의 멸종에 책임이 있다는 사실이 기록에 잘 나타나 있다. 그들은 임박한 구세주의 재림과 지구의 멸망을 예언하면서, 마지막 심판의 날이 오기 전에 영혼들을 구원하려고 노력한다. 선교사들은 원주민 공동체가 현대사회로 전환되는 과정에서 필요한 도움을 주는 데에는 전혀 관심이 없다. 지난 30여 년간 중미와 남미에 살던 수십 개의 오지 원주민 종족들은 '신 종족 미션New Tribes Mission'과 '여름 어학 연수원Summer Institute of Linguistics' 때문에 사라질 위기에 처해 있다. 선교사 그룹은 인디언들에게 먼저 물질적 공세를 편 다음, 토착인의 삶의 방식이 죄악이라고 가르친다. 그들은 마을 원로들의 영향력을 약화시킬 목적으로, 의도적으로 공동체를 이간질한다. 그 결과 주민들은 우울증과 영양실조에 시달리고, 질병과 자살하고 싶은 생각들로 고통 받는다.[11]

이들 선교사들의 영향과 서양 물질주의의 유혹 때문에, 대부분의 젊은 원주민들은 숲의 지식을 배우는 것에 더 이상 관심을 갖지 않는다. 한 샤먼이 자신의 지식을 전수하지 못하고 죽게 될 때마다, 백과사전 같은 다양한 지식이 통째로 사라지는 것이다.

제약회사들은 숲의 식물에서 만들어진 경이로운 약들로 수천만 달러를 벌어들인다. 그러나 이들은 이 약초들을 자신들에게 최초로 알려 준 원주민들에게 한푼도 보답하지 않는다.

서서히 이런 생물 해적행위bio-piracy가 변화되기 시작하고 있다. 민속식물학자ethnobotanist인 마크 J. 플롯킨Mark J. Plotkin은 수리남Suriname 남부의 티리오Tirio 족을 포함하여 여러 아마존 원주민들과 수년을 같이 살면서 약초에 대한 지식을 배웠다. 후에 그는 샤먼 제약회사Shaman Pharmaceuticals의 설립을 도왔다.[12] 이 제약회사는 모든 수익의 일정 부분을 숲 보전 위원회Healing Forest Conservancy에 기부하고 있다. 이 단체는 인디언들을 돕기 위해 설립된 비영리조직이다.[13] 플롯킨은 또한 그가 배운 지식들을 티리오 언어로 번역하여 《티리오 약초 핸드북Tirio Plant Medicine Handbook》으로 출판하였다. 이 책 이전에는 주민들이 갖고 있던 티리오 언어로 된 책은 성경이 유일했다. 그의 업적으로 인해, 몇 명의 원주민 젊은이들은 자신의 부족에 마지막으로 살아 있는 샤먼의 도제가 되어 그 밑에서 공부하게 되었다.[14]

이와 같은 형태의 서양과 원주민 간 교류 지식에서 오는 물질적 혜택을 서로 합작하여 조성하고 나누는 일은, 원주민 문화의 위대한 가치와 지구촌 차원의 잠재적 중요성을 잘 보여 준다. 몇 개의 주요 제약사들이 샤먼 제약회사 및 국제환경보호단체Conservation International[15]에 원주민 지식에 대한 지불을 협상하고 있다.

이러한 선도적인 행위들은 프라우트의 생태계에 대한 비전과 맥을 같이 한다. 그 비전이란 열대우림을 보존하고, 황폐한 지역을 재조림하고, 개개의 문화와 언어를 존중하고, 숲에 사는 사람들과 지식을 공유하고, 주민들의 공동체에 혜택이 되도록 협동조합을 설립하는 것이다. 그러나 글로벌 자본주의가 종지부를 찍을 때까지 열대우림 파괴는 계속될 것이다.

'미래비전' 생태공원

1992년, 브라질의 타투이Tatui에 있는 미래비전 생태공원Future Vision Ecological Park은 최대 활용과 최소 파괴라는 프라우트 원리에 기반을 둔 시범적 공동체로 설립되었다. 상파울로에서 차로 2시간 거리에 있는 100헥타르의 땅은 22명의 전업full-time 공동체 식구들의 기본적 수요를 충족시킨다. 또한 가능한 한 외부의 투입물 및 쓰레기 배출을 적게 하고, 가난에 찌든 농촌 주민들에게 다양한 각종 서비스를 제공한다.

태양광 패널이 조명을 위한 태양 에너지를 생산해 내며, 태양열 온수기는 목욕물을 데운다. 풍력 및 태양으로 동력을 얻는 물 펌프는 관개와 가내용 물을 공급해 주고, 빗물을 모으고 이용하는 네 개의 못은 자연적인 물순환계를 재생시키고 있다. 연못 주변에 심은 나무들은 땅의 침식을 막고 물의 증발을 감소시킨다. '관리된 습지'(수상 식물들에 의한 생물학적인 물 정화 시스템)는 폐수에서 영양소를 골라내어, 그것을 다시 토양으로 돌려보낸다. 이 시스템은 화장실에서 나온 오수를 정화시켜 관개용으로 재사용하게할 정도로 물 한방울도 낭비하지 않는다. 유기물질 폐기물은 발효 방법을 이용하여 재순환을 시킨다. 즉, 공동체에서 필요로 하는 쌀, 콩, 옥수수, 채소, 과일, 양념, 차 등의 식량 대부분을 공급하는 유기농장에서 비료로 사용된다.

약초 농원과 약초 가공 실험실은 약을 자급자족 하도록 한다. 빵집에서는 통밀로 된 빵, 파이, 케이크 등을 만들어 공동체에 공급하고 외부에도 판다. 그리고 12개의 재봉틀을 갖춘 봉제센터에서는, 그 지역 여성들을 상대로 가족들의 옷을 만드는 법을 가르친다. 유치원에서는 지역에 사는 25명의 어린이들에게 네오휴머니스트Neo-Humanist 교육에 기반을 둔, 문화적 · 예술적 배움의 환경을 제공해 주고 있다. 또한 주말에는 스포츠와 무대공연 프로그램들이 좀 더 나이든 어린이들을 위해 계획된다.

건강센터에서는 저렴한 비용의 자연요법인 아유르베다Ayurveda, 자연치유Naturopathy, 약초 및 요가적인 처치법 등을 제공하고 있다. 생태공원의 다양한 시설인 기숙사, 극장, 회의실, 식당 등을 이용하여, 지속가능한 개발, 스트레스 관리, 생체심리학Biopsychology, 자기계발 등 주말 집중 훈련 코스들이 1년 내내 진행된다.

이 통합적인 프로그램의 목표는 농촌개발을 위한 총체적 모델의 사례를 제공하는 데 있다. 총체적 모델이란, 협동조합의 방식으로 이루어지는 고용을 통해 삶의 기본 필수품인 음식, 의복, 교육, 의료 및 주거를 모든 사람들에게 공급하는 것을 의미한다. 동시에, 미래비전 생태공원은 공동체의 모든 회원들에게 육체적 건강과 정신적 · 영적인 발전을 보장해 주려 노력하고 있다. 이는 브라질, 나아가 전 세계로 파급될 수 있는 모델이다.[16]

제7장
계급과 계급투쟁에 대한 새로운 정의

인간 세상이 시작되면서부터 사회를 통치하는 권력은
언제나 특정 계급의 전유물이었다. 아주 오래전에는…
단순히 육체적인 힘에 의해서 사회를 지배할 능력이 결정되었다…
초기 인류문명이 싹튼 이후에도 상당기간 부족장, 왕, 대왕 등은
그들의 육체적 힘에 의존했으며, 그 힘의 도움으로 사회를 지배했었다.
그 후 시간이 지나, 인류의 지적능력이 계발되면서 육체적인 힘 대신
정신적인 힘이 남을 지배하는 필수적인 요건이 되었다.
세월이 더 흐르자 경제적인 발전과 함께 돈이 중요하게 되었다.
돈을 소유하는 자들은 지식인들의 지식과 용맹스러운 자들의
힘과 용기를 좌지우지하였다. 이처럼 사회를 지배할 권한은
돈을 가진 자들, 즉 자본가들의 손으로 넘어가게 되었다.

−P. R 사카르[1]

사회 심리에 기반을 둔 역사관

사카르는 사회 계급에 관해서, 주류 사회학이나 마르크스주의 등과는 판이하게 다른 관점을 제시하였다. 그는 인간이 자연 및 사회 환경과 관계를 맺는 방법에 관한 모델을 만들어, 이 모델을 기반으로 인간의 마음을 네 그룹으로 정의하였다. 산스크리트어로는 이것을 바르나varna, 즉 '마음의 색깔'이라고 부른다. 바르나(마음의 색깔, 즉 계급)의 개념은 계급 역학class dynamics을 분석하는 데 있어서 중요한 모델이다. 이런 분류는 사회 전체에 영향을 미치는 지배적인 힘을 파악하는 데 있어서 유용하다.

이 바르나의 개념을 통해 프라우트만의 독창적인 사회역학social dynamics 및 역사적 분석을 위한 모델을 만들 수 있다. 바르나 이론에 따르면, 어떤 시대건 사회는 네 개의 바르나(계급) 중 하나의 심리성향과 관리스타일에 의해 지배된다. 그리고 사회는 순환의 형태를 그리면서, 또 다른 바르나의 지배를 받는 형태로 변화된다는 것이다. 프라우트에서는 이 두 가지 아이디어를 합쳐 **사회순환 이론**Theory of the Social Cycle이라고 부른다. 즉, 사회순환 이론은 어느 한 사회를 지배하던 가치와 권력의 원천이 하나의 바르나로부터 다른 바르나로 사이클을 그리며 넘어가는 변화를 설명해주는 이론이다.

그 네 바르나는 수드라shudra(노동자 계급), 크샤트리아ksattriya(무사 계급), 비프라vipra(지식인 계급), 바이샤vaeshya(상인 계급)를 말한다.

프라우트의 계급 이론은 인도의 카스트(계급) 제도와는 매우 다르다. 인도의 카스트 제도는 같은 용어를 사용하기는 하지만, 어떤 가정에서 출생했느냐에 따라서 일정 계급으로 고정시켜 버린다. 사카르에 의하면 바르나는 사람의 심리적인 성향으로서, 어떤 주어진 환경에서 그 사람이 생존 및 성장을 해나가는 특별한 하나의 스타일을 나타내는 것이다. 바르나란 또한 소득이나 재산의 수준에 근거하여 일정한 사회적 계급으로 묶는 것(부유층, 중산층, 저소득층 등)과도 다르다.

개인적인 차원에서 볼 때, 각 개인은 네 가지의 모든 바르나(성향)를 혼합한 성향을 가진다. 그러나 하나의 심리 성향(바르나)이 지배적으로 나타난다. 만일 어떤 사람이 자신의 마음을 계발하면, 그 사람은 네 가지 바르나 성향 중 한 가지 또는 네 가지 모두를 동시에 가질 수도 있다.

대중들은 자신의 잠재력을 일깨울 수 있고 활용할 수 있는 사람을 지도자로 따르거나, 이들의 지도나 긍정적 자극 등을 받고자 한다. 따라서 사회의 지도자는 계급(바르나)이나 문화에 상관없이 어디서든 나올 수 있다.

수드라(노동자)

첫 번째 계급인 수드라는 다른 계급보다 단순한 성격들을 보이는 사람들로서, 본능과 물질적 여건 및 사회적 환경에 이끌린다. 세속적인 기쁨과 생존이 이들 계급의 마음을 지배한다. 수드라의 마음에는 높은 열망이나 역동성이 결여되어 있다. 물론, 이들의 마음은 아주 오래 전의 고대인들에 비해서 더욱 발달되었다. 수드라는 집단심리의 흐름을 따라 살아간다. 이 계급의 성향은 기본적으로 대중심리에서 잘 나타난다.

일반적으로 정치적인 문제에 개입하지 않거나, 사회정의를 위한 투쟁에 뛰어들어 보지 않은 보통 사람들이 이러한 특징들을 나타낸다. 그러나 이런 태도들은 그들의 의식이 높아지고, 자신의 권리와 타인의 권리를 위해 투쟁하기 시작할 때 변화한다. 그들의 마음은 확장되며, 새로운 기술을 획득하고, 멀리 내다볼 수 있게 된다. 그리고 바르나도 변화되기 시작하여, 무사 및 지식인 계급으로 발전한다.

크샤트리아(무사)

두 번째의 바르나는 무사의 성향을 지닌 사람들이다. 이들은 주어진 환경에 대해서 육체적인 힘과 용기, 투쟁 정신으로 대응한다. 도전과 역경을 기꺼이 받아들이는 이런 사람들이 크샤트리아로 불린다.

무사 계급이 지배하는 사회는 사회적 가치인 명예, 기율, 남을 위한 자기 희생에 큰 중요성을 부여한다. 그러나 동시에 이들은 권위, 혹독함, 무자비한 경쟁 등에 대한 맹목적인 복종을 강조하는 경향이 있다. 고대의 사회와 근대의 군사독재 및 공산독재 사회가 무사 지배 사회의 본보기이다. 이와 같은 마음의 성향을 가진 사람들은 운동과 무술, 군인, 경찰, 소방수, 재난 구호 등의 직업을 선호한다.

비프라(지식인)

지성이 발달된 사람으로서, 자신들의 지적능력을 이용하여 사회에 영향을 미치고자 하는 사람들이 여기에 속한다. 지식인층이 지배하는 시대에는 과학, 종교, 문화의 발전이 많이 이루어진다. 비프라 시대는 그 사회가 어떤 규범을 갖고 있으며, 어떤 정치체제인가에 따라 서로 다른 특징들을 나타낸다. 그 사회에서 가장 영향력 있고 막강한 사람은 전제군주 체제에서는 재상이 되고, 민주주의 체제에서는 각료가 된다. 그리고 신탁정치 체제에서는 성직자가 되는 것이다. 그 사회의 집단정서는 종교적, 문화적, 그리고 지적인 추구에 의해서 지배된다. 식민지시대 이전의 아시아의 힌두교 및 불교 사회와 중세의 가톨릭교회가 지배하던 유럽, 그리고 현재의 몇몇 이슬람 근본주의 국가들은 본질적으로 지식인(비프라) 사회들이다.

바이샤(상인)

네 번째 바르나는 바이샤로, 상인 또는 기업가 계급이다. 이 계급은 자산을 관리하고 축적하는 데 뛰어나다. 고대에는 무사들이 지배하고 중세에는 지식인들이 지배했던 것처럼, 상업적 가치들이 현대사회를 지배하고 있다. 자본가(바이샤) 시대에서는 기업의 리더와 경영자들이 영웅처럼 묘사된다.

부와 권력이 인간의 위대함을 나타내는 특징으로 받아들여지는 것이다.

여러 사회와 사회의 순환

네 가지 바르나 시대 중 어떤 시대건, 그 시대 초기에는 정치, 문화, 경제 등 모든 면에서 커다란 역동성이 느껴진다. 이것은 새로운 지도자들이 부상하여 대중들을 구질서의 억압적인 체제들로부터 해방시키기 때문이다. 이런 순기능적이고 긍정적인 경향은 새로운 지배 계급이 사회에 대한 그들의 통제를 확고히 하면서 정점에 이른다. 그러나 시간이 흐르면 새로 등장한 지배 계층이 대중들의 기본적인 욕구충족조차 희생시켜 가면서 그들의 권력을 지속시키려고 안간힘을 쓰게 된다. 이에 따라 사회가 침체되기 시작된다. 그리고 사회적 동요가 증가한다.

사회는 수드라(노동자) 시대에서 크샤트리아(무사) 시대로 바뀌고, 다시 비프라(지식인) 시대에 이어 바이샤(상인) 시대로 순환이 이루어진다. 이런 사회의 순환은 역사적으로 이미 나타난 자연스런 순서다. 그런 다음에는 다시 동일한 순서로 새로운 사회의 순환이 이루어진다. 혹자는 역사를 순환적인 관점에서 보는 것은 인간 진보의 가능성을 인정하지 않는 것이라고 반대할 수도 있다. 그러나 우리는 역사가 계속적으로 원을 그리며 움직이면서, 동일한 궤적을 그린다고 주장하는 것이 아니다. 다시 말하면, 사회순환의 진행 모습은 하나의 나선형에 비유될 수 있다. 즉, 그것은 순환적이되 명확한 진보의 방향으로 나아가는 것이다. 여기서 진보란 의식의 커다란 확장을 향한 움직임이라고 말할 수 있다.

첫 인류가 탄생한 후, 수드라는 인간에게 적대적인 자연에서 살아남기 위해 발버둥쳤다. 위협적인 환경과의 갈등, 음식 및 기타 필요한 것들을 둘러싼 그룹들 간의 충돌을 통하여 인간의 마음은 서서히 복잡해지고 강하게 자라났다. 이러한 과정을 통하여, 어떤 이들은 자신감, 용맹성, 그리고 다른 사람들과 주변의 환경을 다스리고 지배할 수 있는 능력을 길러 갔다. 이러한 식으로 무사적인 성향이 나타나게 된 것이다.

그런데 이들 석기시대의 무사들은 사회라고도 부를 수 없었던 무질서한 인간의 '무리'에서 발전하여, 가장 초보적인 '사회'의 기본골격을 형성했다. 이런 초기의 인간사회에서 이들은 씨족이나 부족을 형성하면서 그 사회를 이끌어 가기 시작하였다. 단결, 규율, 그리고 사회적인 책임의식들이 서서히 이들 종족중심의 사회에서 발전되었다. 이 무사 계급 시대의 초기는 모계중심이었다. 이들 종족들은 우두머리 역할을 하는 여성들의 명령을 받았다.

아직은 결혼제도가 정착되지 않았기 때문에, 여성은 어머니로서 종족의 모든 존경을 받았다. 또한 종족의 생존을 위한 모든 결정들에 있어서 가장 큰 목소리를 내었다. 이와 같이 여성들은 석기시대부터 부계사회 초기까지 수천 년 동안 사회를 이끌어 감으로써, 인류의 역사에 기여하였다.

무사시대에는 자연과의 투쟁 및 인간들 간의 투쟁 속에서 인간의 지적 능력이 계발되기 시작하였다. 서서히 부상하기 시작한 지식인(비프라)들의 창의력은 최초의 과학적인 성취를 이뤘다. 그 결과 이들은 불, 활과 화살, 바늘과 실, 쟁기, 옹기, 가축 사육, 농업 기술 등을 인류에게 제공하였다. 이런 긴 과정을 거치면서 지식인들은 점점 더 지위가 향상되었고, 무사 계급의 지도자들이 가장 아끼는 자산이 되었다. 전쟁도 점점 복잡하게 되었고, 보다 우월한 무기와 전략이 무력이나 싸움기술과 마찬가지로 중요하게 되었다. 전략을 구사하는 예리한 두뇌가 없이는 전쟁에서의 승리가 불가능해졌다.

무사시대는 선사시대에서 시작하여 로마제국, 중국의 진 왕조, 인도-아리안 족 등 고대사에 등장하는 위대한 제국들이 멸망하는 시기까지 이어진다. 영토 확장과 정복이 일어났던 시기가 무사시대의 황금기였다. 무사 계급은 용맹성, 명예, 규율, 책임감 등의 자질을 가장 중시함으로써 무사 계급 사회를 잘 조직되고 단합되게 만들었다.

무사시대의 후반기에는 남성들이 모계제도의 질서를 부수고, 남성이 지배하는 새로운 체제를 정착시켰다. 이는 결혼제도와 사유재산의 확립을 통해 제도화되었다.

시간이 흐르면서 지식인(비프라), 즉 문인들이 더욱 중요한 위치를 차지하게 되었고, 무사 계급의 왕들보다 실질적으로는 더 많은 권력을 장악하게 되었다. 이와 유사하게, 과거에 부족의 샤먼이 담당했던 역할은 조직화된 종교가 맡게 되었다. 지식인 계급의 가톨릭교회가 성장하게 되었고, 유럽의 그 어떤 왕조보다 더 큰 권력을 장악하게 되었다. 티베트에서는 출가승과 라마가 정치권력과 종교적 권한을 모두 장악하였다. 지식인 시대가 되어 사회통치 방식이 경전과 법률에 기반을 둔 형태로 발전되면서, 무사출신의 왕들은 점점 그 중요성이 약화되었다. 각종 사회적, 종교적, 율법적인 명령들을 통하여 문인, 성직자, 입법가, 자문관 등의 역할을 맡은 지식인들이 사회를 통치하고 사회 발전의 방향을 결정짓기 시작하였다.

비프라 시대에는 교육과 문화가 꽃을 피웠다. 인간들은 새로운 정신적 발전과 의식의 고양을 맞이하게 되었다. 비프라 시대의 황금기에는 문화적, 종교적, 통치구도적 제도들이 강화되었다. 이런 제도들은 과학, 예술, 기타 지적 영역의 활동들이 꽃을 피우도록 했다. 인도, 중국, 동남아에서의 초기 불교국가 시대가 이런 흐름을 잘 보여 주는 예이며, 유럽 중세의 학문적인 수도원들도 그렇다.

시간이 흐르면서 지식인 계급도 대중을 억압하기 시작했고, 대부분 물질적이며 사회적인 특권의 영속화에만 관심을 기울였다. 또한 자신들의 지배력을 유지하기 위해서 자신들이 가진 가장 영향력 있는 도구를 사용했다. 바로 미신, 맹신(도그마), 심리적인 콤플렉스를 다른 계급 사람들의 마음에 심는 것이었다. 여기에는 여성이 남성에 비해서 열등하므로, 남성에게 무조건 복종해야 한다는 것도 포함된다. 그 결과 여성들은 동서양 사회 모두에서 차별을 당했으며, 교육의 기회도 박탈당했다.

비프라 계급의 안락함과 특권의식에 대한 집착은 점차 자신들을 부를 소유하고 있는 바이샤(상인)에게 굴복하도록 만들었다. 한편 바이샤들은 비프라 계급의 땅을 사들이고, 자신들을 위해 봉사하도록 비프라 계급의 사람들을 고용하기 시작했다. 이런 방식으로 상인 계급은 서서히 수적인 면과 영향력 면에서 성장하였다. 부패한 비프라 계급 밑에서 고통 받아 오던 사회에 새로운 역동성을 불어넣었다. 솜씨 좋고 실천적인 바이샤들은 당시 지구를 항해하는 위대한 탐험을 주도했으며, 이미 종말을 고한 비프라 시대의 미신과 퇴폐적인 것들을 점진적으로 극복해 나갔다. 그리고 권력을 장악하게 되면서 새로운 금융적, 정치적, 사회적 시스템들을 만들어 냈다.

그러한 시스템의 하나인 민주주의를 지향하는 운동은 영국에서는 하원의회House of Commons의 설립을, 미국과 프랑스에서는 혁명을 유도하였다. 또한 점진적인 남녀평등의 확대를 이끌어 냈다. 예술과 과학의 커다란 진보들 역시 상인 계급의 후원을 받은 것이었다.

유럽, 이슬람, 미국, 그리고 일본의 제국주의는 바이샤 시대에 발전되었다. 자본가들은 모든 것들, 심지어 인간까지도 이윤을 만들 수 있는 잠재적인 원천으로 보는 경향이 있다. 그들은 노예를 포함한 온갖 자원들을 수탈하려 했으며, 이를 위해 무사 계급을 고용하여 전 세계를 식민지화하고자 했다. 이와 함께 유럽의 자본가들은 남미 및 아프리카 등의 지역에서 그 주민들을 기독교로 개종시키기 위해 신부와 목사들을 부추겼다. 이런 계획이 성공한 모든 지역의 대중들은 예외 없이 더욱 순종적이 되어 버렸다. 이러한 식으로 상인 계급은 세계 여러 지역에서의 노동력과 자원의 착취를 통하여 자국을 공업국으로 건설하였다.

정치적인 통치 역시 실권을 쥐고 있는 '장막 뒤의' 자본가들에 의해서 좌우된다. 모든 자본주의 사회가 그렇다. 대부분의 국가에서 정치 지도자들이 선거 캠페인에 필요한 자금을 조달하기 위해서 '큰 돈'에 의존한다는 것이 이를 잘 말해 주고 있다. 비록 헌법상의 민주주의가 상인시대에 이루어진 긍정적인 발전이었기는 하지만, 오늘날의 상황을 보면 그러한 민주주의는 금권을 가진 사람들이 국가의 경제를 컨트롤하기 위한 하나의 도구에 지나지 않는다.

오늘날 자본주의는 쇠퇴의 길을 걷고 있다. 자본주의 경제에서 요구되는 극심한 경쟁풍토는, 기업들로 하여금 지속적인 성장과 이윤 상승의 성과를 보여 주길 바라고 있다. 그 결과 실업은 늘어나고 근로 대중들의 구매력은 줄어든다. 자연환경도 이윤추구 욕구로 인해 파괴되고 있다. 부자들은 돈을 불려 쌓아 두고, 이로 인해 경제 속에서 돈이 잘 순환되지 않는다. 지식인과 무사 성향을 가진 사람들은 수드라 계급 수준으로 경제력이 약화된다.

프라우트의 사회순환 이론에 의하면, 심화되는 경제적 착취와 궁극적인 시장의 실패로 인하여 일반대중들은 불만에 가득 찬 지식인과 무사 성향 사람들의 영도 하에 봉기를 하게 되고, 마침내는 경제권과 사회적 통제력을 장악하게 된다. 이는 곧 바이샤 시대의 종말과 아울러 새로운 수드라 시대의 시작을 나타내는 것이다.

표면적으로는 바이샤 시대의 질서가 무너지는 상황에서 수드라 사회가 부상하지만, 수드라 시대(근본적으로는 무정부 상태)는 무사 성향의 사람들이 주축을 이룬 혁명 지도자들이 자신들의 권력을 공고히 하는 시점까지만 지속된다. 러시아를 필두로 한 공산주의 국가들에서 있었던 노동자들의 혁명이 바로 이런 단계라고 할 수 있다. 즉, 수드라 혁명을 통하여 바이샤 시대가 종말을 고하며, 새로운 크샤트리아가 지배하는 사회를 초래하는 것이다. 모든 사회는 이런 과정을 반복하도록 되어 있으며, 세계는 나선형의 모양으로 사회순환의 두 번째 단계로 들어가게 된다.

사카르의 사회순환 이론에서 본 브라질의 역사와 미래

1,500년에 처음으로 포르투갈 사람들이 지금의 브라질에 도착했을 때, 적어도 240만 명의 원주민들이 살고 있었던 것으로 추정된다. 무사 계급이 이들 원주민 대부분을 이끌어 가고, 몇몇 지역에서는 지식층인 '샤먼(비프라)' 이 지도자적 위치에 있었을 것으로 보인다. 안타깝게도 오늘날에는 이

들 원주민들이 그 당시의 7분의 1인 35만 명에 지나지 않는다. 현재 원주민은 215개 종족이며, 이들이 사용하는 언어는 사투리까지 합하여 186개에 이른다.

포르투갈 사람들이 브라질에 도착했던 시기의 포르투갈은 귀족, 판관, 가톨릭교회가 지배하던 지식인(비프라) 사회에서 바이샤(상인) 사회로 넘어가던 상태였다. 식민지에서 생산된 막대한 부는 이런 부유한 엘리트들이 새로운 권력 세력으로 자리잡는 데 도움을 주었다. 레오나르도 보프 등은 예전부터 지금까지 사실상 두 개의 가톨릭교회가 존재한다고 주장한다. 부유층의 교회와 극빈층의 교회가 그것이다. 브라질 역사에서 부자와 군대를 위한 가톨릭교회는 자본가들의 금전적 이익을 위해 일해 왔다.

1930년에 있었던 혁명은 근로자 계층에 혜택을 주는 개혁방안들을 도입하여 많은 지지를 받았다. 하지만 자본가 엘리트층의 집권을 종식시키지는 못했다. 군부가 쿠데타를 일으킨 1964년부터 민주적인 정권이 들어선 1986년까지, 브라질은 독재국가였다. 그러나 이 기간에도 힘 있는 자본가 엘리트층은 대통령과 정부 지도자의 권력 승계에 보이지 않는 간섭을 계속하였다.

여기서 살펴본 개략적인 분석을 통해, 많은 변화가 있었던 브라질의 500년 역사에서도 바이샤 계층이 언제나 실권을 쥐고 있었음을 알 수 있다. 이런 사실은 항상 대중들에게 실망을 안겨 주었다. 제아무리 변화가 있어도, 결국 모든 것이 과거와 거의 달라지지 않았기 때문이다.

사카르의 이론에 따르면, 브라질에서의 자본주의는 막바지에 이르고 있다. 기근, 가난, 실업, 불완전고용 등은 매우 심각한 고통을 가져다주고, 과거 어느 때보다도 더 많은 사람들을 괴롭히고 있다. 인간 정신은 이미 밑바닥까지 타락해 있다. 브라질의 빈부격차는 세계 어느 곳보다도 크다. 이러한 사실들은 자본가들이 다른 계층을 크게 착취하고 있음을 분명하게 나타내는 것이다.

브라질이 IMF의 통제를 깨고 '불쾌한 채무' 상환을 중단할 경우에 생길 미국 정부와 국제은행들의 경제봉쇄에 대응하기 위해서, 브라질은 매우 신속하게 자립해야 한다. 프라우트의 모델을 도입하면 그러한 자립 목표를 달성할 수 있다.

자본주의의 최면에서 벗어나지 못하고 있는 브라질 대중들의 마음을 깨뜨리기 위한 방법은 의식의 근원적인 변화가 유일하다. 만약 용감한 투사(크샤트리아)와 사상가(비프라)들이 혁신적이고 풀뿌리 대중이 호응하는 변화를 이끈다면, 질서, 규율, 경제정의 및 연대의식에 기반을 둔 윤리적 사회를 건설할 수 있다.

여성에 대한 착취와 여성의 각성

사카르는 여성에 대한 지배를, 제국주의의 광범위한 문제점과 연결된 하나의 역사적 과정으로 보고 있다. 모계사회가 끝나고 가족제도가 발달하면서, 여성들은 부분적으로 남성들에게 의지하게 되었다. 특히 임신기간과 출산 직후의 경우가 더욱 그렇다. 무사사회에서는 일반적으로 여성에 대한 살인을 금했으며, 여성과 남성의 권한을 모두 존중하였다. 그러나 지식 계급이 사회의 통제권을 잡으면서, 이들은 자신의 권력을 지키기 위해 종교적 칙령과 소위 말하는 '신으로부터 받은' 계율들을 만들었다. 그 결과 여성들은 모든 면에서 절름발이가 되었고, 임금을 지불할 필요가 없는 노예처럼 취급되었다.

여성들에 대한 경제적 착취는 바이샤 시대에 더욱 심화되었다. 윤락행위와 도색적인 산업은 몇몇 자본주의자들에게 커다란 수익 사업이 되었다. 여러 연구에 의하면, 대부분의 국가에서 남성이 여성보다 많은 임금을 받는 것으로 드러났다. 남녀 간의 임금 격차는 동일한 자격을 가지고 동일한 일을 하는 경우에도 나타났다. 그 격차가 EU에서는 평균 15%, 영국에서는 17%, 미국에서는 23%, 아시아에서는 35%, 아프리카에서는 46%, 남미에서는 51% 달한다.[2]

노벨 경제학상 수상자인 아마티아 센 교수는 일부 가난한 나라에서 여성 차별로 인해 발생하는 충격적인 결과를 숫자로 나타냈다. 그는 다양한 모집단에서의 남녀관계를 인구통계학적으로 연구하여 다음과 같은 신뢰 있는 결과를 밝혔다. 여자태아의 유산, 출산된 여아의 살해, 남성에 비해 부족한 음식 및 의약품 등으로 인해 1억 명의 여성이 사라진다. 이들 대부분이 인도와 중국의 여성들이며, 성차별로 인하여 살해된 것이라 할 수 있다.[3]

여성과 아이들이 폭력의 희생자인 경우가 많은데, 통계에 의하면 빈곤이 심화되면 이런 폭력이 부유한 나라나 가난한 나라 모두에서 일어나는 것으로 나타났다. 전 세계적으로 연간 8,000만 건이 발생하는 원치 않는 임신도 여성에 대한 또 다른 형태의 폭력이라 할 수 있다. 세계보건기구WHO는 매년 2,000만 명의 여성들이 안전하지 못한 낙태를 감행하는 것으로 추정하고 있다. 이 중 많은 낙태시술이 위험한 결과를 초래하고 때로는 사망까지도 초래한다고 한다.[4]

가정에서 여성들이 행하는 노동의 가치는 경제와 관련된 통계에서는 고려되지 않고, 비공식적인 경제informal economy의 한 부분으로만 인식된다. 제조업의 글로벌화와 함께, 국제적인 기업들은 컨트롤하기 쉬운 값싼 노동력을 저개발국가에서 찾는다. 그런데 저개발국에서 노동력을 착취당하는 사람들은 일반적으로 여성들이다. 여성들은 교육과 의료복지 혜택을 제한하는 정책에서도 남성들보다 불이익을 받는다.

여성들은 때로 가정부로 수출되거나 성매매 조직에 팔리기도 한다. 국제노동기구ILO에 의하면, 매년 적어도 240만 명의 여성, 어린이, 남성들이 세계 이곳저곳으로 팔리며 노예생활을 강요당한다.[5] 남미 전역에서 가난한 여자 아이들과 여성들이 거짓 신문광고, 미인대회, 남자친구, 결혼사기꾼 등의 꼬임에 빠져 성적인 노예로 전락한다.[6]

대부분 남성들이 만들고 통제하고 있는 미용기구 사업은 수익성이 매우 높다. 미용기구 사업은 여성들의 내적인 아름다움이나 인격적인 면은 무시하고, 오직 겉모습과 성적인 매력에 가치를 둠으로써 여성들을 타락시킨다. 화장품 판매액은 수십억 달러에 달하며, 성형수술 및 젊음을 유지하는 갖가지 방법들에 대한 수요는 지속적으로 증가하고 있다. TV, 영화, 잡지는 여성의 얼굴과 신체를 이용하여 담배에서 자동차 부품에 이르기까지 거의 모든 제품을 광고하고 있다. 여성이 오직 성적인 매력이 있어야만 가치가 있는 것처럼 상품화하고 있다.

사카르는 이렇게 말한다.

"역사란 인간의 집단정서를 표현하는 것이다. 오늘날 남성들은 여성들을 더 이상 상품처럼 취급해서는 안 된다는 것을 깨닫고 있다. 여성을 상품처럼 취급하던 과거는 이제 끝났다. 여성들 또한 '우리는 남성들에 의한 불의, 괴롭힘, 착취, 모욕, 혐오를 더 이상 보고만 있지는 않겠다'라고 생각하기 시작했다. 서양과 동양에서 여성의 해방운동은 이런 변화된 집단정서로부터 시작되었다."[7]

프라우트는 도그마의 불식과 부계중심적 착취 및 여성에 대한 차별을 다음과 같은 수단을 통해서 종식시키라고 역설한다.

1. 모든 사람들에 대한 무상 교육: 부족한 양질의 교육은 도그마적인 관점을 받아들이게 한다. 이는 여성들이 자신들에 대한 착취에 동참하거나 용인하게 하는 주원인이 된다. 모든 아이들은 다양성에 가치를 부여하는 것을 배우고, 성별, 인종, 문화적인 차이들이 우리 인간사회를 더욱 강화시킨다는 관점을 갖도록 배워야 한다. 마치 여러 가지 다른 색깔의 꽃들이 하나의 아름다운 정원에서 자라는 것처럼 말이다.

2. 사회적 또는 종교적 차별 금지: 영적인 차원에서 보면, 여성과 남성은 아무런 차이가 없다. 그러나 전 세계적으로 종교 지도자들의 절대 다수는 남성들이며, 반면에 신도들 다수가 여성들이다. 그래서 종교 지도자들은 여성 신도들을 '신앙을 지켜주는 자들'이라고 칭송한다.

3. 여성들을 위한 경제적 자립: 여성들이 사회에서 자유로우려면 경제적

으로 자립해야만 한다. 프라우트에서는 아이들과 함께 집안에 있고 싶은 여성들이라면 수공예품 만들기, 정원 가꾸기, 음식서비스, 옷 만들기, 인터넷 사업 등 집안에서 할 수 있는 일들을 하라고 권고하고 있다.

4. 사회정의: 건강한 사회는 여성들이 차별받지 않는 정의가 있어야 한다. 사회는 여성이 육체적 · 정신적으로 학대받지 않도록 해야 한다. 여성은 법적으로 고용과 급여에 있어서 동등한 대우를 받아야 한다.

여성과 남성은 각기 다른 육체적, 지성적, 감성적인 특징들을 갖고 있다. 사카르는 성별 간의 '대등한 협동'을 강조하며, 나아가 남녀평등과 전체복지에 기반을 둔 포용성(보편성) 있는 사회를 창조하려는 노력에 여성과 남성 모두가 참여하고 비전을 제시하는 것이 중요하다고 역설한다. 그는 이렇게 말하고 있다.

"영광스러운 내일을 위해 인류가 달성해야 할 새로운 혁명을 여성들이 이끌도록 하자."[8]

마르크스와 사카르의
계급사회 분석 비교[9]

라비 바트라Rabi Batra 박사
(세계적 명성의 인도 출신 경제학자)

라비 바트라 박사는 인도 출생으로, 세계적인 경제학 교수다. 그는 《위대한 미국의 속임수와 자유무역의 신화The Great American Deception and The Myth of Free Trade》를 비롯하여 10여 권 이상의 책을 냈다. 그는 1960년대부터 사카르의 제자가 되었으며, 프라우트를 연구하고 있다.

마르크스의 철학은 많은 비평가들이 심도 있고 세밀하게 분석하는 주제가 되어 왔다. 마르크스 철학이 가진 취약한 논리들이 논파되더라도, 여전히 마르크스 철학의 근본 핵심은 가치가 있다. 즉, 자본주의는 심각한 자기모순을 겪을 수밖에 없다는 것이다. 부유층들이 보이는 이윤추구와 부를 축적하려는 성향이 지난 200년간 주기적으로 발생한 경기순환의 원인이 되어 왔다. 이는 서양 문명의 기반 자체를 위협했다는 비난을 피할 수 없다. 그리고 오늘날에도 경기침체의 불안은 위태로운 자본주의 경제를 더욱 위협하고 있다…

마르크스와 사카르는 둘 다 역사적인 분석방법을 사용하였고, 사회적 진화는 역사적인 순환의 패턴대로 일어날 수밖에 없음을 믿었다. 비록 두 사람은 사건들 자체의 반복에 있어서는 생각이 달랐지만, 자본주의가 일종의 혁명에 의해 종말을 맞게 된다는 것은 서로 일치하는 의견이다. 사카르는 이 혁명이 폭력을 동반할 수도 있고, 평화적인 성격이 될 수도 있다고 생각했다. 반면 마르크스는 이것이 반드시 폭력을 동반한 혁명이 될 것이라고 믿었다. 마르크스는 이것을 무산계급(프롤레타리아)에 의한 혁명이라고 부른 반면에, 사카르는 노동자(수드라)에 의한 사회적 혁명이라고 칭했다. 또한 두 사람은 노동자들이 자본가들의 부에 대한 무절제한 탐욕의 희생자들이라는 데에도 의견의 일치를 보인다. 다만 사카르는 노동자들은 인류 문명의 각각의 진행 단계에서 언제나 착취에 취약했다고 본다. 자본주의를 묘사함에 있어서, 사카르는 마르크스와 닮은 측면이 많다고 말해도 될 것이다.

사카르는 다음과 같은 흔치 않은 시각으로 마르크스를 보았다.

"착취자 무리들은 위대한 칼 마르크스가 종교는 아편이라고 한 비판에 대해서 큰 목소리로 반대한다. 칼 마르크스가 영성, 도덕성, 올바른 품행에 대해서 반대한 것이 결코 아니라는 점을 기억해야 한다. 그가 말한 것은 그가 살던 시대의 종교를 향한 것이다. 그는 종교가 사람들을 쓸모없는 존재로 만들었으며, 사악한 자들에게 복종하도록 교묘하게 설득함으로써, 사람들을 무기력하게 만들었다는 사실을 인식했기 때문이다." 10

사카르 자신은 진정한 영성과 종교적인 도그마에 대한 맹목적인 믿음을 분명하게 구분하고 있다. 또한 종교 전도사들이 과거 세계 곳곳에서 인류를 착취했으며, 오늘날에도 같은 짓을 계속하고 있다고 믿는다.

제8장
혁명과 혁명가들

비록 착취자들이 대중매체를 지배하고 있다 해도,
언젠가는 현명한 사람들이 민중을 속이는 착취자들의
속임수를 알아채고, 착취로부터 벗어나는 날이 온다.
이때 착취자들은 민중해방의 씨앗이 싹트는 것을 막기 위해
매우 활발하게 머리를 굴릴 것이다. 그들은 대중들이 가진 불만의
파도를 막기 위해 제방을 높이 쌓아 올릴 것이다.
이들이 절망적이면서도 마지막 시도로 쌓을 제방은
교육제도와 언론 및 각종 홍보매체들을 통제하는 것이다.
그러나 오래지 않아 불만에 가득 찬 민중들이 들고일어나,
높이 쌓여진 모래 제방이 혁명의 파도에 의해
허물어져 내릴 때 변화의 날이 오는 것이다.

−P. R. 사카르[1]

사회순환의 논리

사회순환은 끊임없는 나선형으로 진행된다. 각 계급(바르나)의 심리적 특성에 기초하면, 과거 역사에서 어떤 계급의 시대가 있었는지 알 수 있다. 어떤 계급이 사회를 지배했는가에 따라 그 시대의 성격을 규정할 수 있으며, 그 사회를 지배했던 가치관과 사회적 정서를 알 수 있다. 어떤 사회든 오직 하나의 계급만이 사회를 지배했다는 것이 일반적이다. 우리는 인간의 역사를 수드라(노동자), 크샤트리아(무사), 비프라(지식인), 바이샤(상인)로 구분 지었다. 이 네 시대가 함께 합쳐져 완성된 나선형의 사회순환을 이룬다.

나선형의 흐름 내에는 그 시대 및 그 다음 시대의 탄생, 성숙, 소멸을 알 수 있는 논리적 움직임이 있다.

실제로는 사회순환이 항상 앞을 향해 나가는 것만은 아니다. 그보다는 팽창expansion, 휴지pause, 위축contraction의 순서로 진행된다. 강렬한 사회적 움직임이 있은 후에는 상대적으로 멈춘 듯한 시기가 있기 마련인 것이다.

어떤 새로운 사상이 사회를 변화시키고자 하는 움직임이 있을 때, 그 사상을 '반(antithesis, 反)'이라고 한다. 그 움직임이 역동성과 힘을 얻으면, '확장적 움직임manifestative motion'의 상태를 가져온다. 그리고 그 움직임이 성공하면, 기존의 사회구조를 근본적으로 바꾸고 새로운 '합(synthesis, 合)'을 만들어 낸다. 이때를 '확장적 휴지manifestative pause' 상태라고 부른다. 이 휴지의 상태는 사회변환의 정점을 이루는 때로서, 그 사회가 가장 활력적인 시기다. 이 '합'의 시기가 얼마나 강력한가는 바로 그 사회변화 운동이 기반을 둔 사상이 얼마나 강력한가에 달려 있다.

그러나 지배 계층이 다른 계급들을 억압하고 착취하게 되면서, 결국에는 이 새롭던 질서가 타락하기 시작하고 위축된다. 그리고 활력과 역동성을 거의 잃게 된다. 이때를 '수축적 휴지systolic pause'라고 부른다. 이 단계에서는 대중들의 증폭되는 고통 때문에 결국 새로운 영감과 사상들이 나타나고, 기존의 정체된 질서에 반대되는 새로운 '반'을 형성하게 된다.

이와 같이 사회순환의 매 시대는 역동성의 형성기적 단계로부터 시작하며, 새로운 활력소가 사회구조 내부로 스며들게 된다. 그러면 그 사회는 지속되는 융성기를 맞게 된다. 그러나 그 후 사회는 쇠퇴와 정체의 상태로 들어가면서 온갖 착취가 일어나게 되는 것이 일반적이다. 마지막으로 '수축적 휴지' 단계에 들어가면, 새로운 '반'이 사회순환의 다음 단계를 지배할 계급들에 의해서 나타나게 된다.

사회변화 운동의 유형들

앞에서 언급한 사회순환의 일반적인 패턴 내에는 진화, 반진화, 혁명, 반혁명 등 다시 여러 가지의 변화 운동 유형들이 있다.

진화evolution: 진화는 사회순환의 진행 흐름을 역행하지 않으면서, 발전적인 사회의 변화가 점진적으로 이루어지는 역동적인 상태를 말한다. 동유럽과 과거 소련에서의 공산주의 붕괴가 그러한 예에 속한다.

반진화counter-evolution: 반진화는 사회순환을 뒤로 역행시키는 반발적인 힘의 작용이다. 이 반진화의 유사한 본보기로는 1966~1976년에 있었던 중국의 문화혁명이 있다. 당시 사회를 지배하던 무사 계급(크샤트리아)이 폭력을 휘둘러 새싹이 트던 지식층(비프라)을 '비열한 부르주아petty bourgeois'라는 이름으로 탄압했으며, 다음에 올 지식인 계급 시대로의 진입을 방해했다.

혁명revolution: 혁명이란 사회순환을 앞으로 전진시키는 막강한 힘을 적용함으로써 급격한 변화를 가져오는 것을 말한다. 1917년의 러시아, 1947년의 중국, 1959년의 쿠바에서 있었던 공산주의 노동자들의 혁명은 착취적인 상인(바이샤) 계급을 붕괴시킨 노동자(수드라) 혁명의 예들이다.

반혁명counter-revolution: 반혁명이란 사회순환을 역방향으로 급격히 진행시켜서 이전의 지배 계층이 다시 권력을 잡도록 되돌리는 것을 말한다.

반진화와 반혁명은 그 존속기간이 짧으며, 사회순환의 자연적인 흐름을 무제한 정지시킬 수 없다. 반동적인 움직임counter motion은 항상 퇴보적이다. 이는 사회순환의 단계를 다시 과거로 되돌리기 때문이다.

1964년 브라질에서는 좌파적 풀뿌리 운동이 힘을 얻어, (자본가 시대로부터) 수드라 혁명의 방향으로 나아가고 있었다. 그러나 이 운동은 군부(무사 계급)가 정부를 장악하고 계엄령을 선포함으로써 잔인하게 진압되었다. 사회순환 이론에 따르면, 만약 이 탄압이 반진화 내지 반혁명이었다면 군부의 독재는 짧은 기간만 존속되었어야 한다. 그런데 사실상 군부독재는 22년이나 지속되었으며, 군부독재가 끝나자 이번에는 자본가 엘리트들이 조종하는 민주주의 정권이 들어서게 되었다. 사실상 당시 모든 남미 군사독재 정부를 보면, 자본가 엘리트 집단이 장막 뒤에서 군인들을 돈으로 지원하고 조종하고 있었다. 이것은 자본가 집단이 권력 지배를 연장시키는 실로 교묘한 전략이었다.

문명 간의 상호영향

다양한 국가, 주, 지역사회는 매 시기마다 각각 다른 발전 단계에 있으며, 서로간의 접촉을 통해 사회순환의 진행에 영향을 주고받는다. 예를 들면, 다수의 무사사회 및 지식인사회는 식민지주의의 영향을 받아 급속히 상인사회로 전환되었다. 오늘날에는 글로벌 자본주의가 실질적으로 과거 공산주의 국가들을 포함하여 거의 모든 나라들을 상인시대로 진입시켰다.

무혈혁명과 무장투쟁

사카르는 그의 책 《지성의 해방: 네오휴머니즘》에서, 반동주의자들은 자신들이 사회의 불의로 인해 혜택을 받기 때문에 착취를 지지한다고 설명하고 있다. 개혁주의자들은 변화를 원하지만, 그것이 점진적인 것이어야 한다고 믿는다. 따라서 그들은 제도를 약간 수정하거나 보완하는 정도에 그친다. 사카르는 급진적인 변화가 혹시나 자신들에게 피해를 주지나 않을까 두려워하는 개혁주의자들을 비판한다. 이들의 미온적인 태도는 모든 사람들에게 골고루 혜택을 줄 수 있는 혁명을 지연시킨다.

사카르는 사회체제를 근본적으로 변화시키는 데에 반드시 무장투쟁이 필요한 것은 아니라고 말한다. 구질서의 붕괴로부터 완전히 새로운 질서가 새로 생겨나긴 하지만, 여기에 반드시 폭력이 동반되는 아니라는 것이다. 즉, 무혈혁명이 가능한 것이다. 혁명이 가져올 큰 변화를 두려워하지 않는 사명감 넘치는 지성인들만 있으면 된다. 이들은 대중이 자신들의 힘으로 부패한 자본가 계급을 쓰러뜨리고 새로운 사회를 건설하도록 고무하고 이끌 수 있다. 지성인들의 참여와 지도력은 유혈사태를 최소화할 수 있다.

비폭력적인 전술을 사용한다고 해서 폭력이 전혀 발생하지 않는 것은 아니다. 자본주의의 글로벌화로 인해 발생하는 굶주림과 죽음도 구조적 또는 제도화된 폭력인 것이다. 그리고 착취에 대항하는 민중운동이 시작되면, 정부는 경찰과 군대를 동원하여 대중들을 폭력적으로 제압한다.

혁명적인 사회운동에서 무기를 사용할지의 여부는 그 운동을 이끄는 지도부에서 결정한다. 남아프리카의 인종차별에 항거한 시민 인권운동 초기 수년간, 넬슨 만델라는 변호사로서, 그리고 아프리카 국회African National Congress의 지도자로서 참여하였다. 그러나 폭력적인 인종차별 정권이 모든 항거를 불법으로 규정하고, 당시 사회운동에 참여한 사람들을 구속하거나 추방하자, 만델라는 마침내 해방운동 군대의 사령관 역할을 수락하였다.

브라질의 활동가인 프레이 베투는 이렇게 말했다. "우리가 어떤 방법으로 투쟁할지 결정하는 사람은 우리가 아니라, 브라질을 뒤에서 조종하는 소수 엘리트층이라는 점이 매우 흥미롭다. 우리들은 합법적이고 정당한 방법으로 투쟁할 수 있고, 또 그래야만 한다. 그러나 어느 순간 이런 투쟁 방법들이 더 이상 불가능하도록 만드는 것은 누구인가? 그것은 바로 이 나라를 조종하는 정부와 엘리트들인 것이다. [2]

역사를 보는 새로운 비전

사회순환 이론이 인간사회의 변화과정에 대한 논리적인 분석에 큰 기여를 하고 있지만, 아직 더 많은 연구가 필요하다. 사회 현상과 역사적인 흐름은 다양하고 복잡한 모습으로 나타난다. 예술, 정치, 경제, 종교, 철학, 과학, 기술, 음악, 의상, 관습 등은 모두 전체를 볼 수 있는 비전으로 통합되어야 하고, 이 모두가 그 시대의 사회정서를 표현하는 현상으로 이해되어야 한다.

이러한 전체를 고려하는 과정에서 역사가들 사이에는 의견의 불일치가 일어날 수 있는데, 그 이유 중 하나는 다양한 사회 현상에 언제나 조화로운 모습만 있는 것은 아니기 때문이다. 대체로 새로운 사회정서는 예술, 문화, 과학처럼 쉽게 알아차릴 수 없는 분야에 처음 나타난다. 경제나 정치와 같은 분야에서는 기존의 오래된 정서가 그대로 유지되면서, 사회의 변혁이 완성될 때까지 사회구조를 지배할 것이다.

그러므로 사회의 전환기에는 그 시대가 기존의 사회정서에 의해 지배되는지, 또는 새로운 정서에 의해서 지배되는지를 파악하기가 쉽지 않다. 또한 특정한 사회계급의 정서를 대변해 주는 현상들도 그 사회의 초기, 유년기, 성숙기, 노년기, 또는 타락기에 따라 각각 다르다.

역사적 기록들 또한 균형을 잃고 지배층인 왕, 권력가, 정치지도자들을 찬양하며, 일반 대중들이 살아가는 모습에 대해서는 거의 관심을 보이지 않는다. 지배 계층의 내부적 동정도 역시 부분적으로 이해할 수 있을 뿐이다.

이처럼 역사 분석이 매우 복잡함에도 불구하고, 사회순환 이론은 중요한 가치를 지닌다. 그것은 바로 각 시대마다 사회에서 갈등을 빚는 세력들이 어떤 실체인지를 파악하고, 그 최종적인 결과를 예측할 수 있다는 것이다. 예를 들면, 미국과 나토NATO 동맹국들은 자신들의 군사력, 경제 및 정치적 영향력을 이용하여 70여 년이나 소련연방을 분쇄하기 위해 노력했지만, 목적을 이루지 못했다. 그러나 러시아의 반체제 지식인과 학생들이 봉기하여 공산당 군사독재를 무너뜨리는 데는 겨우 3일이 걸렸다. 이와 유사한 현상은 모든 동구권 국가들에서 소련이 무너지기 수개월 전에 일어났다. 1989년 중국에서는 학생들에 의한 민주화운동이 탱크와 인민군에 의해 폭력적으로 진압되었다. 그러나 프라우트에서 보면 중국 지식층(비프라)이 언젠가는 중국을 지배하고 있는 무사 계급 정부를 극복할 것으로 전망된다. 이와 같은 논리로, 북한에서의 공산주의 또한 학생과 지식층의 압박으로 인해 조만간 붕괴될 수밖에 없다.

1979년 이란에서는 아야톨라 호메이니Ayatollah Khomeini가 이슬람 근본주의자들(비프라)들을 이끌고 반혁명을 이끌었다. 오늘날 이란 정부와 경제는 중앙정부에 의한 계획경제, 석유 등 대규모 산업의 국유화, 마을 단위의 농경, 소규모의 민간 무역 및 서비스 기업 등이 혼재되어 있다. 고유가로 경제를 유지하고 있는 이란의 상황에서, 지도자들은 자국에 대한 외국의 투자와 서양의 영향력을 얼마만큼 용인해야 할지를 고민하고 있다. 내부적으로는 민주적 개혁을 선호하는 자본주의 성향의 경제자문가들과 보수적인 무슬림 성직자들이 서로 권력을 차지하기 위해 싸우고 있다.

1996년에 탈레반Taliban은 아프가니스탄의 수도를 점령했다. 현재 그들은 권력을 잃은 상태며, 프라우트의 예측대로 신정부는 미국 정부와 군부의 압력으로 자본주의 경제를 재건하려고 노력하고 있다.

서양의 국가들은 글로벌 자본주의에 반대하는 대중운동을 맞고 있으며, 이 경향은 매우 급속도로 퍼져 나가고 있다. 이런 대중운동은 궁극적으로는 혁명으로 발전될 것이다. 멕시코 치아파스Chiapas 지역에서 일어난 사파티스타Zapatista 반란은 무사 성향의 사람들(크샤트리아)이 선도한 수드라(농민) 혁명이었다. 비록 일시적으로는 상인(자본가)들에 의해 중단되었지만,

반란세력은 계속 지지를 얻고 있다. 상인 계층의 지배에 반대하는 봉기는 처음에는 대개 저개발 국가들에서 발생한다. 이들 국가에서는 착취와 부의 불평등이 더욱 심화되어 있기 때문이다.

영적인 혁명가들: 사드비프라

각 시대마다 각기 다른 계급이 사회를 이끌었으며, 진보적이고 역동적인 단계에서 착취의 단계로 나아간다. 그리고 지배 계급이 이기적으로 자신들의 이익만 추구하게 되면서, 타락의 시기로 진행된다. 이와 같은 한계 때문에, 사회순환은 그리 순탄하게 진행되지 않았다. 계급 간의 갈등은 진보(혁명)와 반동세력(반혁명) 간의 대립을 촉발했다. 이런 격동적인 상황은 심한 고통과 혼란을 야기했고, 사회를 파멸 직전까지 몰고 가는 경우도 종종 있었다. 인간사회는 계속해서 서로 대립되는 계급 간의 이해관계로 점철되어야만 하는 운명일까?

프라우트는 거시적인 관점에서 계급투쟁을 바라보지만, 또한 강력한 힘을 가진 개인들이 사회에 영향과 희망도 줄 수 있다는 점을 인정한다. 프라우트는 지성이 발달된 영적 지도자들의 형성을 예견하고 있다. 이를 **사드비프라**sadvipra(사드비프라는 문자 상으로 정묘한 마음을 가진 사람들을 의미한다)라고 부른다. 사드비프라는 육체적, 정신적, 영적인 노력을 통하여 모든 계급들이 가진 긍정적인 자질들을 계발한 사람들이다. 그들은 또한 불의 및 착취와 싸우는 도덕적인 힘과 용기를 갖고 있다.

사드비프라가 갖춰야 할 자질로는 정직, 용기, 헌신 및 사회를 위한 희생의 정신 등이 있다. 사드비프라는 보편성을 지닌 윤리적 원칙들에 충실하며, 이에 대해서는 다음 장에서 다루도록 하겠다. 사카르는 그의 생존 시에 사드비프라의 개념에 대해서 항상 경건한 태도로 이야기했으며, 사드비프라는 인간이 갈망할 수 있는 가장 위대하고 이상적인 존재라고 했다. 사드비프라는 사회의 안녕에 모든 것을 헌신하는 지도자다. 사드비프라는 타인에게 모범을 보임으로써 총체적이고 진보적인 방식으로 사회를 고무시키고 진보시킨다.

프라우트에서는 누구나 사드비프라가 될 수 있다고 가르친다. 사카르는 다음과 같이 말하였다.

"우리들의 접근방법은 이들 계급들이 나쁘다고 단정하는 것이 아니다… (그보다는 각 계급을 고무시켜서) 그 계급들 모두가 갖춰야 할 바람직한 자질들을 실천하고 계발하도록 하는 것이다. 예를 들면, 지식인에게 요구되는 성숙한 마음은 누구에게나 필요한 것이다… 수드라건 바이샤건, 자신이 어느 계급이든 자신의 정신을 성장시키고 강화하도록 노력하여야 한다. 누구나 튼튼하고 건강한 육체를 가지도록 노력해야 하며, 누구나 경제적 삶을 위해서 일해야 한다… 자신의 일상에 필요한 것들을 얻기 위해서 환경미화원으로 일하는 것은 남에게 의존하는 것보다 훨씬 존경스러운 것이다. 단순히 돈을 벌기 위해서가 아니라, 균형 있고 안정된 경제적 생활을 가지는 것이 중요하다. 사회적인 계급은 그 높낮이에 관계없이 모두 중요하다. 누구나… 육체적으로 남들에게 봉사해야 한다. 수드라가 해야 하는 것이라고 취급되는 일일지라도, 그것을 제대로 하지 못하면 사드비프라의 자질을 완전하게 계발할 수 없다. 간단히 말하여, 각 개인은 네 계급이 가진 모든 특성들을 완전히 자기 것으로 만들어야 한다…

그리고 이보다 더 중요한 것은 그렇게 계발한 특성들을 항상 실천하는 것이다… 이를 통해 각 개인들은 모든 면에서 적합한 사람이 된다. 훌륭한 수드라인 동시에 훌륭한 비프라도 된다. 그러므로 다른 이들을 배제하고 자신들만의 특별한 무리를 만든다는 것은 있을 수 없다. 이와 같은 계급 없는 사회는 단순히 만들고 싶다고 해서 그냥 되는 것이 아다. 오로지 실천만을 통해서 가능하다. 이런 접근방법은 계급과 파벌로 가득 찬 사회를 변화시키는 방법이지만, 이전에는 전혀 고려되지 않았다. 논리가 발달하고 진화한 결과로 나타난 바로 그 계급제도가, 보다 높은 차원의 논리에 의해서 제거되어 계급 없는 사회를 만들 수 있는 것이다…

프라우트는 세계의 경제적 측면에서 일어난 주기적 변화의 한 결과로 만들어진 것이 아니다. 공산주의는 그러한 경제적 변화가 진화되어 나타난 결과지만, 프라우트는 현재까지 나왔던 모든 경제적 실천과 이론들을 근본적으로 바꾼 결과로 나타난 것이다. 그것은 경제적인 면에서 전 세계 사람들에게 하나의 혁명인 것이다."3

사카르는 사회순환의 반복은 피할 수 없는 것으로 보고 있지만, 앞을 내다볼 줄 아는 영적인 사회지도자들이 착취 없이 사회의 진화를 순탄하게 이루어 낼 수 있다고 믿는다. 이런 지도자들은 자신과의 싸움을 통해 자신이 속한 계급의 이익을 초월한 사람들이다. 사카르는 이들을 사회순환의 '핵심'에 존재하는 역할로 묘사하고 있다. 또한 이들은 각 계급을 성장시키고, 각 계급이 사회순환 이론의 순서대로 사회를 이끌도록 돕는다고 한다. 이들 사드비프라는 사회가 부패하고 착취가 시작되면, 바로 대중들을 움직여서 새로운 계급의 사회로 전환되는 과정을 가속화시킨다. 그렇게 함으로써 혼란의 기간을 단축시키는 것이다.

사드비프라는 다수가 참여하는 위원회나 단체에서 자문가로 활약함으로써, 지배 계층이 사회의 진보를 제대로 이끌도록 돕는다. 그들의 유일한 목적은 봉사하는 것이며, 책임감을 갖고 대중의 안녕을 위해서 진정으로 노력하는 사람들이다.

프라우트의 사드비프라 리더십 모델은 인간사회의 역동적인 힘들을 긍정적인 방향으로 인도하려 한다. 프라우트 모델에서는 물질적, 정신적, 사회적, 영적인 면에서의 개인적이고 집단적인 잠재성들을 활용하고, 나아가서 과거의 사회들보다 더 진보적이고 활력 있는 사회를 만들기 위해서 그 잠재성들을 결합시킨다.

이상적인 리더십

리더십의 본질에 대한 연구는 지난 수십 년 동안 사회운동과 경영의 영역에서 장족의 발전을 이루었다.[4] 리더는 타인들에게 큰 영향을 준다. 그 영향력은 긍정적일 수도 있지만, 부정적일 수도 있다. 여러 기업의 연구에 의하면, 리더의 행동은 그 조직의 분위기를 만드는 데 70%의 영향을 끼치는 것으로 나타났다.

위대한 리더는 큰 투쟁을 거치면서 만들어진다. 미국의 마틴 루터 킹 Martin Luther King과 말콤 엑스Malcolm X, 러시아의 안드레이 사하로프 Andrei Sakharov, 이집트의 안와르 사다트Anwar Sadat, 체코의 바츨라프 하벨Vaclav Havel, 버마의 아웅산 수치Aung San Suu Kyi, 과테말라의 리고베르타 멘추Rigoberta Menchu, 티모르의 사나나 구스만Xanana Gusman, 브라질의 루이스 이나시우 룰라 다 실바Luiz Inacio Lula da Silva, 베네수엘라의 우고 차베스, 남아프리카의 넬슨 만델라 등은 탄압과 투옥을 통해 근대의 위대한 지도자가 되었다.

혁명은 가장 어려운 길이다. 그리고 그 길을 선택한 자들은 예외 없이 점점 더 큰 위험과 도전을 맞게 된다. 그러나 가장 큰 적은 바로 자신의 내면의 적이며, 자기 자신을 구속하는 콤플렉스, 결점, 두려움 등이다. 예를 들어 사람들은 실패를 두려워하고, 다른 사람들에게 나쁜 사람으로 보이고 싶어 하지 않는다. 조직이나 단체를 결성하는 사람들은 궁극적으로 자신들이 두려워하는 것과 직면하게 된다. 용기를 갖고 이들 두려움의 대상들과 직면하여 이겨내는 것이 가장 중요하다

리더가 자신의 내면을 다스리려 노력하는 것은 매우 중요하다. 자기분석의 과정은 내적인 성장에 필수적이다. 자기분석이란 매일 매순간 자신의 실수를 평가하고, 그것이 발생하는 순간 바로 극복하도록 노력하는 것을 말한다.

많은 혁명가들의 실패했던 이유는 작은 안락함과 안전에 대한 욕망 때문이었다. 제2장에서 설명한 탄트라 요가에 담겨 있는 강한 영적인 투쟁의 정신은 이런 조그만 욕망을 극복하는 데 도움을 준다. 개인적인 변환과 성장을 위해서는 육체 및 정신적인 갈등을 피하려 하기보다는, 이런 갈등을

직시하고 있는 그대로 받아들일 필요가 있다.

우리가 미워하고 멸시하는 다른 사람들의 특성은, 사실 우리들 안에도 있는 특성들이다. 모든 인간이 가진 정신적 성향은 동일하다. 우리는 그 성향을 각자 갖고 있는 경향에 따라서 표현하는 것이다. 사람들은 자신 속에 내재되어 있으면서도 자신들이 싫어하는 감정을 다른 사람들에게 투사하는 경향이 있다. 따라서 자신의 의견과 다른 사람들을 적으로 보며, 열띤 논쟁과 격한 대결로 맞선다. 투사라는 것은 자신의 내면에 있는 적을 직시하지 않으려는 마음이 벌이는 연극이고 속임수다.

당신 내면에 있는 이런 경향을 확인하는 방법이 있다. 당신과 의견대립이 가장 많은 사람을 생각해 보라. 물론 그 사람이 잘못일 수 있다. 그리고 당신이나 다른 사람들이 그의 잘못된 행동 때문에 상처를 받았을 수도 있다. 만약 당신이 그 사람에 대해 증오, 분노, 우월감 등을 느낌을 느낀다면, 바로 그것이 당신이 직면하고 극복해야 할 문제인 것이다. 비록 다른 사람의 행동에 동의하지 않고, 부도덕성이나 부정의에 대항해야 할지라도, 결코 그 사람의 행동과 그를 동일시해서는 안 된다.

사카르는 "자신에게 적대적인 사람을 대하는 경우가 있다 해도 증오, 분노, 자만에 사로잡히지 말아야 한다"고 충고한다. 질투의 감정도 극복할 수 있다. 질투를 느끼는 사람을 향해 우호적인 감정을 불어넣음으로써 이를 극복할 수 있다. 증오는 연민과 용서를, 시기심은 칭찬과 용기를 상대를 향해 불어넣음으로써 극복될 수 있다. 물론 이것이 쉽지는 않다. 그러나 지속적인 노력을 통하여 당신이 가진 수준 낮은 감정을 확실하게 통제할 수 있다. 이것은 평생을 살면서 지속되어야 할 자아성장 훈련이다. 이러한 노력은 사회적인 책임감이라는 윤리적 원칙에 필수적인 것이다.

진정한 리더는 타인을 위대하게 만든다. 진정한 리더는 타인들이 성취를 이루도록 고무시키고, 또한 타인이 이룬 성취를 칭송한다. 그런 리더들은 자신의 진가를 보이는 것이 직함이나 지위에 달려 있지 않다는 점을 안다. 자식을 사랑하는 부모들이 자신의 자녀가 이룬 성취를 자랑스러워하는 것처럼, 훌륭한 리더는 타인이 위대한 성취를 이룰 때 진심으로 기뻐한다.

내가 경험했던 이런 리더의 예로 가장 적합한 사람은 내가 '아난다 마르가'의 수도자가 되기 위해서 공부할 때 나를 지도했던 지도승이었다. 그는 나에게 용기와 영감, 자신감을 주었으며, 내 자신의 정체성을 계발하도록 힘을 주었다.

감성이 뛰어난 리더

능력을 갖춘 리더가 되려면 대니얼 골먼Daniel Goleman이 '감성지수 emotional intelligence'라고 칭하는 자질을 계발해야 한다. 이 개념을 적용하면, 방대한 지식과 기술을 가진 지식인이 타인에 대한 자신의 행동이 미치는 영향을 이해하지 못하거나 알아차리지 못하는 이유를 알 수 있다. 감성지수가 부족한 사람들은 다른 이들이 어떻게 느끼는가를 알지 못한다. 이상적인 리더는 '미래지향적', '지도적', '민주적'이며, 이보다 효과가 낮은 '앞에 나서며 명령하는' 방식은 별로 사용하지 않는다.[5]

대부분의 사람들은 문화적 배경이 같으면 보다 쉽게 소통할 수 있다. 하지만 세상을 바꾸려는 투쟁에 있어서 활동가들은 다양한 인종, 문화, 국가 출신의 사람들과 생활하고 일해야 한다. 문화적인 차이에서 오는 갈등, 다른 언어, 여러 오해, 가치에 대한 의견의 불일치, 세상을 보는 서로 다른 방식 등은 리더들이 매일 직면해야 하는 힘든 현실이 될 것이다. 제2장에서 설명한 네오휴머니즘에서는 지역정서나 사회정서에 기반을 둔 잘못된 우월감과 집단주의를 극복해야 한다고 가르친다. 이상적인 리더는 모든 사람들을 자신의 형제자매처럼 대한다. 또한 보편적인 원칙에 충실하되, 개개인의 특성도 고려하여 모든 이들을 공정하게 대한다.

모든 리더들이 지켜야 할 중요한 또 하나의 원칙은, 다른 이들에게 무엇을 해달라고 요구하기 이전에 자신이 직접 행동함으로써 모범을 보이는 것이다.

몇몇 리더는 불행하게도 거만해진다. 자신의 목적이 올바르기 때문에, 자신이 무조건 옳다고 믿는다. 그러나 꼭 그렇지만은 않다. 거만한 리더에게는 감수성이 결여되어 있으며, 다른 이들의 느낌이나 가치에 대해서 별로 신경을 쓰지 않는다.

진정한 리더는 에고(아상[我相]) 대신 겸손함을 기른다. 겸손한 리더는 다른 이들에게 즐거움과 영감을 준다.

자신감이 없는 리더는 다른 이들의 성공에 위협을 느낀다. 어떤 남자는 여성의 성취에 위협감을 느끼며, 나아가서 타인의 성공을 방해하기도 한다. 자신감이 없는 리더는 지나칠 정도로 경쟁적인 행동을 하며, 타인의 프로젝트가 성공하는 것을 자신에 대한 모욕으로 본다. 비록 건전한 내부 경쟁이 사람들을 더욱 열심히 일하도록 고무시키지만, 대등한 협동정신 또한 필요하다.

자신감이 없는 리더들은 또한 자신의 통제력을 잃을까 두려워한다. 그들은 새로운 방식을 채택하거나 새로운 도전과 변화를 꾀함으로써 불평이나 비판을 들까 두려워한다. 자신감 없는 리더는 실패를 두려워한다. 설사 실패하더라도 그로부터 무언가 배울 수 있고, 또한 그 과정에서 있었던 노력을 통해 개인과 조직 전체가 성장할 수 있다는 점을 깨닫지 못한다. 그들은 잘못을 인정하고 그에 대해 사과하는 것을 두려워한다. 그것이 자신의 체면을 잃는 것이라 생각하기 때문이다. 그러나 실수에 대해 진심으로 사과하고, 그것을 만회하고자 하는 의지를 보이는 것은 실수로 인해 상처 받은 감정들을 치유한다. 또한 동료와 대중들의 신뢰감도 증진시킨다.

자신과 타인을 고무시키는 방법

아무런 물질적 보상이 없는 활동가들에게 고무는 매우 중요하다. 남들에게 봉사하고 숭고한 목적을 위해서 희생하는 데 유일한 원동력이 되는 것이 바로 고무이기 때문이다. 이들에게 고무가 없다면 쉽게 포기할지도 모른다.

"어떻게 하면 새로운 사람들을 이 투쟁에 참여하도록 고무시킬 수 있을까? 어떻게 하면 동료 활동가들이 사명을 수행하도록 고무시킬 수 있을까? 그리고 무엇보다도, 내 자신을 어떻게 고무시킬 수 있을까?"

다음은 고무에 필요한 방안들이다.

1. 영적인 수행: 명상은 마음을 강하게 만들고, 모든 영감과 지혜의 원천을 제공한다. 명상을 하면 할수록, 보다 큰 기쁨과 평화를 경험할 것이다. 영적인 성장을 추구하는 사람들과 관계를 맺는 것도 마음의 성장에 큰 도움을 줄 것이다.

2. 긍정적인 시각: 영적인 시각에서 보면, 모든 장애와 어려움은 사람을 성숙하게 만든다. 개인이건 조직이건, 일이 잘 풀리지 않는 것은 많은 것을 배우는 기회가 된다. 이런 긍정적인 시각을 갖게 되면, 손해를 보는 상황이 생겼을 때 실망에 빠지기보다는 더 큰 노력을 기울여 그 손실을 메울 수 있다. 모든 위기의 이면에는 기회가 있다.

3. 열정: 누군가를 고무시키려면, 우선 본인부터 역동적이고 활기 있어야 한다. 그리고 에너지가 가득 넘치는 모습을 보여야 한다. 흥미롭고 극적인 방식으로 이야기를 전달함으로써 새로운 사회를 창조하는 방향으로 타인을 유도할 수 있다. "기적은 그것을 믿는 사람에게만 일어난다"라는 프랑스 속담이 있다. 우리 모두는 매일 우리 주위에서 일어나는 경이로운 모험에 눈을 뜰 필요가 있다.

4. 세계에서 일어나는 좋은 뉴스를 능동적으로 수집하고 전달하기: 인류 탄생의 첫새벽부터, 인간은 큰 집단에 속하는 것을 원했다. 대중운동의 일원이 된다는 것은 성공과 안전의 느낌을 준다. 하지만 우리의 조그마한 노력들은 때로 지역사회나 보다 더 넓은 세계에는 별 다른 영향을 끼치지 못할 것처럼 보인다. 그러나 눈을 돌려 세계의 각지에서 행하는 노력과 사업들을 보게 되면, 좋은 사회를 만들기 위한 범지구적인 노력이 얼마나 열정적

으로 진행되는지 알게 된다. 이러한 운동이 성공했다는 소식을 듣고 타인에게 전달하는 것은 모두를 고무시킨다.

5. 창조적 표현의 유도: 집단적인 투쟁은 참여자 모두의 도움을 필요로 한다. 리더는 조직원들이 다양한 경험과 재능을 갖고 있음을 인정하고, 그들이 자신의 재능을 건설적인 방법으로 표현하도록 유도해야 한다. 사람들이 자유롭고 솔직하게 토론하면서 진지한 질문을 마음껏 던질 수 있을 때, 그들은 네오휴머니즘 정신을 배우고 계발할 수 있다.

일을 추진하는 데 필요한 참신한 아이디어와 새로운 방법들이 면밀하게 계획된다면, 지친 활동가들에게 새로운 활력을 불어넣어 열정을 이끌어 낼 수 있다. 그리고 이를 통해 얻은 새로운 경험은 대중들로 하여금 과감히 모험을 하고 두려움들을 극복하도록 만들 것이다.

6. 함께 웃기: "당신이 자신을 너무 심각하게 대하면, 다른 어느 누구도 당신을 그렇게 대하지 않을 것이다."라는 속담이 있다. 좋은 유머 감각은 리더가 가져야 할 가장 아름다운 덕목 중 하나다. 사카르를 만났던 사람들은 그가 자주 재미난 이야기와 농담으로 자신들의 마음을 가볍게 해주었다고 기억한다. 때로 사카르는 사람들이 옆구리가 아프고 눈물이 날 정도까지 웃기기도 했다. 사카르는 언제나 사람들의 마음을 가볍게 하고 한 가족처럼 함께 웃도록 농담을 즐겨 하곤 했다.

자신의 주위 사람들에게 긍정적인 태도를 가진 본보기가 되고, 지속적인 영감의 원천이 되는 것이 모든 활동가들의 목표가 되어야 한다.

프라우트의 사회순환[6]

요한 갈퉁Johan Galtung 박사
(평화 연구 교수, 세계 평화 네트워크 임원)

요한 갈퉁 박사는 '올바른 삶을 기리는 상'의 수상자이며, 유럽 평화
대학European Peace University을 비롯한 여러 대학에서 평화 연구 교
수Professor of Peace Studies로 재직하고 있다. 또한 세계 평화 네트워
크인 '초월(Transcend, www.transcend.org)의 임원이며, 70권 이상
의 책과 수백 편의 논문을 쓰기도 했다.

P. R. 사카르는 위대한 사상가이자 실천가였다. 그의 사회순환 이론이 세
계의 단합과 평화에 어떤 의미를 주는지 생각해 볼 때, 나는 그를 위대한
거시적 역사가로서 존경하지 않을 수 없었다… 그러나 미국과 유럽의 자민
족중심주의ethnocentrism의 상황 하에서는 사카르가 인류문명과 관련된 교
과서에 기술되기란 쉽지 않을 것이다.

우선 첫째로, 서양은 서양에 관한 문제들을 다루는 데 있어서 서양인의
관점에 의한 내용을 인용한다. 그런데 사카르는 서양이 아닌 인도의 사회
와 역사에서 영감을 얻은 안목으로 서양 역사의 핵심을 곧장 꿰뚫는다. 이
러한 안목은 아주 간단하면서도 당당한 보편성을 갖추고 있다. 그는 이 세
상을 거꾸로 뒤집는다. 즉, 인도를 도마 위에 올려놓고 해부하여 서양의 관
점에서 이해하는 것이 아니라, 서양을 자신의 관점으로 이해하는 것이다.
사카르의 연구에서 서양의 지식은 더 이상 지배적인 위치에 있지 않다.

두 번째로, 사카르는 그의 거시적 역사관과 철학을 토대로 하여, 매우 구
체적인 의미를 창조해 냈다. 그것이 바로 프라우트, 즉 '진보적 활용론'이

다. 이것은 물질보다는 영적으로 고무된 자립경제와 정치제도에 관한 이론이다… 이 제도에서는 돈이 더 이상 모든 것을 지배하지 못하며, 경제전문가들 또한 그렇다. 프라우트의 목표는 경제성장이나 부의 축적이 아니며, 기본적인 욕구만 충족시키고 무한한 영적인 성장을 추구하는 것이다. 그러나 사카르의 이론이 여기에서 끝이 났다면 그는 망상에 빠진 이상주의자로 치부되었을 것이다. 그가 제시한 이론에는 더 많은 것들이 뒤따른다…

역사는 나선형으로 순환하는 모습을 갖고 있으며, 현재의 지배 계급과 다음 지배 계급이 누구인가를 말해 준다. 어떤 지배층이 사회순환의 한 사이클을 돌아 다시 지배 계급이 되어도, 그 사회는 전에 그들이 지배하던 사회와 다르다. 따라서 역사는 원이 아닌 나선형을 그리는 것이다.

물론 이것은 개인 차원으로 보면 윤회를 나타내는 것이다. 비서양적인 관점들은 모두 순환성을 갖고 있다. 오직 서양만이 곧 종말을 맞을 것처럼 보이는 일차원적인 직선에 세계를 그린다. 이것은 서양을 아주 위험스럽게 만든다. 일부 사람들은 그 종말이 코앞에 닥쳤다는 생각을 갖게 되고, 이로 인해 망상에 가까운 유토피아를 생각하게 된다. 그로 인해 스탈린과 히틀러가 탄생했고, 이들은 그런 종말에 대항하여 전쟁을 일으켰다. 그 전쟁에서 승리는 거둔 쪽 역시 글로벌 시장과 자유롭고 공정한 선거를 내세우며 '역사의 종말'을 주장한다. 이런 주장 역시 조만간 유토피아와 똑같은 망상임이 증명될 것이다…

그런데 근래의 세계 역사를 보면, 통신기술과 아울러 여러 현상이 전 세계적으로 동시synchronizing에 발생하는 경우가 많다. 그중 하나가 식민주의다… 식민지는 식민지화하려는 외부세력과 그에 협조하는 내부의 엘리트 집권층에 의해 억압, 세뇌, 착취되기 마련이었다. 대중들은 복수심을 품고 이에 반항했으며, 대부분의 식민지였던 국가들은 사카르가 전망했던 대로 군부가 권력을 잡았다. 또한 군부는 대중의 지지를 받는 세력들까지도 통제하게 되었다…

상인들에게 '자유'란 상인 정신이 깊이 뿌리박힌 미국인들이 말하는 것처럼, '더 많은 재산을 축적하기 위해 자신의 재산을 사용할 수 있는' 자유이다. 상인들은 사회순환에서 자기들의 몫을 요구한다. 그리고 그들 중에서 서양인들은 실상에 대한 감각의 부족으로 그것을 영원히 요구한다. 그들은 오직 자본주의와 사회주의만이 존재한다고 주장하며, 사회주의가 이미 붕괴되었으니 오직 자본주의만이 영원할 것이라고 주장한다.

그러나 사카르의 이론에 따르면 이와는 다른 전망을 할 수 있다. 착취가 너무 지나치면 대중들이 봉기를 하게 된다. 나아가서, 여러 상황이 범지구적으로 동시에 일어난다는 점을 볼 때, 그 봉기가 폭력적인가 아닌가에 관계없이 범지구적으로 일어날 가능성이 높다. 그때가 되면 직접 눈으로 확인할 수 있겠지만, 사카르의 이론은 분명 설득력이 있다. 사카르의 이론은 낡은 힌두교의 관점으로 세상을 이해하는 것과는 다르다…

사카르의 메시지는 매우 분명하다. 소수 엘리트층이 아무런 어려움 없이 대중들 위에 군림하는 날은 오래가지 않는다. 대중들은 민주주의에서 선거란 소수 엘리트층의 자리바꿈에 지나지 않는다는 것을 곧 알게 될 것이다.

그렇다면 사카르가 말하는 순환에서 벗어날 탈출구는 없는 것인가? 물론 있다. 사카르는 그에 대한 해결책을 하나 제시하고 있다. 무사 계급의 용기, 지식인 계급의 창조성, 상인 계급의 근면성, 그리고 사람들이 가지는 가장 기본적인 상식들을 모두 갖춘 사람을 탄생시키는 것이다. 사드비프라는 각 계급의 엘리트들이 이런 과정에 긍정적인 기여를 할 수 있도록 이들을 이용하고… 긍정적인 측면보다는 탄압(무사), 허례허식(지식인), 착취(자본가) 등 각 계급이 가진 부정적인 측면이 더 많아질 경우에는 다음 세대의 지배 계급에게 자리를 내주도록 한다. 사드비프라는 불교의 보살(세상에 계속 태어나서 봉사하고자 해탈을 포기한 영성가들)과 유사하며, 보살과 같은 기능을 수행한다.

사카르는 모든 사람들에게 다음과 같은 도전을 받아들이라고 격려하였다.

어떤 시대건 지배 계층은 처음에는 대중을 잘 돕고, 그런 다음에는 착취하기 시작한다. 그리고 진화나 혁명이 일어난다. 도움을 줄 사드비프라가 부족하기에, 인간사회는 그 기초가 취약할 수밖에 없다. 나는 지금 이성과 도덕성을 갖춘 영적인 투쟁 대중들이 더 이상 망설이지 말고 사드비프라 사회를 건설하라고 진지하게 요구하는 바이다. 사드비프라는 모든 나라들을 위해서, 그리고 모든 사람들을 삶의 모든 측면에서 해방시키기 위해서 일해야만 할 것이다.7

제9장
윤리와 정의에 대한
새로운 해석

인간사회를 뒤흔드는 모든 갈등, 모든 의혹, 그리고 모든 폭력은
하나의 결함 때문에 일어난다. 잘못 인도된 지성,
즉 절대 박애Supreme Benevolence로부터 괴리된 지성이
덕德의 길로 나아가지 않기 때문이다… 인간의 마음이
변하지 않는 한, 문제를 해결할 수 있는 그 어떤 항구적인
방안은 찾을 수 없다. 우리는 상황적(환경적)인 압력을 가하여
비도덕적인 사람, 착취자, 그리고 반사회적인 자들의 행태를
통제할 수 있다. 그러나 이것은 항구적인 해결책이 아니다.
이처럼 집단적으로 환경적 압력을 가하여 행태를 교정하는
노력이 지속되어야 할 것이지만, 동시에 인간의 마음에
타인들의 복지를 생각하게 하는 마음이 일어나도록
진지한 노력을 해야 한다. 그럼으로써 사람들이
올바른 길을 따라 살아가고자 하는 용기를 얻게 되면,
그들의 지성이 남을 위한 복지정신과 하나가 되는 것이다.
오직 하나의 방법으로는 충분치 않다. 이 두 가지 방법이
모두 필요하다. 전자는 일시적이며, 후자는 항구적이다.

−P. R. 사카르[1]

21세기 초인 현재, 우리들은 도덕이 땅에 떨어진 삶을 살고 있다. 급속한 기술의 발전, 대중매체, 서로 상이한 가치체계를 가진 여러 문명들과의 강요된 만남은 점점 더 복잡해지는 윤리적 딜레마를 낳고 있다. 의사의 도움으로 행해지는 자살, 유전공학, 복제, 생물 해적행위, 사형제도, 전쟁, 노동 착취 공장, 약물남용, 핵폐기물, 내부거래, 동물의 권리 등이 이런 딜레마의 예라고 할 수 있다.

많은 연구에 따르면, TV나 영화에서 나타나는 폭력과 성행위를 자꾸 보게 되면 폭력에 무감각해지게 된다고 한다.[2] 살인, 강간, 폭행 등 중대 범죄를 저질러 수감된 젊은 남성 죄수들에 대한 두 번의 조사에서, 이들 중 22~34%가 TV에서 본 범죄수법을 모방하여 범죄를 저지른 것으로 나타났다.[3] 그러나 할리우드는 성과 폭력을 담은 영화를 생산함으로써 거대한 이윤을 올리는 데만 혈안이 되어 있다.

오늘날 TV와 영화에 등장하는 흔한 주제 중 또 하나는 배우자를 속이는 내용이다. 이런 내용이 인기를 얻게 되는 것은 속임수, 배반, 약속 파기 등의 행동을 유발하도록 부추기는 것이다. 그 결과 가족들, 특히 어린 아이들이 고통을 받는다.

1995년에 미국 정신과의사 협회는 범죄심리에 관한 연구결과를 발표하였다. 이에 따르면, 상습적인 범법자들에게 나타나는 가장 큰 공통점은 거짓말을 하는 성향이라고 한다.[4] 그런데 지구상에서 가장 부유하고 가장 많은 권력을 가진 사람들의 상당수도 역시 거짓말을 하는 성향을 갖고 있다. 정치지도자는 국민들에게 거짓말을 하고, 기업의 경영진은 회계장부와 세금보고서를 조작한다. 또한 변호사는 자신의 고객을 위하여(또는 고객에게) 거짓말을 하며, 광고주는 제품을 거짓으로 과장한다.

서양에서는 2,000~3,000년 전에 소개된 유대-기독교 가치들이 빛을 잃고 있다. 새로운 도덕적 딜레마에 대한 분명한 답을 제공할 능력이 없기 때문이다. 글로벌 자본주의는 전 세계적으로 개인주의, 탐욕, 인류의 가난과 고통에 대한 무관심을 낳고 있다. 가격표가 모든 것의 가치를 결정하며,

사람의 도덕적인 자질은 고려되지 않고 오로지 돈만이 그 사람의 가치를 결정한다.

이와 같은 물질중심적인 관점은 부패와 부정직함을 사회 곳곳에서 만들어 내고 있으며, 경제적인 자원 고갈과 공동체 해체를 가속화하고 있다.

그 어느 때보다도 복잡해진 도덕적 질문들에 대한 답을 찾기 위해서는 깊은 반성과 강인한 성격이 필요하다. 그러나 안타깝게도 작금의 상황에서 이런 자질들은 과거 그 어느 때보다 더욱 보기 힘들다.

개인과 사회의 변환을 위한 윤리

사카르는 프라우트 사회가 도덕성의 기초 위에 건설되어야 한다고 믿었다. 그는 절대적이어야 한다는 식으로 표현된 전통적인 계율에 바탕을 둔 도덕성은 이 상대적 세계에서 일어나는 도덕적인 문제들 대부분을 해결하는 데 부적합하다고 지적하였다. 정신이상자가 총을 들고 무고한 사람들을 쏘는 상황에서, 성경에서 말하는 '살인하지 말라'는 계율은 적합하지 않다. 무고한 사람들을 구하려면 그 정신이상자를 어떻게 해서든 저지시켜야 하기 때문이다.

사카르는 '실천할 수 있는 지혜'에 기반을 둔 도덕적인 기틀이 필요하다고 호소하였다. 그는 '단순한 도덕성simple morality'과 '영적인 도덕성 spiritual morality'이라는 말을 하면서, 이 둘 사이에 미묘한 차이를 부여하고 있다. 그는 인류의 역사에서 대부분의 도덕적 가치는 부유층과 권력층의 이익을 반영하는 수단이었다고 지적한다. 지배 계층은 자신들의 이익에 부합되는 규칙들을 만들고 이를 정당화시킴으로써, 힘과 모략을 이용하여 피지배 계층을 착취하였다. 인간의 역사는 소수 집권층의 배타적인 행위와 권력으로 점철되어 있는 것이다.

사카르는 여러 상황에서 올바른 행동을 선택하는 데 있어서 중요한 것은 단순히 '해야 할 것'과 '하지 말아야 할 것'을 구분하는 것이 아니라, 그 행동 이면에 있는 의도라고 강조하였다. 영적 도덕성은 네오휴머니즘과 **기본적인 인간 가치**Cardinal Human Values에 기반을 두고 있다. 기본적인 인간의 가치에는 정직성, 용기, 용서, 겸손, 자기통제, 자비 등이 포함된다. 이들은 모든 사회 및 종교 전통에서 훌륭한 덕목으로 여겨지는 것들이다. 이런 덕목들이 사회와 사회 구성원들을 변화시켜서, 아름다운 삶이 무엇인지를 알게 해주고 그것을 증진시키기 때문이다. 기본적인 인간 가치는 약한 자를 보호하고 타인을 해치지 않도록 해준다. 또한 이기심을 극복하고, 권력을 남용하는 자들의 거짓말을 비난하도록 우리를 자극한다.

프라우트에서는 모든 사물이 존재할 가치, 즉 존재가치existential value가 있다고 인정한다. 존재가치는 사회적인 가치나 효용적인 가치보다 우위에 있다. 그러므로 모든 생명체는 영적인 잠재력을 갖고 있으며, 그 어느 것도 없애거나 존재를 비하해서는 안 된다.

역사를 통하여, 인간 삶의 본질적인 가치에 기반을 둔 일련의 도덕적 가치들을 보다 더 항구적으로 정립하려는 추세가 점진적으로 조성되어 왔다. 노예제도, 독재, 불의, 가난에 대항하는 투쟁들이 이를 반영하는 것이다. 모든 기본적인 인간 가치는 궁극적으로 의식의 진화와 '참된 나'를 찾으려는 영적인 충동에서 나오는 것이다.

사카르는 개인의 이익과 집단의 이익 사이에 균형을 유지해야 한다고 강조함으로써, 윤리적 논쟁에 기여했다. 그는 윤리와 정의감은 영성을 추구하는 삶에 있어서 이상추구와 영감의 기초가 되며, 보다 나은 사회를 창조하는 데 없어서는 안 된다고 주장하였다. 사카르는 도덕성이 개인의 진보나 사회 진보의 시발점이기는 하지만, 도덕성 그 자체가 삶의 궁극적 목표는 될 수 없다고 강조하였다.

"도덕주의자의 도덕성은 어느 때라도 사라질 수 있다. 어떤 도덕주의자가 2루피의 뇌물 유혹을 뿌리쳤다 해도, 그가 20만 루피의 유혹도 뿌리칠 수 있을 것이라고는 결코 장담할 수 없기 때문이다… 인간 삶의 궁극적인 목표가 도둑질을 하지 않는 것이라고 말할 수는 없다. 바람직한 것이란 도둑질을 하고자 하는 성향 자체를 없애는 것이다."[5]

사회와 개인 생활에서 프라마(역동적 균형)를 다시 정립시키기 위해서는 분명한 도덕적 행동규범이 필요하다. 세상에 '바른 삶'을 불어넣기 위해서는 옳고 그름에 관한 감각을 넓힐 필요가 있다.

보편적 원칙 열 가지

사카르는 오래전부터 요가에서 말하는 열 개의 윤리적 원칙들을 받아들였다. 처음 다섯 가지는 '다른 대상들과의 절제된 관계'를 의미하는 쟈마 Yama라는 것이다. 쟈마는 우리가 다른 대상들과 평화롭게 지낼 수 있는 방법을 알려 준다. 나머지 다섯 가지 원칙은 '자신의 정화를 위한 통제된 행동'을 의미하는 니야마Niyama로서, 자신 스스로가 평화로울 수 있는 방법을 제시해 준다. 사카르는 윤리를 억압이 아닌, 해방의 도구로 보았다. 따라서 사카르는 과거의 낡은 도그마적인 해석에서 벗어나, 이들 원칙들을 새로운 시각으로 재해석했다. 이 원칙들은 그 성격상 보편타당성을 지닌 것이어서 남녀노소, 동서고금을 막론하고 타인들과의 관계에서 현명한 행동을 취하게 해주는 효과적인 지침이 될 수 있다.

처음 다섯 가지 쟈마의 원칙, 즉 사회적 가치는 다음과 같다.

아힘사ahim'sa(비폭력): 의도적인 행동, 말, 생각으로 다른 대상에게 해를 끼치지 않는다.

일상의 삶에는 투쟁과 힘이 필요할 때가 있다. 숨쉬기나 걷기와 같은 단순한 행위들도 우리의 의도와는 상관없이 수천 마리의 미생물을 죽게 할 수 있다. 사카르는 아힘사에 대한 해석에 있어서 일부 근본주의 종교의 해석들과는 다른 입장을 취한다. 그는 아힘사의 원칙은 자신과 남을 보호하기 위한 힘의 사용까지 금하는 것이 아니라고 가르친다.

프라우트에서는 외부의 침공 및 구조적이거나 제도적인 폭력에 저항할 대중의 권리를 인정하는 것도 아힘사에 포함된다고 주장한다. 아힘사는 간디를 비롯한 몇몇 사람들이 해석한 것처럼, 글자 그대로 무력을 아예 사용하지 않는다는 뜻이 아니다. 그것은 불가능하며, 동시에 비실천적이기 때문이다.[6]

아힘사에서 가장 중요한 것은 행동을 하는 사람의 의도다. 개인적 차원에서의 아힘사는 다른 대상을 해치고자 하는 생각, 말, 행동을 피하려는 노력을 의미한다.

앞에서 인용한 총을 가진 정신이상자처럼, 무고한 생명들을 구하려면 그 살인자의 행동은 가능한 빨리 저지되어야 한다. 사람들을 치명적인 무기로 위협만 한다 해도, 그것도 엄연한 폭력인 것이다. 아힘사는 총을 든 사람을 죽이는 것이 무고한 생명을 구하는 유일한 길이라면, 이를 배제하지 않는다. 국가에는 무장한 경찰과 군대가 필요하다. 안보를 지키는 사람들이 이 아힘사의 원칙에 충실하도록 만들려면, 적합한 훈련과 기강이 중요하다. 이들은 주어진 권한이나 무기를 분노, 혐오, 권력을 향한 야심 때문에 타인을 해치는 용도로 사용하지 않도록 절제를 해야 한다. 이들은 자신의 권한이나 무기를 소외된 자들을 보호하고, 이들의 사회적 지위를 향상시키기 위한 의도로 사용해야 한다.

사티야satya(진실): 자기의 말과 마음을 타인의 행복을 위해 사용한다. 즉, 박애정신에 기반을 둔 진실이다.

프라우트는 모든 이들이 육체적, 정신적, 영적인 발전을 이루도록 하겠다는 박애정신에 기반을 두고 있다. 이처럼 타인과 함께 진보하겠다는 태도는 열 개의 원칙들 중에서 가장 중요하다 할 수 있다. 우리의 삶을 다른 이들이 목표를 이루게 해주는 방향으로 나아가도록 하기 때문이다. 사티야는 권력을 가진 자들이 자신의 이익과 위선 때문에 범하는 거짓말과 정면으로 배치된다.

그러나 진실이 타인을 해칠 수도 있다. 폭력조직으로부터 도망친 사람이 당신의 도움을 구하는 경우를 생각해 보자. 박애정신에 기반을 둔 진실이란 그 사람을 숨겨 주고, 그를 찾는 폭력배들에게 그를 본 적이 없다고 거짓말을 하는 것이다. 달리 말하면, 사티야는 단순한 진실이 아니라, 박애에 기반을 둔 한 차원 더 높은 도덕적 감각을 추구하는 것이다.

다른 이들의 행복을 끊임없이 생각하는 사람은 매우 강한 내적 힘과 명료한 정신을 계발할 수 있다. 이를 통해 타인을 고무시키고, 또한 자신의 바람과 꿈을 이룰 수 있게 된다. 사람 상호간의 관계에서, 진실은 부드럽고 사랑어린 언어로 전달되어야 한다.

아스테야asteya(훔치지 않음): 다른 이들이 정당하게 소유한 것을 취하지 않으며, 나아가 다른 이들의 몫을 취하지도 않는다.

모든 사회에는 소유와 관련된 제도 및 분쟁을 해결하는 법률이 있다. 프라우트에서는 모든 이들의 복지를 위해서 정의롭지 못한 법률에 이의를 제기하고, 나아가서 그런 법률들을 고치기 위한 집단적인 투쟁의 필요성을 인정하고 있다. 한편, 자신의 이익을 위해 법을 어기거나 도둑질을 하게 되면 마음은 거칠어지고, 탐욕, 욕망, 습관적인 거짓말 등으로 인하여 결국 타락하게 된다.

아스테야의 원칙은 부패와 속임수를 거부하는 것이다. 부패와 속임수는 경제적으로 낙후된 국가에서 특히 파괴적으로 작용한다. 아난다 마르가와 프라우트 운동이 인도에서 시작된 초기부터, 회원들은 개인적인 삶에서 엄격한 정직성을 유지하였다. 그러나 슬프게도 이 때문에 그들은 핍박을 받게 되었다. 예를 들면, 경찰, 세관, 세무공무원 등으로 있던 회원들이 동료들에게 더 이상 뇌물을 받지 않겠다고 선언하자, 동료들은 이를 자신들에 대한 위협으로 간주했다. 그리고 이로 인해 정직함을 유지하려 했던 회원들은 괘씸죄로 보이는 불이익을 자주 받게 되었다.

정직과 신뢰성은 활동가에는 필수적인 자질이다. 착한 사람들이 모두 존경하는 이상적인 인격을 계발하려면, 도둑질을 하려는 마음의 욕망은 당연히 극복되어야 한다.

브라마차리아brahmacarya(모든 것이 신): 모든 사람과 사물을 지고의식의 현현으로 존경하고 대한다.

우리들의 행복이 독립적이지 않고 서로 얽혀 있다는 관점은 영적이면서 동시에 생태적인 태도다. 즉, 모든 존재가 육체적, 정신적, 영적인 잠재성을 지니고 있다는 점을 받아들이는 것이다. 우리들 각자는 전체의 한 부분인 것이다. 우리들 각자는 순수의식이다. 그러기에 우리는 어떤 사람의 행동을 반대할 권리는 있지만, 그 사람 자체를 미워할 권리는 없다.

아파리그라하aparigraha(검소한 삶): 삶을 유지하는 데 과도한 안락함이나 편리함에 탐닉하지 않는다.

물질은 필요한 만큼만 소유하고 소박한 삶을 사는 것은 생태 원칙이다. 행복을 찾는 과정에서 세속적인 것들을 좇는 것은 잘못이다. 물질중심적인 생활양식은 자신의 사랑과 관심을 오직 친구나 가족과 같은 매우 좁은 범주로 제한하게 만든다. 물질을 추구하는 것은 시기, 질투, 허영심 등을 강화시킨다. 누구나 내면의 평화와 사랑을 찾지만, 물질적인 것으로는 그것을 찾을 수 없다.

이와 같은 신념은 영국 출신의 경제학자이며 《작은 것이 아름답다: 인간 중심의 경제를 위하여Small is Beautiful: Economics as if People Mattered》의 저자인 슈마허의 말에도 나타나 있다. 그는 "오직 물질만을 추구하고 성취하려는 삶의 태도는 이 세상에는 적합하지 않다. 이런 태도에는 스스로를 자제하는 원칙이 없는 반면에, 그 태도가 작용하게 되는 환경은 극히 제한되어 있기 때문이다"라고 말했다.7

아파리그라하는 이 행성의 부는 우리의 소유가 아니며, 우주가 후세에 남기는 유산이라는 개념에 기반을 두고 있다. 우리는 그 부를 관리할 뿐이며, 우리에게는 모두를 위해서 그 자원을 사용하고 서로 나눌 수 있는 권한만이 있다. 지구는 현재 북미 사람들의 생활방식을 지속시킬 수 없다. 북미에서의 1인당 에너지 소비량은 세계 평균의 열 배에 이르기 때문이다. 생태주의자들은 재활용의 개인적 실천, 가정에서의 에너지 절약, 운행 차량의 감소, 먹이사슬의 하위에 있는 유기적 식품을 소비하는 식생활로의 전환 등을 제안하고 있다. 이런 실천방안들은 다소간 개인의 희생과 번거로움, 시간 등을 요구한다. 생태계의 균형회복을 위해 자발적으로 소박하게 사는 것이 아파리그라하 정신에 들어 있다.

다음의 니야마의 다섯 가지 원칙은 그 본질상 보다 개인적인 차원의 것들이다.

샤오차shaoca(청결): 자신의 몸과 주변 환경을 청결하게 하고, 마음의 순수함을 지킨다.

우리의 몸과 환경을 청결하게 유지하는 것은 육체 및 정신 건강에 필수적이다. 같은 이유로, 우리의 사회적 환경(가정과 사회) 역시 우리들에게 긍정적이거나 부정적인 영향을 미친다. 불행하게도 현대사회는 우리들의 마음을 크게 교란시키는 폭력과 성에 대한 홍보에 열을 올리고 있다.

샤오차의 원칙은 내적인 청결함도 말하고 있다. 예를 들면, 지나치게 먹는 것은 소화불량, 정신적인 혼침, 비만 등을 야기하고, 무엇보다도 우리의 마음을 행복하지 못한 상태로 만든다. 자기절제는 맑은 정신과 평화로운 마음을 이루는 데 매우 중요하다.

산토사santosa(자족): 정신적인 만족감과 정신적인 평정 상태를 유지한다.

선진국의 현대적인 삶의 스타일이란 매우 바쁘면서 스트레스에 가득 찬 삶이며, 피상적인 삶이다. 탐색기자인 던컨 캠벨Duncan Campbell은 "미국인들은 그 어느 나라 사람들보다도 시간을 절약하는 장비들을 많이 가지고 있지만, 그 어느 나라 사람들보다 시간이 부족하다"고 말했다.[8]

바쁘게 사는 삶을 중단하고 아이, 가족, 친구들과 시간을 보내는 것은 매우 중요하다. 매일 수많은 문제점들과 조우하더라도, 인내와 유머감각을 잃어서는 안 된다. 이것이 바로 사물의 긍정적인 측면만을 보되, 타인의 고통과 고난을 외면하지 않는 낙관주의자의 태도다. 산토사의 원칙은 삶의 모든 축복에 깊이 감사하는 느낌에 젖게 하며, 다른 이들에게는 희망을 심어 준다.

평화로운 마음은 모든 사물에게 영적인 목적이 있음을 깊이 이해함으로써 오게 된다. 이는 "제가 바꿀 수 있는 것은 그것을 바꾸는 용기를, 바꿀 수 없는 것은 받아들이는 인내를, 그리고 그 두 가지를 알 수 있는 지혜를 베풀어 주소서"라는 기도문을 보면 잘 알 수 있다.

타파tapah(봉사): 개인적인 봉사와 희생을 통하여 도움이 필요한 이들의 고통을 덜어 준다.

불운한 사람들을 같은 인류의 구성원이라고 생각하며 돕는 데 시간을 바치는 것은, 자신의 삶을 심오하고 풍요롭게 만든다. 이와 같은 자원봉사가 아무런 보상이나 과시하려는 생각 없이 이루어질 때, 비로소 타파로 간주된다. 이와 같은 형태의 진정한 봉사는 상호 존경심을 기르게 하고 겸손함을 심어 준다.

스와댜야svadhyaya(영적 배움): 진리를 담은 영적인 서적과 고전들을 읽고 그 의미를 분명하게 이해하려는 노력을 하며, 현명한 가르침을 듣는다.

어떤 것을 확실히 이해하려면, 이성적이며 탐구적인 마음을 활용하는 것이 절대적으로 중요하다. 이러한 태도를 실천하는 것은 위대한 인격체를 만날 수 있도록 해주며, 자아를 깨닫는 여정을 시작하고 지속할 수 있도록 영감을 불러일으킨다.

자신과 다른 이들의 영적인 전통과 수행법을 존중하는 것이 중요하다. 그러나 동시에, 사람들에게 해를 끼치는 비이성적이고 미신적인 방법을 반대하는 것도 중요하다. 종교적인 도그마(검증되지 않은 채 받아들여진 진실이 아닌 가르침들)에 대한 맹목적인 복종은 광신이며, 편협된 사회정서를 초래한다. "오직 우리 종교를 믿는 사람들만이 하나님의 선택된 자녀들이다. 오직 우리들만이 죽어서 천국에 가고, 그렇지 않은 사람들은 지옥으로 떨어질 것이다"와 같은 관점이 그런 예라고 할 수 있다. 이처럼 관용이 결여된 태도는 지난 역사에서 수많은 종교전쟁과 종교박해를 불러일으켰다. 스와댜야의 원칙은 진리와 지혜를 찾는 과정에서 우리가 읽고 듣는 것들에 대해 내적으로 질문해 볼 것을 요구한다.

이슈와라 프라니다나iishvara pran'idhana(명상): 우주의식Cosmic Consciousness을 자신의 인식처와 목표로 받아들인다.

이것은 보다 더 고귀한 목적을 향해 귀의하는 태도이다. 성 프란체스코 Saint Francis의 유명한 "오, 주여! 저를 당신의 평화를 위한 도구로 만들어 주소서"로 시작하는 기도는 이와 같은 영적인 의미의 한 예이다.

고故 제니퍼 피츠제럴드Jennifer Fitzgerald는 사카르의 윤리에 관한 깊은 분석에서, "사카르는 사랑과 지혜를 강력하게 조합하여 절대세계와 상대세계를 넘나들었다. 그는 자신의 윤리적인 가르침을 단순하고 토착적이며, 입증될 수 있는 지혜의 기반 위에 정립하였다. 그는 세상 모든 사물의 상호 연관성과 모든 사물을 생성시키는 궁극적인 힘을 깊이 이해하고 있으며, 기본적인 욕구, 궁극적인 성질, 열망도 깊이 알고 있다"라고 했다.[9]

사법정의의 기반이 되는 기본적인 인간 가치

범죄와 폭력은 보다 엄격해진 법률과 길어진 형량, 더 많아진 감옥과 증가된 경찰 예산에도 불구하고 꾸준히 증가하고 있다. 이는 선진국과 후진국 모두에서 공통된 현상이다. 지난 25년간 미국에서 죄수는 18만7,000명에서 200만 명 이상으로 늘었다. 미국 어린이의 20%가 부모 중 한 명이 교도소에 수감되어 있다. 또한 흑인청년들 중에서는 대학에 다니는 숫자보다 교도소에 있는 숫자가 더 많다.[10] 그리고 범죄와 폭력 사건은 지금도 계속해서 늘어나고 있다.

윤리가 실천적 행동으로 옮겨지려면, 세계 각국의 법률이 기본적인 인간 가치를 반영하도록 개정될 필요가 있다. 예를 들면, 브라마차리야의 원칙(모든 대상을 지고의식Supreme Consciousness의 한 표현으로 보는 것)은 모든 인간들이 변화할 수 있는 능력을 갖고 있음을 알게 해준다.

자기변형의 메시지는 거의 모든 종교와 영적인 가르침에서 기본이 되는 것이다. 성경에는 큰 잘못이나 범죄를 저지른 사람들 상당수가 결국 선하게 변한 이야기들이 담겨 있다. 노아, 아브라함, 에서, 야곱, 리브가, 모세, 다윗, 솔로몬, 마리아 막달레나, 베드로, 바울 등은 모두 이런 사람들이다. 부처님은 고대 인도에서 악명 높은 살인자였던 앙굴라 말라를 변화시켰다. 사카르가 명상에 입문시킨 최초의 사람은 칼리차란Kalicharan이라는 악명 높은 도둑이었는데, 그는 나중에 위대한 성인이 되었다. 이처럼 사람이 변화할 수 있다는 가능성은, 오늘날 미국에서 가석방 없이 사형이나 무기징역 등을 선고하자는 흐름과는 반대되는 것이다.

사회는 범죄를 저지른 개인을 사회에 복귀시키기 위해 모든 노력을 기울여야 한다. 만약 그것이 불가능하다 해도, 사람을 죽일 권리는 그 누구에게도 없다. 그것은 의사가 환자의 병을 고칠 수 없다고 해서, 마지막 '치료방법'으로 죽음을 처방하는 것과 같다. 미국에서 실행되고 있는 교수형, 남미 등의 개도국에서 경찰과 비밀 암살단에 의해 자행되고 있는 비공식적인 처형은 모두 야만적인 행위로 지탄받아야 하며 중지되어야 한다.

사카르는 "암살자와 살인자를 네오휴머니즘에 근거한 법률로 처벌을 받도록 함으로써, 그들의 피에 굶주린 성향이 영구히 제거되어야 한다"고 말했다.[11]

사형은 대부분 돈 없는 죄수들이 선고받는 경우가 많기 때문에, 일단의 젊은 프라우트주의자들은 법원의 담벼락에 다음과 같은 글을 썼다.

사형capital punishment = 자본capital을 가진 자들이 주는 처벌punishment!

사회적인 관점에서 볼 때, 처형되는 범죄자 대부분은 가족, 친구 등을 남기고 떠나간다. 처형으로 인해 이들은 강제로 이별을 당하고 고통스러워한다. 이들의 분노와 고통은 (이들에게 잘못이 있든 없든 간에) 사회의 기반을 해친다. 그러므로 사형제도를 폐지하는 것은 사회적 일체감과 단결을 위해 필요하다.

사카르는 사법제도의 그 목적이 징벌이 아닌 교정에 있어야 한다고 강조한다.

"인간 생존의 맥박 하나하나를 통제하는 신성한 지고의식의 시스템(원인과 결과의 법칙)만이 인간을 벌할 수 있는 권리를 갖고 있다." [12]

비록 사회가 반사회적인 요소들로부터 스스로를 보호할 의무를 지니고 있지만, 사회의 사법제도는 징벌이 아닌 교정을 목적으로 해야 한다.

판사를 올바르게 뽑는 것이 가장 중요하다. 판사는 박식하면서도 깊은 통찰력과 지성을 소유하고 있어야 한다. 또한 논란의 여지가 없는 훌륭한 품성이 있어야 하고, 지혜가 있다면 보다 이상적일 것이다.

복원적 사법정의

범법자의 교정 과정은 자신의 잘못에 대한 완전한 인정, 그 잘못으로 인하여 피해(가해자의 가족과 친구들이 받은 정신적인 피해 포함)를 입은 피해자들의 용서, 그리고 가능한 경우에는 보상 등과 같은 요소에서 출발한다.

복원적 사법정의Restorative Justice 운동은 여러 나라에서 성공한 사례가 많으며, 이는 징벌에서 교정으로 전환되어야 한다는 의식변화 과정에서 일어난 큰 진전이다. 복원적 사법정의 운동은 범죄를 국가의 안녕을 해치는 중대한 결함으로 취급하기보다는, 사회의 균형을 회복시키고 치유하는 데 목표를 두고 있다. (주로 현행범일 경우) 가해자가 잘못을 인정하면, 교정 절차를 진행할 모임을 만들게 된다. 이 모임은 가해자, 피해자, 피해자 가족, 친구, 동료 등 모든 관계 당사자들로 구성된다. 이는 범법행위가 피해자들에게 미친 육체적, 정신적 고통을 가해자에게 직접 보여 주기 때문에 매우 가치가 있다. 또한 피해자가 가해자를 한 사람의 인간으로 바라보고 이야기를 듣는 기회가 되기도 한다.

복원적 사법정의 모임은 가해자의 사려 없는 행동으로 일어난 고통을 가해자 본인이 깊이 참회하도록 함으로써 큰 영향을 주게 된다. 이는 통상적인 재판과 선고의 과정에서는 결코 경험할 수 없는 과정이다. 복원적 사법정의 모임을 거치지 않은 범죄자들은 자신이 저지른 행동에 대한 책임을 인정치 않으며, 사회에 대한 분노와 반감으로 가득한 채 수감생활을 한다. 통계에 의하면, 범죄자의 대다수는 출소 이후에 다시 범죄를 저지른다.

복원적인 사법정의 모임의 진행자는 어떤 복원적 조치를 법원에 추천할 것인가에 대해서 모든 당사자들의 합의를 이끌어 낸다. 복원적 조치의 목표는 양면적이어야 한다. 즉, 가해자를 변화시키는 것과 피해자가 다시 힘을 얻고 치유되도록 도와주는 것이다. 피해자 가족, 친구, 동료들을 관여토록 함으로써, 봉사와 배상 등 모두가 납득할 수 있는 해결책을 찾도록 노력을 기울인다.

교도소의 책임자들조차도 많은 수감자들이 수감되지 않고 사회에 남아 있었다면, 훨씬 잘 생활했을 것이라고 생각한다. 미국의 폴 사이먼Paul Simon 상원의원은 전국의 교도소 간수들을 대상으로 조사를 했다. 이에 따르면, 간수들의 85%가 예방적 프로그램 및 교도소를 대신할 대안적인 방법을 보다 많이 이용할 것을 지지하는 것으로 나타났다.[13]

노벨평화상 수상자인 데스먼드 투투Desmond Tutu 주교는 남아프리카에서 인종차별제도가 막을 내린 후 '남아프리카 진실과 화해 위원회'를 이끌었다. 이때 그는 이와 같은 교정과 치유를 통해 소기의 목적을 달성하려고 많은 노력을 기울였다. 뉴질랜드에서는 청소년 가해자들을 위한 복원적 사법정의 프로그램을 10년 이상 운영하면서, 90%의 교정 성공률을 보였다.[14]

개인을 변화시킬 재교육 센터

사회를 폭력적인 범죄자들로부터 보호하는 것은 사법제도가 담당해야 할 과업이다. 의사가 전염병 환자를 격리시켜 병의 확산을 방지하는 것처럼, 타인에게 위험을 주는 행동을 하는 자들은 격리시킬 필요가 있다. 그러나 불행하게도 대부분의 수감제도로는 교도소 내에서 일어나는 폭력을 제대로 통제하지 못하고 있다. 보 로조프는 이렇게 말하고 있다.

> 70%가 넘는 죄수들이 폭력과 상관없는 범죄로 복역하고 있다. 새로 교도소를 짓지 않아도 정말로 위험한 죄수들을 이들과 분리하여 수용할 공간도 넉넉하다. 그러나 70%의 비폭력 범법자들 대부분은 교도소에서 죽음의 공포로 떨고 있으며, 오직 살아서 나가기만을 원한다. 이런 사람들을 30%의 폭력적인 죄수들과 섞어 버린다면, 그들 중 과연 몇 %가 출소할 때까지 폭력을 저지르지 않을 것이라 생각하는가? 많은 젊은 죄수들은 교도소에 수감되자마자, 오랫동안 수감생활을 하고 있는 폭력적인 죄수들로부터 다른 동료 죄수를 공격하거나 죽이라는 말을 듣는다. 그렇게 해서 악명을 얻게 되면 상당히 안전하게 지낼 수 있다는 말을 듣기 때문이다.[15]

폭력적인 죄수들에게는 높은 담벼락이 필요하다. 그러나 전통적인 교도소와는 전혀 다른 접근법이 도입될 필요가 있다. 사카르는 프라우트주의자들에게 "교도소를 없애는 대신에 교정학교, 교정캠프를 만들어라. 어떤 유기적 결함 때문에 선천적으로 범죄를 저지르도록 태어난 사람이 있다면, 치료를 받도록 해서 인간성을 회복토록 해주어야 한다. 가난 때문에 범죄를 저지르는 사람이 있다면, 그의 빈곤을 없애 주어야 한다"라고 촉구하였다.[16]

범법자들을 재교육시키려면 그들이 범죄를 저지른 다양한 이유를 아는 것이 중요하다. 사카르는 범죄자들의 유형은 다양하며, 범죄를 저지르는 이유도 충동적인 감정, 가난, 다른 이들의 나쁜 영향, 마약 및 알코올 중독, 정신장애 등 다양하다고 강조했다.

사카르는 범죄행위를 심리적, 사회학적, 또는 신경학적으로 만족할 만하게 교정할 수 있는 과학적인 방법이 아직 없음을 유감스러워했다. 그는 재교육 센터가 '보다 순수하고 보다 인간적이어야' 하며, 범죄자를 변화시킬 '친근한 환경'을 만들어 내야 한다고 했다.[17]

재교육 센터의 요원들은 자비심과 고귀한 품성을 지닌 전문가들이어야 한다. 심리학자, 정신의학자, 사회학자, 교사를 하나의 팀으로 만들어 죄수들의 변화를 도와야 한다. 간수들 역시 자비심을 가진 사람이어야 한다. 가장 현대적이고 진보적인 교도소일지라도, 거기에서 일하는 간수들이 어떤 자질을 가졌는가에 따라 교도소가 제 기능을 수행하지 못할 수도 있다. 만일에 간수들이 편협하고 독선적이어서, 불필요한 규율들을 만들어 내고 사소한 위반행위에 대해서도 특전을 취소하는 등의 처벌을 한다면, 죄수들의 삶은 지옥이 된다.

많은 나라에서는 같은 범죄를 저지른 죄수 사이에서도 형기가 대단히 불균형하다. 프라우트에서는 모든 선고가 재심의를 받아야 한다고 제안한다. 죄수들의 반사회적인 성향이 치유되었다고 판단되면, 이들을 출소시켜야 한다. 물론 이는 전문가들로 이루어진 팀이 그 재소자가 더 이상 사회에 위협적이지 않다고 만장일치의 의견이 나왔을 경우를 말한다.

교육은 개인을 변화시키는 핵심요소다. 그러므로 재교육 센터는 모든 재소자들이 재교육 센터 내에서의 강의나 통신교육을 통해서 보다 많은 교육을 받도록 권장해야 한다. 넬슨 만델라는 그의 자서전에서, 그와 그의 동료 정치범들이 어떻게 악명 높은 남아프리카 로빈Robbin 섬 감옥을 '대학'이라는 별명을 얻도록 하게 했는지 기술하고 있다. 그들은 교도소 내에서 공부할 수 있도록 끈질기게 투쟁했다. 심지어 석회석 광산에서 중노동을 하는 동안에도 무리를 지어 강의와 개인교습을 했다.[18] 교육이란 자존심을 길러 주는 끝없는 자아수양 과정이다. 모든 재소자들이 수준에 맞게 공부할 수 있도록 끈임 없이 격려하고 도움을 주어야 한다.

자연은 마음을 치유하는 데 놀라운 효력을 갖고 있다. 그러므로 모든 교도소 안에는 큰 정원을 만들어야 한다. 이 정원에는 동물을 길러 넣어, 재소자들이 연민의 마음을 기를 수 있도록 한다. 정신질환을 가진 사람들을 위해 꼭 필요한 치료법은, 의미 있는 일에 적극적이고 지속적으로 참여토록 하는 것이다. 그러므로 정원 가꾸기를 모든 재소자들의 일과로 만들어야 한다. 재소자들의 육체적인 건강과 유연한 마음을 위해 스포츠와 운동도 가미되어야 한다.

영양가 있고 균형 있는 식단은 모두에게 필요하다. 인도의 교도소는 심각한 과밀현상에도 불구하고, 교도소 내 폭력은 매우 드물다. 그 이유 중 하나가 고기, 생선, 계란이 급식에서 빠져 있기 때문이다. 이는 예산부족과 문화적 전통 때문이다. 흡연 역시 한국의 교도소들처럼 금지되어야 한다.

음악은 사람의 의식을 고양시킨다. 마음을 고양시키는 고전음악과 영적인 음악을 교도소의 음향 시스템을 이용하여 정기적으로 들려주어야 한다.

환경 통제, 절제적인 일과, 부정적이고 마음을 혼란시키는 영향의 예방을 통해 교정기관 내의 삶이 반성, 깊은 생각, 명상을 위한 이상적인 장소가 될 수 있다. 인간 역사에서 사카르를 포함한 몇몇 위대한 작가와 사상가는 부당한 투옥기간 중에 자신들의 철학을 발전시켰다.

교정기관에 관한 사카르의 마지막 언급은 그 어떤 것보다도 중요한 것이다. 즉, 교정기관 내의 환경이 매우 편안하고 청결하며, 인간적이어야 한다는 것이다.

"무고한 사람이 그 기관에 수감되었다 해도 그곳의 교정환경이 이상적이어서 혜택을 받는다는 생각이 들 정도가 되어야 한다… 이렇게 된다면 비록 공정한 사법제도에 결함이 생기더라도, 그 누구도 해를 입을 가능성은 일어나지 않는다."[19]

이들 교정기관의 성격은 현재의 사법제도와는 근본적으로 다를 것이다. 판사의 업무는 의도적으로 범죄를 저질렀는지의 여부를 판단하는 것이 된다. 그렇게 되면 형법 조항도 매우 단순해질 수 있고, 기본적인 인간 가치를 반영하여 수정될 수 있다. 언젠가는 지구상의 모든 사람들에게 공통으로 적용될 보편타당한 형법제도가 나와야 한다.

요가와 명상을 통한 재소자들의 변화

사카르는 재소자들에 대해 '자비롭고 인간적인 감정을 가지는 것'이 중요하다고 강조한 후, 다음과 같은 주목할 만한 주장을 했다.

"범죄자들은 영적인 수행을 통하여 아주 빠르게 치유될 수 있으며, 요가적 방법을 통해서는 그보다는 시간이 약간 더 걸린다. 그런데 이를 위해서는 편안한 환경이 필수적이다."[20]

브라질의 교도소는 전혀 편안하지는 않지만, 나는 다른 프라우트주의자들과 함께 요가 강의와 명상법을 보급하고 싶다는 영감을 받았다. 그래서 재소자들이 삶을 변화시키는 데 도움이 되고자 주 1회 수업을 시작하였다. 요가 수업은 벨로리존테, 쿠리티바Curitiba, 포르투알레그레, 상파울로의 악명 높은 카란디루Carandiru 등의 교도소들에서 이루어지고 있다.

우리는 미국에 있는 보 로조프와 시타 로조프Sita Rozoff로부터 영감과 지도를 받았다. 이 둘은 1973년에 '교도소-아쉬람prison-ashram 프로젝트'를 시작했다. 그들은 재소자들에게 감방을 육체적, 정신적, 영적인 발전을 위해 수련하는 요가 아쉬람처럼 생각하라고 가르쳤다.[21] 그리고 현재 영국의 교도소 절반 이상이 요가와 명상을 가르치고 있다.[22]

현재 우리는 두 가지 장애를 겪고 있다. 첫째는 교도소에서의 요가 수업을 허락하지 않는 몇몇 교도소 책임자들이며, 둘째는 대부분의 재소자들이 거칠고 힘든 환경으로 인한 우울증과 절망감 때문에 요가를 배우려는 동기가 부족하다는 것이다.

수업은 요가 자세 몇 가지와 만트라, 침묵 속 명상으로 진행된다. 그런 다음에 금언들 중에 있는 영적인 이야기를 함께 나누고, 모든 참가자들에게 깊은 생각을 일으킬 수 있는 질문을 몇 가지 던진다. 그들의 대답 하나 하나를 주의 깊고 진지하게 들음으로써, 우리는 그들의 생각과 아이디어가 중요하다는 것을 보여 준다. 우리들은 그들이 감옥, 지역사회, 그리고 이 세상에서 긍정적인 삶의 본보기가 될 수 있는 잠재성을 지닌 중요한 사람들이라는 점을 언제나 강조한다. 모든 참가자들이 보여 주는 개인적인 변화는 이 일을 매우 보람되게 해준다.

몇몇 감옥 책임자들은 이런 현상에 감명을 받았다. 카를로스 로버트 데 파울라Carlos Robert de Paula는 벨로리존테 지역의 호세 마리아 알크민Jose Maria Alkmin 교도소의 소장이다. 그는 한 신문과의 인터뷰에서, "명상을 한 재소자들에게서는 대단한 변화가 목격되었다. 가장 중요한 것은 공격성의 감소였다"라고 말했다.[23] 카르멘 루시아 도스 산토스Carmen Lucia dos Santos는 카란디루 여자교도소의 소장이다. 그는 나에게 보낸 감사장에서, "요가와 명상 수업에 참석한 재소자들은 큰 효과를 얻었습니다. 그들은 과거보다 더 행복해하고 안정적이며, 쉽게 흥분하지 않습니다. 또한 공격성도 줄어들었고, 스트레스도 덜 받습니다. 이 수업은 재소자들의 삶을 변환시키고 모두에게 보다 나은 환경을 만들어 주려는 저희들의 노력에 큰 힘이 됩니다. 저희는 저희 교도소의 다른 수감자들에게도 이 수업을 계속 해주실 것을 부탁드립니다"라고 말했다.[24]

마약 남용은 건강 문제다

불법적인 마약거래는 심각한 폭력과 각종 범죄를 초래한다. 이로 인해 목숨을 잃는 사람이 생기고, 지역사회에 심각한 희생을 가져다준다. 그러나 통계를 보면, 미국에서 폭력과 관련된 가장 큰 원인은 음주인 것으로 나타났다.[25]

뉴욕의 빈민가인 할렘에는 위스키 광고판이 하나 있다. 광고 속에는 값비싼 옷을 입은 젊은 흑인남자가 세 명의 아름다운 흑인 여성들에 둘러싸여 소파에 앉아 있다. 이 광고가 할렘가의 아이들에게 주는 메시지는 분명하다. 비싼 옷과 그런 아파트를 가질 수 있는 젊은 흑인남자란 오직 마약암매상과 창녀들의 기둥서방뿐이며, 세 명의 아름다운 여자들은 창녀들일 수밖에 없다. 주류 회사는 이 광고를 미국의 흑인들을 대상으로 특별히 기획한 것이다. 그러나 이는 가정과 지역사회의 가치를 파괴하도록 선동하는 것이다.

프라우트는 이와 같은 악순환을 종식시키기 위해서, 마약과 알코올 의존증은 범죄가 아닌 건강 문제로 보아야 한다고 제안한다. 모든 마약을 법적으로 인정하고, 또한 오직 마약만 개입된 범죄를 저지른 죄수들은 그들의 형기를 재심해야한다. 마약을 법적으로 인정하자는 취지는 마약의 사용을 권장하려는 것이 절대 아니다. 그 목적은 1) 불법 마약거래에서 오는 엄청난 이윤을 없애기 위한 것이며, 2) 마약 사용자들이 마약을 사기 위해 범죄를 저질러야 될 상황을 없애기 위한 것이며, 3) 마약을 남용하지 않도록 하기 위함이다.

정부는 마리화나, 술, 담배, 기타 니코틴이 함유된 것과 마약을 생산하고 판매할 독립적인 기관을 만들어야 한다. 여기서 생기는 판매수익은 선도교육 캠페인과 재활프로그램에 투자되어야 한다. 모든 주류 및 담배 광고는 금지되어야 하며, 판매되는 모든 담뱃갑과 술병마다 경고 문구를 붙이도록 해야 한다.

캐나다 암협회는 최근에 흡연자들을 조사한 연구결과를 발표했다. 이에 따르면, 암이 구강, 폐, 심장, 두뇌에 영향을 미치는 컬러사진을 보여 주었더니 흡연자의 58%가 흡연이 건강에 미치는 영향에 대해 더욱 생각하게 되었다고 응답했다. 마약 남용을 더 이상 범죄와 관련된 문제로 취급하지 말아야 하며, 국민건강의 위기로 다루어야 한다. 탐욕, 행복을 향한 염원, 소외감, 우울증 등은 모두 마약에 손을 대도록 부추기는 감정들이다. 그러므로 지역사회 전체가 용기와 연민을 갖고, 마약으로 인한 위기를 극복하겠다는 굳은 결의를 해야 한다.

제10장
문화적 정체성과 교육

프라우트에서 제시하는 사회적 · 경제적 단위들은
사람들의 사회적 · 경제적 욕구들뿐만 아니라,
문화적인 열망도 충족시킬 것이다. 문화란 인간의 모든 종류의
표현을 의미한다. 모든 인류에게는 하나의 문화가 있을 뿐이며,
문화적 표현에서만 다양한 차이가 있을 뿐이다.
표현의 가장 적절한 소통 방법은 그들의 모국어를 통한 것인데,
그것이 가장 자연스러운 것이기 때문이다. 만일 사람들이
모국어를 통한 자연스런 표현이 억압받게 되면,
그들의 마음에 열등의식이 자라나게 된다. 그리고 이는 패배주의적 정서를
강화시키며, 결국에는 심리적 · 경제적 착취를 당하게 된다.
그러므로 모국어의 사용이 결코 억압되어서는 안 된다…
사람들의 문화적인 긍지를 일깨우고 사회적 · 경제적 의식을
고양시키기 위해서는, 어떤 자들이 착취하고 있는지와
심리적 · 경제적 착취의 성격에 대해서 그들이 잘 알도록 해야 한다.
그렇게 함으로써 그들은 착취에 대항하는 투쟁정신이 베이게 된다.

−P. R. 사카르[1]

심리적 착취

제1장에서는 물질적인 차원에서 자본가들이 저지르는 착취에 대해 말한 바 있다. 그런데 이와 아울러, 사카르는 지적·심리적인 차원에서 어떻게 착취가 이루어졌는지도 설명하였다. 지적·심리적인 착취는 여러 가지 형태로 이루어진다.

첫째로, 선진국이나 후진국 모두에서 대중들에 대한 교육이 경시된다. 공립학교에는 적은 예산이 배정되며, 대부분의 엘리트층은 자녀를 비싼 사립학교에 보낸다. 충분한 재정적인 뒷받침이 없어서 공립학교는 뛰어난 교사를 유치하기 어렵게 되며, 또한 학생들을 고무시키고 학창생활을 풍요롭게 할 교과과정이나 특별활동 프로그램을 제공하지 못한다. 이러한 공교육에 대한 무관심은 학력 수준을 떨어뜨리고, 교사나 학생 모두의 동기를 상실하게 만들며, 학교를 도중에 중퇴하는 비율을 상승시킨다.

둘째는 사회적·경제적 각성이 제대로 성숙되지 않은 상태인데, 이는 착취자들이 착취를 계속할 수 있는 상태를 유지하도록 만든다. 영국의 저명한 교육자인 파울로 프레이리Paulo Freire는 사회적·정치적 각성의 부족을 다음과 같이 통탄하였다.

"나는 근본적으로 교사와 학생 모두가 배우는 과정에서 결여된 점 중 하나는, 이 세상에서 자신이 존재하는 이유에 대한 깊은 관조가 없는 점이라고 생각한다. 대부분의 학교에서 일반적으로 강조되고 있는 것은 생물, 지리, 역사, 수학의 정보를 전달하는 것인데, 이것들은 모두 세상에서 당신의 중요성을 최소화시키는 것들이다." [2]

프레이리는 빈곤한 이들이 이미 가지고 있는 지식을 인정하고 존중하면서, 그들과의 대화를 통해 문맹퇴치 교육에 혁신을 가져왔다. 그는 동시에 '의식화' 방법을 가르침으로써 빈곤한 이들이 자신이 가난한 원인에 대해 의문을 가지도록 했다.

또 다른 심리적 착취의 형태는 사람들에게 두려움과 열등의식을 심어 주는 것이다. 이는 대중이 순종적이고 수동적인 성향을 갖도록 하기 위함이다. 예를 들면, 자본가의 대중매체는 누구나 부자가 될 수 있다는 사고를 홍보한다. 이는 부자가 아닌 사람은 자신의 잘못 때문에 부자가 되지 못했다는 논리를 만들어 낸다. 이로 인하여 일반적으로 실업자들은 자존심이 낮아지게 되고, 사회에 대한 증오와 반감을 갖게 된다. 이는 때로 범죄라는 폭력적인 행동을 촉발시킬 수도 있다.

교육제도, 대중매체, 광고 등에서는 '좋은 학교, 좋은 직장, 돈'이라는 개인주의적이고 경쟁적인 메시지를 자주 전달한다. 그러나 우리가 다른 이들에게 져야 할 책임에 관한 메시지는 거의 전달하지 않는다. 많은 정부와 기업들은 복권이나 카지노를 가난한 이들에게 선전하며, 이들에게 부자가 되는 꿈을 꾸도록 유혹한다. 이런 이기적이고 물질중심적인 태도는 "내가 이기고, 너는 져라", 또는 보다 정확하게는 "나만 이기면, 네가 어떻게 되든 난 상관없어"라는 형태로 표현된다. 이런 개인주의적인 관점은 사회를 분열시키고 인간관계를 해친다.

문명, 문화, 그리고 모방문화

공동의 삶은 사람들의 문화와 문명에 의해 그 성격이 규정된다. 사카르는 전통, 관습, 예술, 언어, 식생활 등 인간이 표현하는 다양한 모습이 문화라고 정의했다. 문화는 이 세상 모든 사회에서 인간의 지성이 발달하면서 자연스럽게 성숙되어 왔다.

반면에 문명은 문화 속에 존재하는 인간성과 합리성의 수준을 나타낸다. 미신, 비관용, 폭력 등으로 점철된 전통적인 문화도 있고, 수준 높은 문화를 지닌 사회도 있다. 프라우트에서는 어떤 사회의 문화수준이 높다 해도 인종주의, 성의 불평등, 계급적 억압 등 차별과 착취가 있다면, 이는 미개한 문명의 사회로 취급된다.

프라우트 모델이 가진 보편적 시각은 인간의 다양성 속에 있는 통일성을 인정하는 것이다. 프라우트는 인간의 문화는 근본적으로 하나이며, 인간사회의 아름다움을 강화시키는 지역적인 다양성이 있다고 본다. 인간이 가진 근본적인 마음의 성향은 어디든 같다. 다만 지역에 따라 그러한 성향이 방법과 정도에 따라 달리 표현되는 것이다. 진정한 통일성이 계발되기 위해서는, 우리는 타고난 고유의 인간성을 인정하고 다양성을 존중해야 한다.

역사를 보면, 어떤 문화는 다른 문화를 파괴하려고 시도한 사례를 볼 수 있다. 과거에 제국주의자들은 다른 나라를 정복하는 데 월등히 우월한 무기를 사용하였다. 제국주의자들은 패배한 나라의 국민들에게, "너희들의 문화는 원시적이고, 너희의 종교는 잘못된 것이다. 너희들이 쓰는 언어도 미개하다"라고 말했다. 식민주의자들은 폭력을 사용했고, 식민지 주민들의 저항의지를 꺾기 위해 열등의식을 심었다.

제2차 세계대전 후에 많은 나라에서 독립운동이 일어나기 시작했다. 그러자 자본주의자들은 신생 독립국가들에 대한 착취를 지속시키기 위해 교묘한 술수를 쓰기 시작했다. 가장 강력한 술수 중의 하나가 바로 모방문화 pseudo-culture를 번지게 하는 것이었다.

모방문화란 위조되고 강요하는 문화를 말한다. 따라서 사람들을 높은 차원으로 끌어올리지 못하는 문화다. 사람들의 올바른 견해를 마비시키고, 경제적인 착취의 대상으로 몰고 가는 사상이나 제품들이 바로 모방문화다. 모방문화는 사람들이 자신들 고유의 문화 속에 있을 때보다 더 즐겁게 해줄 것처럼 보이지만, 실제로는 사람들의 결단력을 약화시킨다. 물질적 즐거움을 자극하는 '소비자 문화'가 만연되면, 결국에는 정신적이고 영적인 차원이 약화되기 마련이다. 또한 모방문화는 문화적 전통을 유지하려 노력하는 사람들의 저항정신을 약화시킨다.

전 세계에서 방영되는 TV 프로그램은 미국적인 물질중심의 모방문화를 촉진시킨다. 이것이 미치는 커다란 영향은 최근에 있은 필리핀 대학 마리아 도로닐라Maria Doronilla 교수의 연구에서 나타난다. 도로닐라 교수는 필리핀 초등학생 수백 명을 인터뷰하면서, 어느 나라 사람이 되고 싶은지 물었다. 대다수 아이들은 미국인이라고 대답했으며, 일본인과 유럽인이 뒤를 이었다. 필리핀 사람이 되기를 원한 학생은 15% 미만이었다.[3]

이것은 심리적으로 자신의 인격을 손상시킨다. 광고는 항상 삶이 실제보다 더욱 즐거워 보이도록 묘사한다. 사람들은 이런 광고를 보면서 부자 백인이 되어 멋진 옷과 자동차, 집을 갖고 싶다고 생각하게 된다. 대부분의 필리핀 아이들은 자신들의 부모가 훨씬 적은 소득과 초라한 물건들을 갖고 살면서 고생을 하는 것을 보기 때문에, 자신들은 뒤처지고 미개하다고 생각한다. 어린이들이 다른 사람이 되고 싶다는 것은, 곧 현재의 자신이 싫다는 것을 의미한다. 이들보다 나이가 어린 아이들마저 모방문화 때문에, 스스로를 하찮게 생각하고 열등의식을 기르게 된다.

기업이 소유한 대중매체는 일확천금의 욕망을 끊임없이 자극하며, 혁명적인 음악이나 영화, 뉴스는 방영하지 않는다. 모방문화는 사람들의 의식을 마비시키고, 착취에 대항하려는 의지력을 무너뜨린다.

1981년 미국에서, 팝뮤직을 보급하는 목적으로 케이블TV 채널 하나가 설립되었다. MTV로 불리는 이 채널은 오늘날 71개 국가 2억5,000만 명에 달하는 사람들에게 프로그램을 방영한다. 이 TV채널의 소유주는 섬너 레드스톤Sumner Redstone이라는 사람이다. 그는 재산이 80억 달러가 넘으며, 세계에서 가장 부유한 사람들 중 하나다.[4] 그는 또한 세계에서 가장 영향력 있는 교육가이기도 하다. 하지만 전 세계 대륙 수억 명의 젊은이들에게 주는 그의 메시지는 오직 소비뿐이다. 전 세계적으로 연예사업은 슈퍼스타를 만들어 내어, 그 팬들에게 오직 스스로를 즐기고, 계속해서 구매하라고 부추긴다. 부모와 교사는 자녀들의 관심을 끄는 면에서 연예인들과 힘겨운 경쟁을 하고 있다.

나는 1997년, 파울로 프레이리가 죽기 직전에 인터뷰를 했다. 당시 나는 그의 저서인 《억압받는 자들의 교육Pedagogy of the Oppressed》에서 그가 처음으로 다룬, 문화적 침략에 대해 물어봤다. 나는 필리핀, 인도, 인도네시아 및 내가 일했던 여러 동남아 국가들에서는 자본가들에 의한 미국식 모방문화가 이들의 전통문화를 침략하기에, 급진적인 학생과 진보주의자들이 그에 대항하는 운동을 일으킬 수 있었다는 점을 지적했다. 그러나 브라질에서는 상황이 다르다. 호베르투 마리노Roberto Marinho 가문이 소유하고 있는 68억 달러 규모의 '글로부Globo' 와 같은 TV 네트워크는 브라질산 모방문화를 만들어 내고 있으며, 평범한 보통사람들은 정묘하게 자국화된 이런 형태의 자본가 지배를 감지하지 못한다. 프레이리는 이렇게 대답하였다.

"오늘날 경제와 정치를 통해서 이루어지는 지배는 매우 교묘하게 고안된 통제, 혹은 문화적인 침투의 형식을 취한다. 그러므로 문화를 침략당한 자들은 자신들이 착취되고 있음을 전혀 느끼지 못한다! 사안을 분별하는 능력을 계발하는 것은 언제나 중요하다. 그러나 이는 점점 더 어려워지고 있다." 5

모방문화는 사람들을 분열시키고 부정적인 영향을 끼친다. 누가 진정한 적인지, 또한 자신들의 단결력과 저항의지를 약화시키는 사람이 누구인지 혼동하게 만든다.

교육혁명

사카르는 가르치는 일이 가장 중요한 직업들 중 하나라고 했다. 그는 "모든 나라에서 교사의 급여는 사법부 및 행정부 공직자들의 급여보다 높거나, 최소한 같은 수준이어야 한다"고 말했다.6 교육은 정규교육과 비정규교육 모두, 사회에서 최우선순위가 되어야 하며, 모두에게 무상교육 혜택이 주어져야 한다. 정부가 교육에 필요한 재정을 부담해야 하는 한편, 대학교를 포함한 모든 학교는 교육자들에 의해 운영되어야 한다. 학교는 또한 정치적인 간섭으로부터 자유로워야 한다.

프라우트에서는 대중매체가 자본가들의 통제로부터 벗어나 협동조합에 의해 운영되어야 하며, 문화, 기본적인 인간 가치, 보편주의를 고양함으로써 모든 연령층을 대상으로 한 대중교육을 증진시켜야 한다고 제안한다.

교육의 목표는 해방, 즉 모든 정신적 속박과 한계로부터 사람들을 자유롭게 해주며, 사람들 간의 유대를 증진시키는 것이어야 한다. 기본적인 인간 가치를 가르치는 것은 매우 중요하며, 이는 다른 이들의 행복에 책임감을 갖도록 학생들을 일깨워 준다. 파울로 프레이리는 "어리석은 질문이란 없다. 그리고 절대적인 해답도 없다"고 말했다.7 교육은 다양한 관점과 사상에 대한 상호존중이 출발점이어야 하며, 인지력을 증진하고 의식을 깨어나도록 해야 한다.

실험적인 교육방법 중에 내가 개인적으로 성취감을 느끼는 것이 하나 있다. 여러 사람이 협동으로 게임을 하며 진행하는 '협동조합게임' 워크숍이 그것이다. 이 게임은 놀랍고도 '기발한 도전들'로 가득 차 있으며, 우리들이 가진 두려움을 극복하도록 도와준다. 또한 독창적인 문제해결 방법을 배우는 방식으로 꾸며져 있다. 이 게임을 통해 마음이 가벼워지고 즐거워진다. 또한 인생에서 가장 가치 있는 것은 절대 사고팔 수 없음을 깨닫게 된다. 이런 체험들은 사람들로 하여금 서로 협동하는 모델과 전통적인 경쟁 모델 간의 차이를 깨닫게 해준다.8

네오휴머니즘 학교

사카르의 가르침에 고무되어, 브라질의 포르투알레그레에 있는 아난다 마르가 범지구적 재난구호 팀(AMURT, Ananda Marga Universal Relief Team) 회원들은 1982년에 가난한 동네에 유치원을 하나 열었다. 비영리 단체인 AMURT의 목적은 '네오휴머니즘적인 보편성을 지닌 이념에 기반을 두어 개인, 어린이, 가정, 지역사회를 모든 면에서 향상시키는 것'이다.

오늘날 AMURT가 진행하는 프로젝트에는 2~6세까지의 어린이 270명이 다니는 유치원 다섯 개, 290명의 학생들이 다니는 초등학교 하나, 가족 지원 네트워크 하나, 10대들을 위한 사회-교육 워크숍 등이 포함되어 있다. 이 지역에서는 민관이 모두 네오휴머니즘 프로젝트를 적극 지지하고 있다. 실제로 지역 교육 및 보건을 담당하는 부서는 AMURT가 세운 학교에 재정 및 교육자재를 지원하고 있다. 시정부와 기타의 공공 및 사립 교육기관들은 교사, 대학생, 학부모들에게 네오휴머니즘 교육의 원칙에 대한 강의와 워크숍들을 개최하기 위해 AMURT 학교의 책임자와 교사들을 자주 초빙하고 있다.

네오휴머니즘 교육은 어린이들로 하여금 자신의 존엄성과 귀중함을 깨닫도록 하고, 열등의식에서 벗어나 사회에 기여할 수 있는 잠재성을 일깨워 주려 노력한다. 네오휴머니즘 학교는 전인적인 교과과정을 채택하며, 지식과 생태의식을 서로 결합한 교육을 제공한다. 네오휴머니즘 프로그램은 어린이들의 육체적, 정신적, 정서적, 영적인 면 등 삶의 모든 측면을 계발하는 것을 목적으로 하고 있다. 교과과정은 일반 학교에서 배우는 교과목은 물론이고, 그 외에 그룹역학group dynamics, 문화적 다양성, 도덕성, 명상, 이완법, 시각화visualization, 판타지, 협동게임 등이 포함되어 있다.

AMURT 활동가들은 이렇게 말한다.

"가장 바람직한 사회봉사란 사람들을 고무시키고, 스스로 일을 하여 돈을 벌게 하는 것이다. 그리고 번 돈으로 기본적인 필수품을 구매하고, 그들 스스로 경제적, 사회적, 영적으로 성장할 수 있도록 하는 것이다."

AMURT 활동가들은 이런 목적들을 달성하기 위한 방법의 일환으로, 수공예품과 바느질을 통해 소득을 창출하는 협동조합 형태의 그룹을 세 개 만들었다.

또 다른 전인적인 네오휴머니즘 교육계획으로는 '프로그램 지원 연합 및 가족보호Program Support Net and Family Protection' 사업이 있다. 이 사업은 1998년에 시작되었고, 네 개의 센터를 두고 있다. 각 센터는 어린이들이 학대, 방치, 강제노동, 구걸, 학업포기, 마약중독, 임신, 성추행 및 성적학대 등의 문제를 겪고 있는 50개의 가정을 돕고 있다. AMURT에 소속된 사회봉사자, 건강보건 전문가 등이 정기적으로 가정을 방문하여, 어린이들이 학교를 제대로 다니고 과외지도를 받도록 관심을 기울인다. 또한 동시에 전 가족들이 균형 있는 섭생을 하고 건강을 관리하며, 직업훈련을 받도록 한다.

사회적 교육사업 프로젝트Social Educational Work Project도 있다. 이는 14~18세의 학교를 다니지 않는 청소년 24명에게 직업교육, 그룹지원, 유기농법 실습, 자신의 삶과 연관된 가치에 대한 토론 등을 제공한다. 또한 인간 생태 워크숍Human Ecology Workshop도 열리고 있다. 여기에는 12명의 10대들이 참여하고, 이들이 생태적 가치를 알도록 하는 것이 목적이다. 이를 위해 유기농 약초의 경작 및 가공, 자원봉사를 하는 테라피스트therapist들이 있는 지역사회에서 대안의약 사업을 하도록 돕는다. 2007년에는 거리운동 프로젝트Project Street Action가 시작되어, 거리에서 사는 어린이와 10대들을 위하여 봉사하고 있다.[9]

전 세계적으로 아난다 마르가는 850개 이상의 학교를 운영하고 있으며, 아난다 마르가 구루쿨Ananda Marga Gurukula이라 불리는 대학 네트워크가 설립 과정에 있다. 이 네트워크는 네오휴머니즘 교육을 시행하는 학교 및 기관을 하나의 국제적인 네트워크로 묶는 것이다. 이는 인간을 포함한 모든 존재들을 위한 사랑, 평화, 상호이해, 영감, 정의, 건강이 한데 어우러지는 사회의 도래를 촉진시키고자 하는 것이다. 구루쿨 체제에서는 전인적인 교과과정을 이용하여 인간 품성의 모든 측면을 계발하도록 한다. 구루쿨의 교과과정은 학생들로 하여금 자신 스스로를 알게 하고, 그러한 지식을 바탕으로 사회에 봉사하도록 하기 위한 것이다. 또한 교과과정은 지적 능력에 중점을 두긴 하지만, 그 외에도 직관, 미학, 생태적 관점의 계발 등도 포함하고 있다. 아난다 마르가 구루쿨의 주 캠퍼스는 인도 서벵골 주의 아난다 나가Ananda Nagar에 있으며, 550㎢ 넓이의 캠퍼스가 건설되고 있다. 현재는 종합적 의학 연구Composite Medical Studies, 침술, 산스크리트어, 탄트라 철학, 예술 및 음악, 수의학, 농업, 기술과학 등의 기관이 있다. 또한 전 세계 네오휴머니즘 교육 센터(CNS, Centers for Neohumanist Studies) 네트워크도 있다. 여기에는 교육 및 연구시설, 컨퍼런스 센터, 대학이 소속되어 있으며, 미국의 애슈빌Asheville, 스웨덴의 요드로포스Ydrefors, 크로아티아에서 시작되고 있다. 이들 기관들은 현재로는 총체적으로 지속가능한 지역 사회, 총체적 건강 실천법, 녹색 건축, 생체심리학, 미래연구 등의 분야에서 성인 과정을 개설하고 있다. 이 외에도 아난다 마르가 구루쿨은 유아 교육자들을 대상으로 이메일을 통한 네오휴머니즘 교육 프로그램을 개설하고 있다.[10]

지역 언어 및 글로벌 언어

사람들은 자신의 생각과 느낌을 언어로 표현한다. 그리고 대부분의 사람들은 나이가 들어 배운 외국어보다는 모국어를 사용할 때 훨씬 더 편하고 분명하게 의사를 전달할 수 있다. 과거에 식민지를 겪었던 나라의 사람이나 이민자들은 친숙하지 않은 언어를 어쩔 수 없이 사용할 수밖에 없다. 이 때문에 이들 대부분은 수줍음이나 열등의식을 갖게 된다.

오늘날 전 세계적으로 6,800개의 언어가 사용되고 있으나, 그중 50~90%는 21세기 말에는 사라질 위험에 처해 있다. 이는 두 개 이상의 언어 사용자 감소, 중국어나 러시아어 등의 지배적 언어 채택 증가, 언어에 대한 정부의 금지령 등의 이유 때문이다.

사카르는 지구촌 사람들의 의사소통을 촉진시키기 위해서는 공통언어 lingua franca가 필요하다고 지적했다. 역사적인 이유 때문에, 현재로서는 가장 널리 사용되는 언어인 영어가 공통어로서 가장 적합하다. 사카르는 영어는 쉽게 이해되고 다양한 표현을 할 수 있으며, 또한 다른 언어들로부터 어휘를 쉽게 받아들일 수 있다고 설명했다. 그러나 과거 널리 사용되던 프랑스어가 영어로 대체되었듯, 미래에는 다른 언어가 영어의 자리를 차지할 수도 있다. 많은 언어와 방언이 사용되는 넓은 나라에서는 그 나라의 공용어가 국가단결과 국민결속에 큰 역할을 한다. 동아프리카 지역 전체에서 상요되는 스와힐리Swahili어와 브라질의 포르투갈어가 그런 예에 속한다.

여덟 개 국가에서 사용되는 언어가 전 세계 언어의 반 이상을 차지한다. 이들 나라를 언어 수대로 나열하면 파푸아뉴기니, 인도네시아, 나이지리아, 인도, 멕시코, 카메룬, 호주, 브라질 순이다. 과거에도 언어들이 사라지긴 했지만, 현재 언어들이 사라지는 속도는 가히 충격적이다.

프라우트에서는 모든 언어가 동등하게 인정받을 권리가 있다고 주장한다. 모든 사람들은 다른 언어뿐만 아니라 자신들의 모국어를 배우고 말하도록 장려되어야 한다. 프라우트에서는 모든 학교에서 그 지역의 언어를 반드시 가르쳐야 하고, 직장과 정부기관에서도 그 지역의 언어가 사용되어야 한다고 주장한다. 그럼으로써 지역 사람들의 완전고용과 지역사회에 대한 긍지를 높일 수 있다. 이와 동시에 모든 학교는 공통어와 로마자 표기법을 가르쳐야 한다. 이를 통해 학생들은 스스로가 세계시민이라는 느낌을 갖게 되고, 다른 어떤 지역 사람들과도 의사소통을 할 수 있어야 한다.

대중운동: 사마지

자본가들의 착취를 종식시키고자 하는 사카르의 전략은 경제적 착취에 항거하도록 대중들의 혁명적 운동을 불러일으키는 데 초점을 두고 있다. 그는 이와 같은 운동을 사마지Samaj라 칭했다. 사마지는 산스크리트어로 '사회'라고 할 수 있는데, 모든 측면에서의 발전을 공동의 목표로 하여 같이 일하는 사람들의 모임이라는 뜻이 글자 그대로의 풀이에 더 가깝다. 프라우트주의자들은 이 용어를 공통의 경제 및 사회 문제, 공통의 지리적 잠재력, 공통의 문화적인 전통과 언어에 기반을 두고 형성된 자급자족적인 경제적 지역을 나타내는 말로 사용한다.

사마지는 자연스럽게 형성된 문화적 활기와 결속력을 지닌 사회적 · 경제적 지역사회이다. 도덕성을 갖춘 지도자들이 이끄는 사마지 운동은 경제적 민주화를 성취하기 위해 투쟁한다. 사마지 운동은 사회적 · 경제적 · 문화적인 운동이며, 대중들이 모든 면에서 행복해지는 것을 목표로 한다.

프라우트에서는 지역 고유의 토착문화를 표현하고, 그 문화적 유산과 삶의 방식에 긍지를 느끼게 하는 것을 매우 중요하게 여긴다. 사실 역사상의 모든 성공적인 혁명운동에는 반드시 문화적 요소가 있었다. 음악, 예술, 연극, 문학은 사람들의 정신을 일깨워, 자신들의 국가 혹은 지역을 위해 투쟁하고 희생하도록 만들 수 있다.

오늘날에는 각 지역에서 경제적 · 문화적 독립을 위해 많은 대중운동이 일어나고 있다. 동티모르, 캐나다의 퀘벡 분리주의 운동, 멕시코의 사파티스타 및 과테말라에서의 민중봉기, 아일랜드의 공화주의자Republican 운동, 터키 및 이라크 내의 쿠르드족 운동 등이 그런 예이다. 만약 이들 운동에 기본적인 인간 가치가 있다면, 모두에게 혜택을 줄 수 있다.

영국은 인도를 지배하면서, '선분열 후통치divide and rule'의 책략을 썼다. 벵골은 인도에서 핵심적인 지역이었다. 이 지역에는 오래된 영적인 문화가 있었고, 산스크리트어에 뿌리를 둔 벵골어를 사용했다. 벵골어는 현재 2억7,000만 명이 사용하는 언어다. 영국은 벵골을 여러 개의 다른 주들로 갈라놓았고, 인도가 독립을 할 때에는 벵골 지역의 일부를 갈라서 동파키스탄을 만들었다. 이곳이 지금의 방글라데시다. 오늘날 이곳은 세계에서 가장 많은 착취를 당하고 있는 지역 중 하나다. 인도 쪽에 남게 된 서벵골에서는 세 개의 주요 산업인 차, 석탄, 황마 산업이 모두 벵골인이 아닌 외부인들에 의해 독점되고 있다. 이들은 노동력의 60%를 다른 주에서 데리고 온다.[11]

1968년에 프라우트주의자들은 아므라 벵골리Amra Bengali라는 사마지 운동을 결성했다. '아므라 벵골리'는 "우리는 벵골 사람들이다"라는 의미이다. 아므라 벵골리는 결성된 이후 유력한 지역정당이 되었다. 아무르 벵골리의 정당강령은 벵골어를 말하는 주와 지역을 통합하여 보다 큰 벵골 greater Bengal을 만드는 것, 외부인들에 의한 경제적 지배 종식 및 지역민에게 고용 우선권 부여, 공적인 업무에 있어서 벵골어 사용 등을 기반으로 하고 있다. 인도의 동쪽 끝에 있는 트리푸라Tripura 주에서는 아므라 벵골리가 벵골 사람들을 대상으로 한 폭력에 항거하는 시위를 이끌었다. 10만 명이 넘는 사람들이 그 주의 수도인 아가르탈라Agartala의 시가행진에 참여했으며, BBC 방송과 미국의 소리Voice of America, 벵골어 라디오 네트워크가 이 운동에 대해 정기적인 뉴스를 방영했다.

프라우트에서는 현재 인도의 주 경계선이 폐지되어야 하며, 국가가 46개의 사마지를 기반으로 하여 연방정부로 재구성되어야 한다고 주장한다. 이들 46개의 사마지는 아직은 경제적·정치적으로 영향력을 발휘하지 못하고 있다. 이들 사마지가 있는 지역 중 절반에서는 프라우트의 대중운동이 점점 성장하고 있으며, 사마지 신문을 발행하고 지방선거에서 후보자를 내고 있다. 또한 착취에 항거하는 대중들의 가두행진을 주도하고 있다. 차티스가리Chatisgarhi와 나그푸리Nagpuri에서의 사마지 운동은 정치적으로 아주 크게 성장하여, 인도 중앙정부로 하여금 이들 지역에 두 개의 새로운 자치주를 만들도록 할 수 있었다.

인도처럼, 아프리카와 중동의 많은 국경이 식민주의자와 정복자에 의해 설정되었으며, 동일 인종의 지역사회를 각각 다른 나라로 분할시킨 경우도 많다. 이들 지역사회를 다시 통일시키고, 그들이 경제적으로 자급하도록 돕는 것은 이들 지역의 정치적·사회적 안정에 기여할 것이다.

필리핀에서는 아홉 개의 주요 지역에서 사마지 운동이 활동 중에 있다. 이들이 사마지 운동을 칭하는 말은 서로 제각각이어서, 이들은 앙 카사마Ang Kasama라는 프라우트주의자 연합을 결성하였다. 앙 카사마는 필리핀 말인 타갈로그Tagalog어로 '단결된 친구들'이라는 뜻이다. 앙 카사마는 5,000명의 활동가와 200명의 프라우트주의 지도자들로 구성되어 있다. 이들이 내거는 슬로건은 "우리들의 문화는 우리들의 힘이다!"이다. 18개의 조직과 이보다 많은 연관 협회들로 구성된 앙 카사마는, 식민지 시대에 지어진 이름(필리핀은 과거 스페인 왕 필립Philip의 땅이라는 뜻이다)을 원래의 산스크리트 이름인 마할리카Maharlika로 바꾸자는 캠페인을 펼치고 있다. 마할리카는 '크기는 작지만 영혼은 위대하다' 는 뜻이다.

앙 카사마가 하는 일은 지역의 언어와 문화 촉진, 협동조합 결성, 필리핀 사람들 간의 연대감 고양, 모방문화와 심리적·경제적 착취에 저항하는 투쟁 전개 등이다. 앙 카사마의 청년 권능화Youth Empowerment 및 지도자 훈련 캠프는 마할리카 해방 투쟁에 참여하려는 수많은 젊은이들을 모은다. 이들은 나무심기, 강가 청소, 의식고양 세미나, 사회봉사사업, 자연재해 구호활동 등을 진행한다. 또한 전국적으로 지속가능한 유기농업을 장려하는 데 힘을 쏟고 있다.

앙 카사마는 다른 진보적인 조직들과 연대하여 지역민들을 성공적으로 보호하고, 정부로 하여금 조상들의 토지와 그들의 미래를 저해하는 대통령령 364호를 폐기하도록 압력을 행사했다.

마할리카 작가 및 예술가 협회Maharlika Writers and Artists Association는 축제, 콘서트, 지역 언어를 사용하는 진보적인 예술 공연 촬영 등을 추진한다. 이들의 성인지력gender sensitivity 워크숍과 춘화 및 섹스산업에 반대하는 항의는 여성착취에 대한 대중들의 의식을 일깨워 주었다.[12]

사카르는 결코 편협한 지역주의나 국가주의를 지지하지 않았다. 그는 사마지 운동을 사람들이 보편주의적인 넓은 관점을 잃지 않으면서, 동시에 그들이 공통으로 가지고 있는 정서에 뿌리를 두고 활동하게 하는 방법으로 보았다. 사카르는 살아 있는 동안 타문화 및 타인종 간의 결혼을 장려했고, 또한 문화적인 경계선을 초월하여 사람들을 단결시키기 위해 다른 언어를 배우도록 권장하였다.

제11장

지역공동체 강화 : 프라우트의 정치체제

인류를 위한 가장 훌륭한 사회복지는 세계정부,
또는 아난다 파리바라Ananda Parivara(전 인류 가정)를
이룩하고자 열망하는 사람들이 자신의 삶을
오직 건설적인 활동과 이기심 없는 봉사에 바칠 때,
성취될 것이다… 그들은 흔들림 없는 지속적인 사명감으로
마음속에 한 점의 숨은 동기도 없이
사회에 대한 봉사를 계속해야만 할 것이다.

-P. R. 사카르[1]

오늘날의 정치적 민주주의는 몇 가지의 중요한 결점을 갖고 있다. 어떤 후보의 도덕적 인격이나 정책 현안에 대한 후보의 입장보다는 돈, 당리당략, 대중매체 등이 선거에 훨씬 더 큰 영향을 미친다. 그리고 가난한 정치적 후진국들에서는 표를 사거나 파는 것이 일반적이고, 또한 부정선거가 난무한다.

미국에서조차도 돈이 있는 후보가 선거에서 이긴다. 2004년 선거를 보면, 각 지역구에서 가장 돈을 많이 쓴 후보가 하원의원 선거에서는 98%, 상원에서는 88%가 당선된 것으로 나타났다. 하원선거에서 당선되는 데 드는 평균비용은 96만6,000달러였고, 상원의 경우에는 780만 달러였다. 그리고 조지 부시는 3억6,700만 달러를 선거운동에 사용했는데, 이는 그의 경쟁자인 존 캐리보다 26%가 더 많은 액수였다. 돈과 선거의 관련성을 연구하는 비정당기구인 '응답하는 정치를 위한 센터Center for Responsive Politics'의 회장인 래리 매킨슨Larry Makinson은 이렇게 말했다. "미국의 민주주의를 생각할 때 나를 슬프게 하는 것은 선거일 전에 이미 그 선거 결과를 알 수 있다는 점이다. 그것은 연방선거관리위원회Federal Election Commission에서 선거모금액을 확인해 보면 알 수 있다."[2]

대부분의 의원들은 일단 당선이 되면, 돈이 많고 긴밀한 유대관계가 있는 지지자들의 이익을 계속 충족시켜 주어야 한다. 정당정치에서는 통상적으로 영향력을 얻기 위해서 특혜를 베푸는 협상이 뒤따른다. 이는 민주주의 국가에서 영향력 있는 지도자들이 결정하는 사항들이 반드시 사회 전체의 이익을 반영하지는 않는다는 뜻이다.

프라우트 정부

앞에서 이미 설명된 것처럼, 협동조합에 기반을 둔 경제적 민주주의는 생활수준을 향상시키고 지역공동체를 강력하게 만드는 데 매우 중요하다. 프라우트 사회에 있어서 정부의 역할은 경제를 직접적으로 관리하는 데 개입하기보다는, 이처럼 개인의 생활수준과 지역공동체 간의 균형 있는 경제적 성장을 촉진시키는 것이어야 한다. 정부의 책임 중에서도 중요한 것들로는 국가방위와 안전의 보장, 보편타당한 기본권 보장, 모든 사람들의 구매력 증진 정책 실행, 모든 공교육 비용 부담, 필수적인 서비스 공급, 건강보장제도 유지, 협동조합 진흥, 주요 기간산업과 필수 서비스산업을 운영하는 독립기구의 설립, 환경보호, 연구개발 프로그램의 선도, 모든 정치적 선거 캠페인 비용 제공, 각종 사회간접자본의 건설 및 유지 등이 있다.

사법부, 입법부, 행정부의 권한이 분명하게 규정되어야 하며, 서로 독립적이어야 한다. 프라우트에서는 이외에도 제4의 부처가 추가되어야 한다고 제안한다. 일종의 감사를 담당하는 부처가 그것이다. 즉, 감사원장이 수장이 되어 정부의 지출을 감시하고, 입법, 사법, 행정 등 모든 정부부처의 회계를 감사하는 부서를 말한다. 만일 어떤 부서가 부정적으로 재정을 운용했다면, 그 책임자는 형사상 처벌을 받도록 해야 한다.

윤리적인 지도자들만이 공직에 출마할 수 있도록 해야 한다. 공직에 출마하려면 교육의식 및 사회적·정치적·경제적 의식 수준을 시험받아야 하고, 이를 통과한 사람들만이 공직에 출마할 수 있도록 해야 한다. 또한 공직 출마자들은 활발한 사회봉사를 해야 하며, 증명된 전문지식과 행정능력이 있어야 한다. 마지막으로, 자신의 삶과 일에서 최상의 도덕성이 있음을 몸소 보여 주어야 한다.

선거관리위원회는 선거공약 지침을 만드는 책임을 맡는다. 모든 후보자들은 법적인 선언의 형태로 자신의 선거공약을 발표하고 서명하도록 요구받는다. 선출된 공직자들 중에서 자신의 공약을 정당한 이유 없이 위반하였을 경우 누구라도 계약 위반으로 입건되며, 법정에서 자신의 공약 불이행에 대해 변명을 해야 할 것이다. 만약 유죄로 판결이 나면, 공직에서 축출된다.

정부는 모든 후보자들에게 공정하도록 선거비용을 대야 한다. 각 후보자에 대해서 동일한 수량의 선거홍보물을 정부가 인쇄하도록 한다. 대중매체는 기자들로 이루어진 협동조합에 의해서 운영되며, 후보자들이 정견을 발표하고 토론하는 것을 취재하고 기사화하는 데 있어서 모든 후보에게 동등한 방영시간과 지면을 배정해야 한다. 어느 후보도 결코 자신의 사적인 돈을 사용하거나, 어느 누구로부터도 기부를 받는 것이 허락되어서는 안 된다. 이렇게 함으로써 유권자들은 각 후보자들의 입장을 객관적으로 비교할 수 있게 될 것이다.

또한 프라우트에서는 모든 유권자들의 의식을 높이기 위해, 지속적인 정치관련 교육이 대중들에게 필요하다고 주장한다. 대중매체의 역할은 선거의 의제를 알기 쉬우면서도 특정 후보에게 치우치지 않도록 알리는 것이다. 이럼으로써 유권자들이 누가 가장 적합한 후보인지를 판단하는 데 도움을 줄 수 있다.

대중에 대한 정치교육을 하는 데 있어서 유권자들에 대한 평가시험을 도입할 수도 있다. 이는 유권자들로 하여금 선거관련 사안들에 대해서 최소한의 이해 수준은 갖추도록 고무시키기 위한 것이다. 이것은 면허증을 따려면 운전면허시험을 통과해야 하는 것과 같다. 운전 교육 수업과 준비 안내서가 기본적인 운전기술을 배우는 데 도움을 주게 되고, 그것이 결국 사회의 안전을 확보해 준다. 마찬가지로, 투표권이 부여되는 나이가 되면 모든 시민들이 유권자 평가시험을 통과하도록 하고, 이에 합격하기 위한 선거 교육자료 및 교육과정을 마련함으로써 유권자들이 갖춰야 할 기본적인 의식 수준에 도달하도록 돕는 것이다.

물론 과거에는 유권자를 평가하는 시험이 오용된 적도 있다. 예를 들면, 미국 남부에서는 유권자 평가시험이 흑인들의 투표참여를 억제하기 위한 수단으로 이용되었다. 대부분의 국가에서는 소수민족 및 여성 참정권을 쟁취하기 위해 수십 년을 투쟁했다. 그러나 역사상 있었던 이러한 단점에도 불구하고, 유권자 평가시험은 모든 이들을 대상으로 한 유권자 교육이 된다는 면에서 많은 장점을 지니고 있다. 이런 교육을 받은 유권자들은 정치인들의 과장된 자기선전이나 엉터리 주장들에 속을 가능성이 줄어든다.

마지막으로, 급여 및 재산축적에 대한 상한선이 주어지게 되면, 돈은 더 이상 선거결과를 좌우하는 가장 중요한 결정요인이 되지 못할 것이다. 또한 돈이 선출된 의원들의 행동에 부정적으로 영향을 미치지도 않을 것이다.

서아프리카에서의 경험

지난 수십 년간 프라우트주의자들은 세계 여러 곳에서 지역공동체의 역량을 기르는 일을 해왔다. 다다 비시보드바사난다Dada Vishvodbhasananda는 필리핀 출신으로, 가나의 북부통고North Tongo 지역에서 프라우티스트 유니버설Proutist Universal(프라우트 총괄기구) 조직의 일원으로 수년간 일했다. 당시 그곳 인구의 80%는 기생충의 일종인 기니아충Guinea Worm으로 고통을 당하고 있었다. 기니아충은 물에서 생기는 기생충으로, 육체를 쇠약하게 만든다. 마을 사람들에게 물을 끓이고 걸러서 먹으라고 가르쳤지만, 문제는 여전히 해결되지 않았다. 땔감이 부족해서 물을 제대로 끓일 수가 없었던 것이다.

이때 다다는 좋은 생각을 떠올렸는데, 물이 모래층을 느리게 통과하면서 걸러지도록 정수시설을 만드는 것이었다. 그는 이를 실행에 옮겨 덱포Dekpoe의 오래된 저수지 물을 정수하도록 했다. 그곳의 지역 상하수도 담당부서와 덴마크에서 온 다니다DANIDA라는 단체는 20km에 달하는 파이프를 설치하여, 정수된 물을 열 개의 마을에 사는 5,000명의 주민들에게 펌프로 공급했다. 현재 이 지역의 주민 모두는 깨끗한 물을 마시며 기니아충으로부터 해방되었다. 다른 일곱 개의 마을들도 천주교 선교회와 가나의 지역 상하수도부서의 상호협력으로 이 정수된 물을 공급받기 위한 작업이 진행 중이다.

2000년에는 다다 비슈보드바사난다가 볼리비아로 전근을 가게 되면서, 노르웨이 출신의 수행자인 다다 다네사난다Dada Daneshananda가 이 사업을 담당하게 되었다. 그는 약 30km 떨어진 마피 종고Mafi Zongo 지역에 있는 중간 규모의 저수지에, 같은 방식의 모래 정수 시스템을 다니다를 비롯한 여러 국제기구의 도움으로 건설하였다. 이 정수 시스템은 유지관리에 요구되는 기술이 별로 필요치 않았기에 지역 주민들이 스스로 운용할 수 있었고, 지하수를 뽑아 쓰지 않는 것이어서 보다 생태 친화적이었다. 이들 단체들의 도움으로 또 하나의 47km 파이프 배수관이 2005년에 설치되었으며, 깨끗한 식수를 그 지역 23개 오지마을에 사는 9,000명의 주민들에게 공급하게 되었다. 그리고 2008년 말까지 이 사업을 더 많은 공동체로 확장할 계획이다.

이 프로젝트의 가장 중요한 성과라고 하면 새로운 지역 리더십이 태동되었다는 점이다. 즉, 지역공동체들이 정수 시스템을 설치하기 위해서 단결하게 되었고, 주인 의식을 갖고 정수 시스템을 지속가능한 방법으로 운영하게 되었다.

다다 비슈보드바사난다는 마을 사람들과 수년을 같이 살면서, 깨끗한 물을 공급하기 위한 프로젝트를 참을성 있게 추진했으며 그 지역에서 일어나는 여러 갈등을 극복하였다. 어느 날 밤 그는 잠을 자면서 사카르의 꿈을 꾸게 되었다. 꿈속에서 사카르는 그에게, "진정으로 인류사회에 봉사하기를 원하느냐? 그렇다면 사람들의 의식수준을 높여라"라고 말했다. 이 꿈은 다다가 경험하면서 느낀 점과 일치하는 것이었다. 즉, 마을 사람들은 환경 문제와 위생에 관한 의식을 수준을 높이고 있었으며, 가난을 극복하기 위해서는 함께 일해야만 한다는 것을 인정해 가고 있었던 것이다.[3]

이웃 지역인 부르키나 파소Burkina Faso에서는 프랑스 출신의 다다 루드레시와라난다Dada Rudreshvarananda가 오우달란Oudalan 주의 마을 사람들과 14년간이나 함께 일했다. 그는 시골 병원 하나와, 오우달란 주에서 다른 지역으로 연결되는 도로를 건설하였다. 또한 마을과 여성들을 대상으로 하는 협회들을 조직했으며, 협동조합 방식으로 운영되는 14개의 식량은행을 만들었다. 식량은행은 추수 후 곡물을 저장했다가 직접 소매상들에게 판매

함으로써, 중간상들의 착취를 피하기 위함이었다. 그는 성공적인 산림녹화 복원 프로젝트를 조직하고, 성인문맹 퇴치를 위한 수업을 열었다. 또한 각 마을마다 있는 보건담당자들을 훈련시키고 지도하였다. 그의 프로젝트를 통해 많은 사람들이 훈련을 받았으며, 140개의 일자리가 만들어졌다. 그는 프라우트 의식을 아프리카에서 각성시키는 작업에 대해 다음과 같이 결론 지었다.

서아프리카의 보통 사람들에게는 정치의식이나 사회적·경제적 의식이 별로 없습니다. 그러나 우리 마을모임에서는 주민들 스스로 가 그들 공통의 복지에 대해서 관심을 갖게 되었습니다. 이런 과정을 통하여, 도덕성을 갖춘 사람들(정직한 사람들)은 자연스럽게 남을 돕는 일에 나서게 됩니다.

저는 프라우트의 일은 사회봉사에 기반을 두어야만 한다고 생각합니다. 우리는 대중들의 욕구가 무엇인지를 우선적으로 알아야 합니다. 이것은 밑으로부터의 발전이며, 사람들이 자신들을 위한 의사결정을 스스로 할 수 있도록 힘을 실어 주는 것입니다. 저는 오늘날 세상은 공동의 의사결정을 필요로 하며, 더 이상 권위적인 독재는 필요 없다고 생각합니다. 영적인 지도자들(사드비프라)은 광범위한 연구를 해야만 하며, 의사결정을 통해 영향을 받게 되는 모든 사람들로부터 그들의 제안과 의견을 경청해야 합니다. 이런 과정을 거침으로써, 영적인 지도자들은 모든 사람들의 복지를 위해서 최선의 의사결정을 내릴 수 있을 것입니다.

NGO는 그 중요성이 커지고 있으며, NGO의 많은 지도자들은 자신들의 생각과 가치를 프라우트와 서로 공유하고 있습니다. 우리들은 NGO와 서로 힘을 합쳐 사람들의 인간적 존엄성을 끌어올려야만 할 것입니다.

진정한 사회봉사는 지역공동체를 변화시키며, 사회를 지지자들과 반대자들로 양극화시키게 됩니다. 부르키나 파소에서도 그런 경우가 꽤 있었습니다. 이기적인 정치적 지도자들은 우리들을 필연적으로 반대하게 됩니다. 프라우트주의자들은 대중들을 위한 우리들의 일을 지지해 주는 도덕적인 정치지도자들을 지속적으로 찾아내야 하고, 또한 그런 정치인들이 나오도록 도와야 할 것입니다. 우리들의 경험은 자급자족하는 사회적·경제적 지역을 어떻게 만들 것인지를 아는 데 큰 도움이 되었습니다. 협동조합을 통해서도 이와 동일한 경험을 할 수 있을 것입니다.[4]

프라우트에 기반을 둔 헌법

사카르는 대중들의 정치적·경제적 권리들을 확보하기 위해서는 헌법 구조를 활용해야 함을 알게 되었다. 그는 이런 이유로 인도의 헌법을 분석했고, 헌법상 수정해야 할 것들을 목록으로 만들었다. 한편, 매우 진보적인 헌법들이 이미 상당수 존재하고 있으며, 특히 남미에 많다. 그러나 사카르는 한걸음 더 나아가, 최저생계에 필요한 것들을 누구에게나 보장해 주도록 정부를 상대로 소송을 제기할 수 있는 권한이 개인에게 있어야 한다고 주장하였다.

1999년 9월, 베네수엘라가 새로운 헌법의 초안을 작성하고 있을 때, 일련의 프라우트주의자들이 그러한 수정사항들이 어떻게 명문화되어야 할 것인지에 대한 제안서를 작성하여 국가 헌법제정 경제분과 소위원회 National Constitutional Assembly Subcommission for Economics의 의장인 코만단테 윌마르 카스트로Comandante Wilmar Castro에게 제출하였다. 그 제안서의 내용은 다음과 같다.

국민의 보편적 권리장전
1. 모든 사람들에게는 의식주 및 의료, 교육의 다섯 가지 최저생계 필수

품목이 보장되어야 한다.

2. 모든 성인들은 적정한 구매력을 유지할 수 있는 일자리를 가질 권리가 있다.

3. 지역 고유의 언어와 문화가 보호되어야 한다.

4. 생태적 다양성과 멸종위기의 생물이 보호되어야 한다. 엄격한 공해규제 법규가 제정 및 시행되어야 하며, 공해와 폐기물을 지속적으로 줄이기 위한 기술을 적용하도록 지대한 노력을 해야 한다.

5. 자아실현을 위한 영적 및 종교적 활동이 보호되어야 한다.

6. 상기 권리들은 기본적인 인간 가치를 범하지 않아야 한다.[5]

7. 다음의 세 가지의 사회적 · 정치적 원칙이 지켜져야 한다. 1) 모든 사람들은 대체할 일자리가 주어지지 않는 한 기존의 일자리를 잃어서는 안 된다. 2) 모든 사람들은 종교의 개종을 강요당해서는 안 된다. 3) 어떤 모어(토속어)도 탄압되어서는 안 된다.

8. 형법은 존엄한 생명의 권리와 같은 보편적이고 기본적인 인간 가치에 기반을 두어야 한다. 사형제도는 금지되어야 한다.

9. 양질의 교육이 누구에게나 보장되어야 하며, 정치적인 간섭으로부터 자유로워야 한다. 교육은 단순히 객관적인 지식을 습득하는 것 이상이어야 하며, 윤리, 인격형성, 창조성이 교육에 포함되어야 한다. 또한 협동, 봉사, 자아 인식self knowledge 등의 정신을 베이게 해야 한다.

10. 우리들 모두는 나눌 수 없는 가족과 같은 인류 구성원들이다. 어느 누구도 인종, 성별, 피부색, 언어, 신념, 성적관점(동성애, 이성애, 양성애 등), 가문, 건강상태 등의 이유로 차별받아서는 안 된다.

경제 조항

경제적 민주주의는 가난을 없애고 생활수준을 향상시키는 데 선결되어야 할 사항이다. 따라서 다음과 같은 정책들이 실행되어야 한다.

1. 최저생계에 필요한 필수품 이외의 재화와 서비스는 소규모로 개인 기

업이 생산하도록 권장되어야 한다.

2. 대부분의 사업은 협동조합으로 운영되어야 한다. 산업, 농업 등의 생산자 및 소비자 협동조합은 최저생계에 필요한 필수품을 생산한다.

3. 기간산업은 정부에 의해서 설립된 독립기구에 의해서 운영되어야 한다.

4. 지나친 부의 축적과 경제적 착취를 방지하기 위해서 소득과 부의 상한선이 설정되어야 한다.

5. 원자재는 가능한 한 국외로 수출되지 않아야 한다. 대신 원자재는 지역에서 가공되거나 정제된 후, 그 지역에서 소비·판매되어야 한다. 그런 후에 남는 것을 외국과 교역하거나 판매하도록 한다.

6. 은행제도는 협동조합 체제로 운영되어야 하며, 정부는 중앙은행을 통제한다. 정부가 찍어 내고 경제에서 통용되는 통화의 양은 국고에 보관된 금의 양과 비례해야 한다.

7. 행정부, 입법부, 사법부 외에 독립적인 재정감사부를 두어야 한다. 재정감사부는 정부의 지출을 감시하고, 정부가 시행하는 프로그램의 강점과 약점을 대중에게 알린다. 이는 모든 정부기관(사법, 입법, 행정)의 회계를 감사하며, 부정을 방지한다. 이들 네 개의 권력 부서들은 서로 독립적으로 기능해야 한다.

8. 정부가 해야 할 가장 최우선의 일은 모든 사람들이 자신들의 능력에 합당한 가격으로 살 수 있게 필수품의 생산을 보장하는 것이다. 각 지역은 가능한 한 다섯 가지의 필수품을 자급자족할 수 있도록 해야 한다.

9. 가난한 지역들은 특히 농업, 애그로 산업, 애그리코 산업의 협동조합들을 통해서 발전시켜야 한다.[6] 그 결과로 오는 경제의 지역분산은 경제적인 민주화를 가져온다. 이는 지역주민들이 모든 경제적 계획에서 스스로 의사결정을 할 수 있게 한다. 지역주민이 아닌 사람들은 경제계획에 간섭을 하지 않아야 한다. 이윤은 외부로 유출되기보다는 그 지역의 발전을 위해서 재투자되어야 한다.

10. 소득세는 폐지되어야 한다. 그 대신에 생산된 제품들에 세금이 부과되어야 한다.

민족국가주의를 넘어 세계정부로[7]

전쟁의 근본적 문제점 해결, 모두의 인권보장, 사회정의 확립 등을 위해서 프라우트에서는 세계정부가 수립되어야 한다고 제안한다. 현재 세계의 의식은 분명히 이 방향으로 나아가고 있다. 매년마다 불의와 분쟁을 해결하고 지구촌의 문제들에 대한 공통의 해결책을 찾아 달라는 국가, 단체, 대중매체의 UN을 향한 요구가 점점 증가하고 있다. 정보통신망, 시민단체, 사해동포주의가 보편주의와 글로벌 의식에 관해 생각하도록 사람들의 마음을 열고 있다.

세계정부의 입법부는 상하원 양원제여야 한다. 하원은 국민들의 인구수에 비례하여 의석을 책정하며, 상원은 한 나라에 한 석씩 배정한다. 새로운 법률에 대한 제안은 하원에서 발의되어야 한다. 발의된 법안이 하원에서 통과되면, 상원에서 이를 논의하여 최종적으로 승인하거나 거부하도록 한다. 이런 제도에서는 한 사람의 하원대표도 내보낼 수 없는 작은 나라라도 상원에서 상정된 법안의 장단점을 다른 나라들과 논의할 수 있게 될 것이다.

세계정부는 모든 인류를 위해서 인권 및 최저생계 보장, 각국에 동일한 형법 적용 등을 담은 세계헌법을 제정해야 한다. 앞에서 말한 베네수엘라 정부에 권고되었던 헌법적 제안들이 미래의 세계헌법의 기초가 될 수도 있다.

세계정부 출범 초기에는 분쟁을 조정하고 세계법의 골격을 만드는 역할을 해야 한다. 또한 어떤 나라의 현행법이 소수인종에 불리한 것은 아닌지의 여부를 판단할 권한이 세계정부에 있어야 한다. 세계군대 역시 필요할 것이다. 인권을 보호하기 위해 세계 어느 곳이라도 파견할 준비가 되어 있어야 한다. 그러나 경제적 풍요가 확대되고 세계에서 발생하는 분쟁을 줄이면서, 세계군대의 병력은 그 수를 점차 줄여야 한다. 시간이 지나면서 세계정부의 권한은 입법, 행정, 사법 기능을 충분히 수행할 수 있을 때까지 계속 확대되어야 한다.

세계정부를 구성하는 데 있어서의 주요 장애는 각 국가의 지도자들이 갖는 권력상실에 대한 두려움일 것이다. 그러나 일단 이 문제가 극복되면, 세계 단일정부는 많은 혜택을 주게 될 것이다. 전쟁과 분쟁이 감소됨에 따라 사람들은 전쟁에 대한 두려움을 덜 느낄 것이다. 그러면 에너지를 보다 생산적인 일에 집중할 수 있게 된다. 현재 무기를 만드는 데 들어가는 엄청난 자원들이 사회개발에 사용될 수 있을 것이다. 그리고 모든 사람들이 자신들이 원하는 곳으로 여행을 갈 수 있는 자유를 얻게 될 것이다.

많은 유명한 사상가들이 세계정부를 원했던 것처럼, 사카르의 목표도 인간사회를 통일시키는 것이다. 흥미롭게도, 그는 이러한 의식을 불러일으키는 관건으로 이기심 없는 사회봉사를 강조하였다. 서아프리카를 포함한 수많은 나라에서 프라우트주의자들이 보였던 것처럼, 봉사는 지역사회를 단합시키고 대중들에게 힘을 실어 주며, 사회를 변화시키는 촉매제가 된다.

프라우트 운동의 미래[8]

소하일 이나야툴라Sohail Inayatullah 박사
(정치학자, 세계 미래연구 협회 위원)

정치학자인 소하일 이나야툴라는 파키스탄, 미국, 호주 국적을 가진 다국적 인물로서, 25년이 넘게 사카르와 프라우트에 대해서 글을 써 왔다. 미래연구라는 새로운 영역에서의 선구자인 그는, 세계 미래연구 협회World Futures Studies Federation와 세계 예술 및 과학 아카데미World Academy of Art and Science의 위원이다. 그는 국제학술회의에 많이 초청되는 연사이며, 10여 권의 서적과 전문지 및 잡지를 통해 250편 이상의 논문을 쓴 저자이자 편집자다. 그는 타이완의 탐캉Tamkang 대학과 호주의 선샤인 코스트Sunshine Coast 대학의 교수이다. 2001년과 2002년에 발행된 그의 가장 최근 저서에는 《사카르의 이해Understanding Sarkar》, 《의사소통의 변환Transforming Communication》, 《미래에 대한 질문Questioning the Future》, 《젊은이의 미래Youth Futures》 등이 있다.

어떤 운동의 미래를 예측한다는 것은 '예측'이라는 말의 정의 그대로 어려운 문제다. 일단, 미래는 아직 오지 않은 것이다(절대적인 영적 차원에서 과거, 현재, 미래가 동시적으로 존재하는 경우를 제외하고는 말이다). 그러나 모든 운동에는 우리가 포착할 수 있는 일정한 패턴이 있다. 찰스 파프로키Charles Paprocki는 사카르의 사회순환(파동) 이론에 근거하여 사회운동의 부침을 분석하였다. 그는 낡은 운동(우주론, 이데올로기 및 이데올로기를 지지하던 기관들)이 일단 더 이상 적합하지 않게 되면, 새로운 운동이 나타난다고 주장한다. 낡은 운동은 자체의 내부적 모순 때문에 사라지게 되는데, 그 낡은 운동에 대한 동의나 믿음을 더 이상 유지할 수 없기 때문이다. 새로운 운동은 현실에 대한 보다 조리 있는 분석과 설명을 제공함으로써 낡은 운동에 도전하며, 그것이 성공하면 새로운 운동은 새로운 명제thesis가 되는 것이다.[9]

리처드 슬로터Richard Slaughter는 이것을 '변환적인 순환Transformative Cycle'이라고 부른다. 변환적인 순환의 첫 번째 단계에서는 전통적인 의미들이 붕괴되고, 오히려 문제점으로 취급된다. 두 번째 단계에서는 전통적인 의미들을 재개념화하고 새롭게 하는 새로운 이념들이 나타난다. 세 번째 단계에서는 새로운 의미들과 오래된 의미들 간에 충돌이 있게 된다. 이 충돌로부터 몇 개의 제안, 새로운 이념들, 새로운 운동이 당위성을 얻게 된다. 이것이 네 번째 단계다. 이 새로운 이념들을 렌즈 삼아, 우리는 이를 통해 세상을 바라보게 된다.[10]

프라우트에서는 우리들이 낡은 패러다임에서 새로운 패러다임으로 가는 전이의 시점에 있다고 주장한다. 근간의 지성사intellectual history는 기계적인 뉴턴물리학과 물질중심적인 자유 자본주의의 입장에서 세상을 설명하려는 시도를 해왔다. 세계는 많은 특정한 문제점들을 안고 있는데, 이들의 대다수는 우리가 세상을 설명하는 데 사용하는 보다 큰 차원의 패러다임의 결과다. 예를 들면, 가정파탄, 범죄, 사막화는 서로 연관되지 않은 것처럼 보인다. 그러나 사실 이 모두는 사회보다 개인을 우선적으로 보는 물질중심적 세계관의 결과물인 것이다. 나아가서, 사회의 분열을 불평등한 경제구조가 아닌 개인과 가정의 탓으로 돌리고 있다. 이렇게 세계를 보는 것은 눈앞의 이익을 위해 미래를 저당 잡히는 근시안적인 것이다.

현재 프라우트 운동은 세계 여러 곳에서 생태운동이 한 세대 전에 겪었던 것과 같은 단계에 있는 듯하다. 프라우트 운동은 지금 막 떠오르는 지적인 세력이며, 생태운동처럼 급속히 인기를 얻게 될 것이다. 그 다음에는 프라우트 운동이 세계적인 경향이 될 것이고, 결국에는 학계, 시민사회, 산업계, 정부에 의해서 받아들여질 것이다.

현재 인간사회의 미래에 대한 모든 논의에서는 친환경이 언제나 핵심이다. 가까운 미래에는 프라우트가 출판, 운동, 사회봉사를 통해서 그러한 논의에서 핵심 자리를 차지하게 될 것이다. 사카르의 운동이 일단 주류 언론에서 다뤄지게 되면, 프라우트 운동은 낡은 운동들에 도전할 것이다. 그렇게 되면 서로 정당성을 얻기 위해 투쟁과 논란이 일게 될 것이다. 프라우트주의자들은 실업, 굶주림, 정서적 고통이 있는 현실 세계에서는, 자신들이 제시하는 세상과 미래의 모습이 보다 설득력 있고 격조가 높으며, 실현 가능성이 높다고 주장할 것이다. 현재의 녹색주의자들이나 과거의 사회주의자들이 그랬던 것처럼 말이다. 이 단계가 되면 프라우트의 능력이 시험대에 오를 것이다. 프라우트 모델이 과연 신자유주의적 자본주의와 전체주의적인 사회주의를 능가하는 새로운 패러다임이 될 수 있는가? 프라우트 모델이 제시하는 세상의 모습이 개개의 인간들에게 새로운 의미를 부여할 수 있는가?

그러나 인도의 프라우트 운동은 다른 단계에 있다. 슬로터의 말을 빌리면, 갈등 단계의 마지막 국면에 있다. 사카르와 프라우트를 모르는 인도의 지식인들은 거의 없다. 그러나 프라우트가 학문적인 운동임을 아는 이들은 비교적 많지 않다. 전체를 아우르는 사카르의 대안적인 가르침을 아는 이들도 거의 없다. 대부분의 사람들은 사카르를 논란을 불러일으킨 사람 정도로만 본다. 프라우트는 이제 인도의 경제와 정치에 대한 새로운 이념과 패러다임을 제공하기 시작하고 있다.

프라우트에 대한 학계와 일반의 논의가 잠잠한 것으로 미루어, 프라우트의 당위성은 아직도 먼 것처럼 보일지 모른다. 그러나 연꽃이 핀 연못의 비유가 좋은 예가 될 수 있다. 다음의 질문을 생각해 보라. 연못의 연꽃이 매일 두 배로 피고 30일째에 연꽃으로 가득해진다면, 그 연못의 반이 연꽃으로 채워지려면 며칠이 걸릴까? 놀랍게도 답은 바로 하루 전인 29일째다.

사카르는 "성공하기 반시간 전이라도 성공할지 여부를 알 수 없다"라고 말하였다. 프라우트에 관한 논문들을 여기저기에 기고하고 뉴스레터와 잡지를 발간하거나, 또는 협동조합을 시작하는 등의 행동을 하지만, 그 성과가 아직 지지부진하면 활동가의 관점에서는 이 모든 행동이 아주 보잘것없이 보일 것이다. 그러나 언젠가는 그런 기사들이 갑자기 기하급수적으로 확대되면서, 매우 짧은 시간에 프라우트가 학계, 대중, 법적인 토론에서 당연하게 받아들여지는 가르침이 될 것이다. 이렇게 당위성을 확보하면, 프라우트는 기존의 법률에 도전하고, 우리들의 사고방식을 바꾸며, 우리들의 경제와 정치 구조를 재구성할 수 있게 될 것이다.

특히 프라우트 뉴스레터, 모임, 명상수업 등이 세계적으로 퍼지면서 이런 상황은 더욱 개연성이 높아진다. 개개의 프로젝트는 사카르의 이론과 그의 사명을 수행하는 일꾼(다다)들 이외에는 상호간에 직접적으로 연관되어 있지 않은 것처럼 보일 수도 있다. 그러나 이러한 프로젝트들이 더 많이 알려질수록 프라우트 활동, 생태친화적인 프로젝트, 영성센터들 간에 네트워크가 이루어져 발전되어 갈 것이라는 점을 쉽게 상상할 수 있다. 그리하여 소수의 성공담을 만들어 낸 유사한 노력들(스페인 몬드라곤의 협동조합 운동, 파키스탄 카라치의 악타르 하미드 칸Akhtar Hameed Khan의 도시개발 프로젝트, 그라민 개발은행 등)과는 달리 수많은 성공적인 프로젝트들이 인도, 필리핀, 아프리카 국가들, 러시아, 브라질, 미국 등에서 전개될 것이다. 그리고 그들의 복사본들이, 지역적이며 동시에 글로벌적으로 빠르게 성장할 것이다.

제12장

행동의 요청 :
프라우트의 실행 전략

인류가 지구상에 출현한 지 수천 년이 지났지만,
아직도 잘 짜여지고 포용적인 인간사회를 만들지 못하고 있다.
이 사실은 인간이 이룬 영광스러운 지성과 학식을 생각하면
말이 안 된다. 그대는 인류의 곤경을 이해했고,
그 긴박성을 체험했고, 악의 요소의 발가벗은 춤을 목격했고,
분열을 꾀하는 힘들의 위선적이고 음험한 웃음소리를 들었다.
이제 망설이지 말고 자신을 이 고귀한 임무에 던져야 할 것이다.
그 목표가 정당하고 고귀할 때 성공은 피할 수 없는 것이다.

-P. R 사카르[1]

프라우트 운동의 목적은 '모든 이들의 복지'를 지향하는 사회를 건설하는 것이다. 모든 이들이란 현재 착취의 체제에 의해 늘 버림받아 온 이들을 말하며, 여성, 소수민족, 원주민, 노동자, 실업자, 토지가 없는 자, 집 없는 자, 교육받지 못한 자, 죄수, 법적증명서가 없는 자들이 이에 해당된다.

사회를 바꾸는 것은 어렵다. 모든 인류와 지구라는 행성에까지 혜택을 주는 총체적인 변화는 더욱더 큰 노력을 요구한다. 하지만 가장 위대한 것은 위대한 노력과 투쟁을 통해서 성취된다.

"다른 세상이 가능하다!"

2001년에 제1회 세계사회포럼World Social Forum이 브라질의 포르투알레그레에서 열렸다. 이는 당시 스위스 다보스Davos에서 열린 부유국들의 세계경제포럼World Economic Forum에 대항한 것이었다. 이후 세계사회포럼은 기하급수적으로 성장해서 4회, 5회, 6회째 열린 세계사회포럼에는 150개 이상의 국가에서 6,000개에 달하는 단체들이 참여했다. 그 인원은 15만 명이 넘었다. 세계사회포럼이 갖는 힘은 꿈을 같이한다는 점이다. 즉, 모든 이들에게 정의로운 다른 세상을 건설하는 것이 가능하다는 꿈이다.

사회의 변화에는 의식의 각성이 핵심 요소다. 언제든지 착취가 발생하면, 그에 대한 모든 이들의 의식을 일깨우는 것이 선한 사람들의 도덕적 의무다. 동시에 프라우트와 같은 실천적인 대안이 대중에게 알려져야 한다. 많은 경제전문가들은 세계의 자본주의 체제는 근본적인 결함 때문에 어려움을 겪고 있다고 믿는다. 또한 모든 자본시장들의 구제불능적인 상호의존성으로 인하여 자본주의 체제는 위험스럽고 불안정하며, 취약하다고 생각한다. 자본주의가 붕괴하게 되면, 모든 나라들은 생존을 위해 필사적으로 그에 대한 대안을 찾을 것이다.

프라우트의 원리들은 여러 나라에서 매일 시험받으면서 발전하고 있다. 프라우트의 중요한 정책들이 경제, 지역개발, 보건, 교육, 예술, 대중매체,

환경, 사회정의, 농업, 사법제도, 정치제도 등 사회의 많은 측면에서 보다 구체화되고 있다. 이들 모두가 어우러져서 대안적인 사회 기반을 세계에 제공한다.

대중에게 알림

프라우트 과업의 첫 번째 목표는 자본주의에 대한 사회적·경제적 대안이 존재하며, 그것이 프라우트라는 점을 대중들에게 알리는 것이다. 이는 마케팅 컨설턴트와 정치후보자들이 '명칭 인식name recognition'이라고 부르는 것으로서, 그 나라의 모든 사람들이 그 명칭에 친숙해지고 의미가 무엇인지를 알게 될 때까지 메시지를 계속 전달하는 것이다.

이것을 하는 가장 효과적인 수단은 TV, 라디오, 신문, 잡지 등의 매체를 이용하는 것이다. 물론 거대 매체들은 모두 거대한 이윤을 만들어 내는 기업들이 소유하고 있어서, 이들은 대부분의 경우 자본주의에 대한 비판적인 기사나 보도를 전달하려 하지 않는다. 그러나 프라우트의 이벤트와 관련된 흥미로운 인터뷰나 기사거리를 제공하면 때에 따라서는 진보적인 메시지를 내보내는 경우도 있다. 또한 인구가 적은 지역에서는 대기업 소유가 아닌 소규모의 신문, 잡지, 라디오, 심지어는 TV도 많이 볼 수 있으며, 이들은 대개가 새로운 사상에 보다 열려 있어서 우리가 접근하기 쉽다.

거대한 신문이나 잡지들을 통하여 프라우트 사상을 대중들에게 알리는 흥미로운 방법이 하나 더 있다. 바로 가장 많은 사람들이 읽는 '독자투고'를 이용하는 것이다. 즉, 프라우트의 핵심적인 개념이 어떻게 현행의 문제점을 해결할 수 있는지를 설명하는 간단한 메시지를 많은 독자들에게 전달하는 것이다.

프라우트를 대중에게 알리는 또 다른 방법은 대상 지역에 포스터를 붙이는 것이다. 예를 들면, 리우데자네이로 주립대학의 심포지엄 조직자는 '글로벌 위기에 대한 해결책을 찾아서: 진보적 활용론(프라우트)'이라고 쓴 컬

러포스터 500장을 제작하여 많은 곳에 붙였다. 심포지엄에 참석한 300명 이외에도 수만 명이 그 포스터를 모든 지하철역, 대학교, 시내중심가에서 보았다. 인도에서는 선거에 참여한 프라우트주의 후보자들이 '지역 자치(사마지)' 등의 강령을 수천 장 인쇄하여, 프라우트의 제안들을 대중에게 알렸다.

대중적인 문화행사도 프라우트를 알리는 데 매우 긍정적이다. 길거리 공연, 거인인형, 노래 및 춤 등은 모두 아름답고 오래 기억되도록 많은 대중들에게 새로운 개념을 전달하는 강력한 도구가 된다. 글로벌 익스체인지 Global Exchange라는 풀뿌리단체의 케빈 대나허Kevin Danaher는 세계은행 및 여타 글로벌 금융기관들에 항거하기 위해 전국 각지에서 모인 젊은이들이 "거인인형, 풍물놀이, 노래와 춤 등을 펼침으로써 '정치적 파티(정당)'를 '진짜 파티(놀이마당)'로 재정의하도록 했다"는 점을 주지하였다.[2]

핵심적인 사상가 및 도덕적인 사람

프라우트의 두 번째 목표는 지식인 및 학생과, 프라우트는 실현가능하다고 여길 만한 사람들을 설득하는 것이다. 이 과정은 보다 많은 시간이 필요하다. 프라우트의 원리들을 설명해야 하고, 그들의 질문이나 의구심에 대한 답을 주어야 하기 때문이다.

사카르는 프라우트주의자들에게 "도덕성을 갖춘 사람들을 단결시켜야 한다"고 권고하였다. 그가 의미한 도덕적인 사람들이란 정직한 사람들뿐만 아니라 사회적인 불의에 항거해서 싸우는 사람들이다. 그러한 '도덕적인 사람'은 NGO 및 사회운동의 지도자들인 경우가 많다. 이들은 가난한 사람들에게 먹을 것 제공, 인권 투쟁, 환경 및 부랑아 보호, 부정 적발, 토착민들의 권리 보호, 협동조합 개발 등을 위해 자원봉사자로서 오랜 시간을 일하거나 낮은 보수를 받는다. 대부분의 NGO는 프라우트 운동에 동참할 가능성이 높으며, 대부분의 NGO 지도자들은 보다 밝은 사회를 창조하기 위해서는 새로운 도덕적인 가르침이 필요하다는 데 동의할 것이다.

NGO의 지도자 및 다른 활동가들과 대화를 시작하는 것은 성공을 위해 매우 중요한 전략이다. 이는 서로 배울 수 있는 과정이 되기도 한다. 세계 사회포럼과 같은 진보적인 연대에 동참함으로써, 재원을 공유하고 공동목표를 중심점으로 하여 단결하게 된다. 모든 프라우트주의자는 이러한 범세계적인 아이디어 교환에 활발하게 참여해야 한다.

프라우트 강의, 토론 및 심포지엄은 모든 지역에서 열려야 된다. 소식지, 잡지, 신문, 전단지 등은 모두 중요하며, 서적과 공부 지침서 등과 같은 보다 포괄적인 것들 역시 중요하다. 이들 자료들은 대학교와 진보적 회의가 열리는 장소에 탁자나 홍보물 전시대를 놓고 배포하면 된다. 또한 프라우트 관련 자료는 지역사회의 지도자, 작가, 사상가들과 미리 약속된 만남을 하거나, 그들과 생각을 공유하는 식의 만남을 통해서 개인적으로 직접 전달할 수도 있다.

프라우트 웹페이지(www.Prout.org와 www.Proutworld.org)와 같은 인터넷 정보를 다른 진보적인 웹페이지들과 링크를 하면, 컴퓨터를 갖고 있는 사람들이 접근할 수 있는 중요한 수단이 될 것이다. 프라우트의 아이디어와 프로그램을 논의할 메일링 리스트도 언어와 지역별로 계발하여 확대시켜야 할 것이다.

사람들에게 접근하는 수단으로서 인터넷은 특히 중요하며, 계속해서 증대되고 있다. 프라우트주의자인 뉴질랜드의 브루스 다이어Bruce Dyer는 프라우트에 동조하는 사람들과 친구들의 전자우편 주소를 만들어, 이들에게 진보적인 아이디어와 대안교재 및 소식들을 보낸다. 이 책을 쓰고 있는 시점에서, 1,000명 이상의 사람들이 그의 메일을 받고 있으며, 그들 중 많은 이들이 자신이 받은 소식을 다른 이들과 나누고 있다.[3]

헌신적인 활동가

젊은이들이 가지는 활력, 열정, 이상주의는 세상을 바꾸도록 인도되어야 한다. 세계사회포럼 참석자들 중 대다수가 젊은이들이라는 사실은, 다른 세계를 만드는 것이 가능할 뿐만 아니라 필연적이라는 확신을 갖게 한다.

그러나 동시에 젊은이들의 절대 다수가 글로벌 자본주의의 절대권능의 지배 앞에 자신들이 무기력하다고 믿어 왔다. 아니, 그렇게 믿도록 속아 왔다. 많은 젊은이들이 환멸에 빠져서 의미 있고 보람된 일을 찾겠다는 희망도 거의 잃고, 자부심은 떨어졌다. 그 상태로 냉소적이고 허무적이 되어 오락물, 마약, 섹스를 통해 현실을 도피한다.

젊은이들의 희망과 자신감은 다시 회복되어야만 한다. 정의를 위하여 어떻게 투쟁해야 할 것인지를 그들에게 보여 주어야 한다. 그러므로 프라우트주의자들은 젊은이들에게 힘을 불어넣어 주는 리더십 훈련을 제공해야 한다.

모든 이들을 대상으로 한 집중적인 프라우트 세미나, 주간 학습동아리, 워크숍, 클럽 등을 만들 수 있다. 이런 대중교육 프로그램을 위한 교재는 프라우트의 웹페이지에서 얻을 수 있다.

고요한 명상은 프라우트의 영적인 기반이며, 개인과 집단의 차원에서 희망을 만들어 내는 막강한 도구다. 명상은 점진적으로 사람들을 변환시켜서 용기를 갖게 하고, 투쟁의 정신을 주입시킨다. 명상은 자신의 무한한 잠재성을 불러일으키며, 우리와 항상 함께하고 있는 절대자의 힘을 느끼도록 해준다. 명상은 목적의식을 갖게 하고, 인간의 가장 고귀한 자산과 신비롭게 연결되어 있다는 느낌으로 가득 채워 준다. 아난다 마르가와 프라우티스트 유니버설에서는 명상을 무료로 가르쳐 주고 있으며, 활동가들이 자신의 영적 성장을 위해서 명상을 수행하도록 고무하고 있다. 매일 하는 개인의 자기분석 역시 자신의 결점을 찾고 극복하는 데 필수적이다.

프라우티스트 유니버설에서는 젊은 사람들이 자신의 인생을 전업 활동가로서 바치는 것을 고무하고 있으며, 이를 위해서 광범위한 분야에 걸쳐서 기회를 제공하고 있다. 인격계발, 영적 수행, 사회의 실상 파악 및 프라우트의 실천적인 대안 분야에서의 매력적인 훈련이 많은 나라에서 가능하다.

조직의 힘은 재정적인 자원에 있는 것이 아니라, 그 조직 일꾼들의 헌신성, 훈련, 다양성, 적응력에 있다. 활동가들 간의 정기적인 소통은 교육, 영감, 건설적인 피드백을 위해서 필수적이다. 마지막으로, 활동가들에게 영감을 불러일으키는 가장 필수적인 것들 중의 하나는 그들의 창의성을 고무시키고, 일과 투쟁의 과정에서 느끼는 개인적인 느낌을 표현하도록 고무시키는 것이다.

리더십은 위에서 아래로 일방적으로 부과되어서는 안 된다. 진정한 리더는 헌신성, 성실성, 이념적인 열정, 투쟁정신, 그리고 다방면에 걸친 능력을 가져야만 한다. 훌륭한 리더는 이런 자질들을 갖고 태어난 것이 아니며, 시간을 두고 단계적으로 습득한 것이다. 리더는 고결함 및 억압받는 자들과의 일체감을 계발할 필요가 있다. 이는 그들의 고결함에 결점이 없어야 하며, 착취당하는 사람들과 연대성 속에서 일을 해야만 된다는 의미이다.

프라우트 연구소

1988년에 사카르는 특정 지역에 프라우트를 실제적으로 적용시키는 연구와 계획을 하도록 프라우트 연구소Prout Research Institute를 설립하였다. 서아프리카의 토고 정부와 극동 러시아의 하바로프스크Khabarovsk 지역을 대상으로 한 집중적인 연구가 이루어졌다. 프라우트 연구소는 경제적인 상황을 파악했고, 당시의 문제점이 가진 성격과 원인을 분석하였다. 그런 다음 연구소는 그 지역의 경제적인 어려움을 해결하기 위한 특별한 프라우트식 해결책 및 정치적 개혁과 경제정책들을 제안했다.

프라우티스트 유니버설의 글로벌 자문서비스와 지원 네트워크는, 모든 이들의 복지를 위한 지속가능한 개발을 추구하려는 모든 나라와 지역사회를 지속적으로 도울 준비가 되어 있다.

호주의 프라우트주의자들은 50쪽에 달하는 〈자본주의사회 이후를 위한 정책들〉이라는 제목의 연구서를 작성하였다. 이 연구서는 호주에서 가까운 장래에 어떻게 프라우트가 적용되어야 하는지 지침을 제시한 것이다. 이처럼 특정 지역에 대한 총괄적인 연구 후에 프라우트의 보편적인 원칙들에 기반을 둔 맞춤식 계획을 작성한다. 이는 사람들이 경제적 혼란이나 불필요한 고난을 겪지 않게 하면서 신속한 발전을 이루도록 한다.

72쪽에 달하는 프라우트 연구소 직원용 지침서인 〈소규모 지역 개발계획 입문서An Introduction to Block Level Planning〉가 있는데, 이는 매우 뛰어난 자료다. 이 책자에서는 프라우트의 경제계획이 어째서 항상 지역 수준, 즉 풀뿌리 수준에서부터 위로 올라가야 하는지에 대한 설명이 있다. 각 지역 간에는 지형, 기후, 자연자원, 사회간접시설, 지역공동체, 기타의 요소 등 수많은 차이점이 존재한다. 그러므로 큰 국가나 중간 규모의 나라들이 국가차원에 합당한 단일 계획을 수립하는 것은 불가능하다.

이 지침서는 특정 지역사회가 겪고 있는 실질적인 문제점들을 어떻게 알아낼 것인지를 분명하게 보여 주고 있다. 그리고 기존의 자료와 직접적인 면담을 통해서 사회적·경제적 데이터를 수집하는 방법, 그것을 분석하는 방법, 최종적으로 적용 가능한 개발계획을 만드는 방법을 제시하고 있다.

이러한 방식을 통해서 사람들의 삶에 실질적인 혜택을 제공하고 지역사회 전체를 강화시킬 수 있는, 매우 실천적이며 현실성 있는 제안을 제공할 수 있다. 지역의 경제개발과 계획수립에 관심이 많다면, 이 지침서를 꼭 읽어 보도록 권하는 바이다. http://www.proutworld.org/ideology/ecdem/BLP.pdf에서 무료로 다운로드 받을 수 있다. 그리고 행동계획을 수립하는 데 도움을 얻어야 된다면, pri@prout.org로 메일을 보내 필요한 기술을 갖춘 프라우트주의자들과 접촉할 수도 있다.

이 책의 참고문헌 목록에는 프라우트에 관한 여러 중요한 저서와 논문이 포함되어 있다. 그러나 더 많은 자료들이 필요할 것이다. 그리고 참신한 아이디어와 경험을 가진 사람들이 프라우트를 자신의 지역에서 어떻게 적용할 것인지에 대해서 논문과 책을 쓰는 것이 중요하다. 같이 나누는 단순한 행동으로 우리는 서로 배울 수 있다. 프라우트 서적들, 특히 사카르의 저서를 세계의 주요 언어들로 번역하는 것은 많은 사람들을 프라우트의 개념에 접근하도록 하는 데 있어서 매우 중요하다.

베네수엘라의 프라우트 연구소

2003년 12월에 베네수엘라 정부는 프라우티스트 유니버설(1977년 사카르가 설립한 글로벌 교육 및 지역사회 서비스 기관)에, 자국의 국립석유회사PDVSA의 관리계층 두 그룹을 대상으로 3일간의 연수를 맡아줄 것을 요청했다. 이 연수는 '프라우트 식 경제발전: 베네수엘라의 새로운 미래 건설' 이라는 이름으로, 프라우트의 원칙, 여타의 적절한 계획수립 방법, 그리고 프라우트주의자들과 세계 각지의 여타 그룹들에 의해서 이루어진 지역중심의 시험적인 사업들을 그 내용으로 했다. 저자는 이 연수를 마이클 타우시 Michael Towsey 박사와 공동으로 주재하였다. 마이클 타우시 박사는 호주 출신으로 대학에서 강의를 하고 있었으며, 30년간 프라우트를 공부했다. 또한 프라우트에 관한 두 권의 저서와 많은 논문을 냈으며, 호주 프라우트 연구소의 창립위원이다. PDVSA는 프라우티스트 유니버설과 재계약을 맺었고, 세 명의 협동조합 전문가들과 본인으로 구성된 팀이 2005년 10월에 일련의 강의와 워크숍을 진행했다.

2007년 1월에는 베네수엘라 프라우트 연구소(PRI-V, Prout Research Institute of Venezuela)가 독자적인 비영리법인으로 공식 등록했다. 13명의 국내담당 이사회와 24인의 프라우트주의자들이 국제담당 자문위원회 위원으로 구성되어 있다. 경험이 많은 이들 24인은 적절한 제안과 지혜를 제공하고 있다. 이 연구소의 사명은 '노동자협동조합, 자급자족적인 지역공동체, 환경보호, 보편성을 지닌 윤리, 영적인 가치의 계발 촉진 등을 통해 모든 사람들의 삶의 질을 높이고 보다 더 정의로운 사회를 만드는 것' 이다.

우리는 베네수엘라 중앙대학Central University of Venezuela의 카를로스 호세 몰리나 카마초Carlos Jose Molina Camacho 교수의 도움으로 협동조합 조사사업을 실행하였다. 이 조사는 베네수엘라의 협동조합들이 얼마나 '모범적' 인지를 알기 위함이었다. 우리들은 바를로벤토Barlovento의 가난한 시골 지역에 있는 50개의 협동조합과 면접을 했다. 우리들은 이들 협동조합 기업들이 지니고 있는 문제점과 필요로 하는 것들을 진단하기 위해 80개 이상의 설문항목을 만들었다.

PRI-V는 다큐멘터리 영화 제작자와 호주 출신의 프라우트주의자 폴 앨리스터Paul Alister의 도움을 받아, 〈다른 삶이 가능하다Another Life is Possible〉라는 30분짜리 다큐멘터리 영화를 만들었다. 이 영화는 어떻게 베네수엘라의 협동조합들이 바를로벤토의 가난한 농촌지역 사람들의 삶을 변환시키고 있는지, 어떻게 프라우트가 그들의 욕구에 반응하면서 경제적 민주주의에 기여하려고 노력하는지를 다룬 것이다. 현재 스페인어 버전과 영어 버전으로 제작된 것을 구할 수 있다.

PRI-V는 또한 협동조합들에 관한 자문과 연수교육을 제공한다. 그리고 다음과 같은 것들을 가르친다.

- 좋은 사업계획을 계발하는 방법
- 효과적인 초기의 자본형성 방법과 자본의 확장 방법
- 동료들 간의 단결과 협동을 개선하는 방법
- 효과적으로 회의를 운영하는 방법
- 갈등해결 방법
- 스트레스 극복 방법
- 보편타당한 도덕적, 영적 가치들

PRI-V는 프로그램들이 흥미롭고 고무적이며, 힘을 부여해 주는 것이어야 한다는 점을 매우 중요하게 여긴다. 그래서 우리는 토론, 다른 협동조합 활동가들과의 만남, 역할극, 협동조합 게임 등을 활용한다. 우리는 또한 삽화가 들어간 연수 지침서를 디자인하여, 교육 수준이 낮은 사람들도 이해할 수 있도록 노력한다. 우리는 참여자들이 삶의 모든 면에서 성장할 수 있도록, 그들의 의식 수준과 자부심을 향상시키고 있다.

또한 PRI-V는 자원봉사자, 전문가, 대학생 수습생들이 프라우트를 배우고, 그것을 사회 속에 적용시킬 수 있는 방법들에 대해 배울 수 있는 다양한 경험을 제공한다.

모범적인 협동조합과 사회봉사 사업

협동조합은 값진 교육과정을 제공하고 의식의 각성을 일으킴으로써, 사회의 변화에 기여한다. 협동조합 성공을 위한 요건들 중의 하나는 그 조합이 있는 지역사회 대중들이 협동조합을 받아들이는 것이다. 각 협동조합은 자신의 조합원들과 지역사회 대중 전체에게 협동조합의 원칙들에 대해 교육하는 것을 도와야 한다.

모든 프라우트주의자들은 사회봉사를 행해야만 하며, 이를 통해 대중들과 연결이 된다. 대중들의 어려움을 직접 체험하는 것이 우선이기 때문이다. 없고 소외된 자들에게 봉사하는 것은 잊지 못할 경험이 되며, 그 경험은 사람을 근본적으로 바뀌게 한다. 사카르는 어린이를 위해서 쓴 책《황금연꽃과 파란 바다The Golden Lotus and the Blue Sea》에서, 한 영웅이 비참한 광경을 보고 마음이 깊이 움직이는 과정을 묘사하고 있다.

"왕자의 아름다운 눈은 그날 밤잠을 잃었다. 그는 계속해서 생각했다. '만약에 내가 인간사회를 그와 같은 비참함으로부터 해방시키지 못한다면, 내가 받은 교육과 나의 지성이 무슨 소용이 있겠는가? 내가 이 지구에 인간으로 왔다는 점은 아무런 가치도 없다.'"[4]

그러므로 협동조합, 네오휴머니즘 학교, 고아원, 급식 프로그램은 프라우트주의자들을 대중들과 연결시키는 매우 중요한 사업이며, 사람들이 함께 나아가는 과정에서 매우 중요한 출발점이다. 이러한 서로 협력하는 노력들은 글로벌 경제가 변환될 때 매우 중요해질 것이다. 그때가 되면 사람들의 관심은 지금의 체제를 대체할 실천적인 대안을 찾는 데 집중될 것이다.

대중운동

모든 대중적 운동들은 특정한 정서에 그 뿌리를 두고 있다. 정서에 호소하는 것이 항상 논리보다 강하기 때문이다. 인종, 국가, 계급 등을 거부하는 부정적인 정서들은 인류를 분열시키며, 마침내는 커다란 고통을 초래하게 된다. 그러므로 리더는 사람들의 문화적 유산에 기반을 둔 긍정적인 정서를 불러일으켜야 한다. 사람들의 영혼은 착취에 항거하고, 비도덕성에 대항하며, 그들의 전통문화에 대한 정체성을 지지하는 것에 이끌릴 수 있다. 이것이 바로 긍정적인 혁명을 만들 수 있는 길이다. 비록 그 접근방법은 지역마다 다르지만, 강력한 긍정적인 정서는 사회를 통일시키고 인간사회를 고양시킬 수 있다.

프라우트주의자들은 다른 사회운동들과 협력하여 특정 대상을 착취하는 정서가 있는 사안들에 대해서 저항을 시작해야 한다. 데모, 행진, 또는 항의집회를 조직함으로써 대중을 움직일 수 있다. 호아오 페드로 스테딜레 Joao Pedro Stedile는 브라질에서 '토지 없는 사람들의 운동Landless People's Movement'인 MST를 이끄는 역동적인 리더다. 그는 "대중집회는 사람들의 삶의 한 부분이다… 행진의 정신은 인류의 전 역사를 통하여 존재해 왔다"라고 말한다.[5] 대중적인 사마지 지역운동을 일으키려는 노력은 모두 이와 같은 요소들에 기반을 두고 있다.

세계사회포럼에 자극받아 태동하고 있는 지역 수준의 사회포럼들은 변화를 위한 범세계적인 대중운동으로 발전될 가능성이 있다.

어떻게 일개 혁명적인 운동이 불패처럼 보이는 세력에 대항하여 성공하기를 기대할 수 있을까? 그 세력들은 재정적, 군사적으로 어마어마한 힘을 지니고 있다. 필리핀에서 마르코스 대통령의 독재기간 중에, 사람들은 그가 '세 가지 G, 즉 무기Guns, 황금Gold, 폭력배Goons'를 가지고 있다고 했다. 그러나 1986년에 민중들은 거리로 나왔고, 독재자에 대항하여 단결하였다. 그리고 '민중의 힘people power' 이라고 칭한 이 전략은 사회변화를 위한 성공적인 사례로 정치학 교재에 수록되도록 했다. 대중적인 시민운동은 아이티(두발Duval, 1988년)와 모든 동유럽 공산주의 국가들, 태국(수친다 Suchinda, 1992년), 인도네시아(수하르토Suharto, 1998년), 유고슬라비아(밀로 셰비치Milosevic, 2000년), 필리핀(에스트라다Estrada, 2001년), 그루지아(셰바르드나제Shevardnadze, 2003년), 우크라이나(야누코비치Yanukovych, 2004~2005년), 키르기스스탄(아카예프Akayev, 2005년) 등에서 여러 독재자를 쓰러뜨렸다.

사카르는 이러한 반혁명적인 세력에 대해 다음과 같이 말하였다.

"혁명에 반대하는 세력들은 막강한 군사력을 가지고 있다. 그럼에도 혁명가들은 승리를 거둘 것이다… 도덕적이며 영적인 힘은 물리적인 힘보다 비교할 수 없을 만큼 강하기 때문이다." [6]

글로벌 자본주의에 항거하는 시위

프라우트에서는 어떤 경제적 · 정치적 제도라도 최우선순위가 '모든 이들의 복지' 여야 한다고 분명하게 주장하고 있다. 삶의 최저생계를 유지할 수 있는 필수품목이 없어서 고통 받게 내버려 두는 사회가 있다면, 그런 사회는 바뀌어야만 한다. 사카르는 "모든 살아 있는 존재들의 공통적인 이익을 고려할 때, 자본주의는 반드시 없어져야 한다"라고 말하면서, 그러한 사회를 냉혹하게 평가했다.[7]

프라우트주의자들은 글로벌 자본주의에 반대하는 시위의 물결에 적극적으로 참여해 왔다. 이러한 시위는 점점 증가하고 있으며, 시애틀(1999년), 워싱턴, 프라하, 멜버른, 벨로호리존테(2000년), 퀘벡, 제노바(2001년), 부에노스아이레스(2000~2002년), 그리고 G8 연례 모임들에서 있었다. 대부분의 시위에서는 세 가지의 각각 다른 전략이 취해진다.

우선 교육과 의식을 불러일으키는 과정이 있다. 행사가 열리기 수주 전부터 홍보전단지, 포스터, 지역사회 라디오와의 인터뷰를 통해 그 도시의 사람들에게 시위를 알린다. 강의와 심포지엄이 대학교, 고등학교, 교회, 지역센터 등에서 조직되고, 거기에서 전문가들은 왜 이들 국제기구들에 문제가 많은지를 정확히 설명한다. 자본주의를 대체할 미래의 대안들에 대해 논의할 필요가 있다. 따라서 모든 활동가와 시위자들은 글로벌 자본주의에 대해서 배우고, 또한 다른 사람들에게 자본주의의 단점들을 설명해 줄 수 있어야 한다.

두 번째 전략은 합법적인 행진과 집회다. 행진 및 시위 조직자들은 지역당국 및 경찰과 협상하여, 큰 공원에서의 집회와 지정된 시내거리 행진에 대한 허가를 받는다. 시위와 행진의 목표는 사회의 모든 분야 사람들을 가능한 많이 참여시킴으로써 대중매체를 통하여 세계 사람들에게 얼마나 많은 불만이 있는지를 강조하여 보여 주는 것이다. 모든 시위마다 프라우트 모델이 어떻게 작용하는지를 구체적으로 알 수 있는 홍보전단지, 포스터, 사상 표현물, 서적 및 잡지 등이 준비되어, 사람들이 이를 얻을 수 있도록 해야 한다.

세 번째 방법은 다소 불법적인 것이다. 글로벌 경제기구들이 비민주적인 방법으로 경제적·정치적 결정을 위한 모임을 가질 때마다, 시위자들이 그 모임 장소로 통하는 길들을 막는 것이다. 즉, 그 모임이 열리지 못하게 몸으로 저지하는 것이다. 2000년 4월 워싱턴 DC에서 있었던 시위가 이런 예에 해당된다. 당시 세계은행과 IMF의 연례회의가 있었는데, 이 기간에 동안 도심지에 위치한 세계은행과 IMF로 향하는 30개 이상의 거리와 골목을 인간 방어벽으로 막았다. 이는 자신의 신념을 위해 체포될 수도 있는 위험을 무릅쓴 사람들에 의한 강력한 행동이라고 할 수 있다.

비폭력적인 직접적 행동(시민불복종운동)은 권력자들에 압력을 가하는 혁명적인 전략이다. 미국에서 가장 큰 환경단체 중 하나인 '지구의 벗Friends of the Earth' 회장 브렌트 블랙웰더Brent Blackwelder는 시민불복종운동이 강력한 이유를 이렇게 설명한다.

"지난 20년간 우리들은 수십 명의 과학적인 연구자 및 전문가들을 세계 각처로부터 초청하여, 세계은행과 IMF의 지도자들에게 그들이 후원하는 대형 댐과 기타 해로운 프로젝트들에 의해서 초래된 생태계의 파괴, 사회적 붕괴와 빈곤들에 대해서 증언하도록 했다. 그러나 그 20년간 세계은행 및 IMF, 그리고 대중매체들은 우리들을 무시해 왔다. 지금 수만 명의 젊은 이들이 TV뉴스 카메라 앞에서 시위를 하게 되자, 두 기구의 책임자들이 우리의 말을 듣기 시작하고 있다."[8]

비폭력적인 직접적 행동은 WTO, 세계은행, IMF, 그리고 기타의 비민주적인 금융기관들을 수세적인 입장에 서게 만들었다. 이 방법은 각국 대표들이 국제회의에 참석하는 것을 꺼리도록 만든다. 프라하에서 있었던 시위 기간 중에, 세계은행은 원래 예정이던 3일간의 회의를 2일로 급히 끝내고 모두 집으로 일찍 돌아간다고 발표했다! 시애틀에서 시위가 있은 후부터, WTO의 장관급 회의는 독재정부가 있는 외딴 지역에서 아주 가끔 열리고 있다. 2001년에는 카타르Qatar, 2005년에는 홍콩에서 열렸다. 이 같은 압력으로 인해 은행 관료들은 대중매체에서 자신들의 정책에 대해 변명하면서, 이제는 반대자들과 대화를 원한다고 선언하고 있다.

시위를 통한 교훈

앞서 언급된 시위들은 슈퍼스타들에 의해 주동되는 것이 아니며, 어느 한 단체로부터 주어지는 지시를 활동가들이 따르는 것도 아니다. 그리고 대부분의 제휴 단체들은 성격상 매우 민주적이어서, 모든 결정은 합의에 의해서 이루어진다.

워싱턴에서의 시위를 조직한 사람들의 매우 효율적인 조직능력은 정말 인상적이었다. 거기에는 미국민권운동Civil Rights Movement 및 베트남 전쟁에 반대했던 시위들 이후 비폭력적인 직접적 행동을 이끌어 왔던 원로 리더들이 있었다. 이들은 수십 년의 시위조직 경험을 가진 베테랑들이었다. 그리고 그 시위에는 17~18세의 젊은이들도 있었다. 이들은 어른들과 회의들을 공동 주재했고, 합의를 통한 의사결정, 회의진행 요령, 비폭력적 시위 전략, 거리에서의 응급처치 요령 및 법적 권리들에 관한 훌륭한 연수 워크숍을 이끌었다. 이제는 젊은이들이 시위운동에 참여하고 있으며, 능력과 일하고자 하는 의지에 따라서 리더가 되기도 한다.

물론 권위적이고 때로는 무례하면서, 시위조직 모임을 자신이 원하는 방향으로 이끌려는 리더도 만날 수 있다. 이런 좁은 소견의 반동적 행동을 극복하는 가장 훌륭한 방법은, 프라우주의자들인 우리가 시위에 정기적으로 참여하며 열심히 일하는 것이라 생각한다. 우리가 입는 주황색 복장은 프라우트 모델이 그런 것처럼, 처음에는 활동가들을 깜짝 놀라게 만들 것이다. 그러나 나의 경험에 의하면, 활동가들의 다수는 우리를 알아 가면서 점진적으로 마음을 열게 된다.

경찰이 사용하는 시위진압 장비를 처음 대하면, 보자마자 겁을 내게 된다. 그들의 최루가스, 물대포, 진압봉, 고무총탄 등은 모두 매우 고통을 주는 장비들이다. 영국 환경부장관인 마이클 미처Michael Meacher는 1999년의 WTO 모임 뒤에, "우리들이 계산하지 못했던 점은 시애틀의 경찰이었다. 그들은 평화적인 시위를 아주 쉽게 폭동으로 바꾸어 버렸다"고 말했다.[9]

시위조직 위원회는 시위에 처음으로 참석하는 이들에게 도움이 되는 비폭력 훈련 워크숍을 제공한다. 경찰은 우리의 적이 아니며, 우리가 투쟁하는 목적은 자본주의 제도를 바꾸기 위함이라는 사실을 기억하는 것이 중요하다. 모든 시위에서 경찰들에게 무례한 말이나 행동은 삼가야 한다.

워싱턴에서 시위훈련 소위원회의 위원들은 나에게 집결장소에서 요가와 명상 수업을 인도해 줄 용의가 있는지 문의하였다. 그래서 우리는 활동가들을 위해서 아침의 첫 시간대와 저녁 식사시간에 90분짜리 요가 및 명상 수업을 하기로 했다. 이 수업은 매우 인기가 있었으며 매 수업 때마다 최대 50명이 수업에 참석하였다. 활동가들은 요가 스트레칭 후에 상쾌함을 느꼈으며, 영적인 노래 부르기와 조용히 명상하는 것을 좋아했다. 각 수업 끝에는 우리들이 왜 오게 되었는지를 이야기하고, 보다 좋은 세상을 만들고자 하는 공통적인 꿈에 대해서 서로 공유하였다. 나중에 거리에서 시위하는 동안에, 그 수업 참석자들 중의 많은 사람들은 나에게 와서 자신들이 고요함으로 들어가는 경험들을 하게 된 것에 감사를 표했다. 또한 요가 및 명상 수업이 그들로 하여금 잠재적인 폭력 앞에서 마음의 중심을 지키는 데 도움이 되었음을 느꼈다고 말하였다. 비폭력적인 직접적 행동은 참여자들을 근본적으로 변하게 한다. 직접적인 행동 시위는 그들에게 잊지 못할 경험이 되고, 여기에 참여했던 사람들은 영원히 바뀐다. 건강한 요가 생활방식에 충실하게 사는 것이 개인적으로 큰 전환점이 되는 것처럼, 직접적인 행동에 참여함으로써 사회혁명가가 된다.

신자유주의에 항거하는 브라질의 대중운동

브라질에서 시행된 신자유주의적 민영화사업을 통해, 각 주가 공공자금으로 건설한 여러 개의 연방 고속도로가 사기업으로 넘어갔다. 그 한 예가 리우데자네이로와 테레소폴리스Teresopolis를 연결하는 40번 고속도로다. 거대한 민간업자들로 이루어진 한 컨소시엄이 이 도로를 공짜로 인수한 것이다. 브라질 정부는 국영사회개발은행National Bank of Social Development을 통해, 그 컨소시엄이 146km에 달하는 고속도로에 다섯 개의 요금정산소를 짓는 데 1,500만 달러를 융자해 주었다.

이로써 1999년 4월 15일, 테레소폴리스 시 경계지역 내에 요금정산소가 건설되었다. 그 정산소 때문에 대부분의 월수입이 225달러 이하인 그곳 주민 약 2만여 명은 도시 중심에서 주어지는 각종 서비스를 받기가 어려워졌다. 예를 들어 일터, 은행, 우체국, 학교, 제과점을 운전해서 갈려면 한 사람당 1달러 80센트를 고속도로 이용료로 내야 했다. 뿐만 아니라, 집으로 돌아올 때에도 역시 1달러 80센트를 지불해야 했다. 이것은 테레소폴리스에서 겨우 5센트 하는 조그만 빵 한 봉지를 세상에서 가장 비싼 빵으로 만들었다! 시내로 일을 하러 가는 사람들은 일터로 가는 유일한 이 길을 이용하기 위해 매월 86달러를 지불해야만 했다. 이것은 월 최저임금인 65달러보다도 많은 금액이다.

이런 불의에 화가 난 프라우트주의자 아리 모라에스Ary Moraes 및 그가 이끈 주민들은 그 정산소의 설치를 반대하는 대중 시위를 시작하였다. 여러 번의 시위에도 불구하고 시정부와 컨소시엄으로부터 아무런 반응이 없자, 활동가들은 그 주의 다른 프라우트주의자들 및 주민들과 함께 '정산소 반대Pedagio Nao'를 위한 대중운동을 결성하였다. 그들은 만장일치로 정산소를 돌아가는 4km의 새로운 길을 만들기로 했다. 그에 따라 3, 500달러에 달하는 땅을 사고, 두 달이 안 되어 새로운 길을 만들었다. 그 후 1년간 꾸준하게 이용한 후 공동의 노력으로 그 길을 포장했으며, 이제는 매일 2,300대 이상의 차량이 이 도로를 이용하고 있다.

기득권 세력이 볼 때, 이 운동은 분명 그들에게는 위협으로 보였다. 그래서 이 운동을 리드한 여러 활동가들은 살인위협을 받았다. 그 컨소시엄은 주민들이 만든 새 도로를 폐쇄하기 위해 법적인 대응조치를 시작했으며, 2000년 5월 12일에 법원은 이들의 손을 들어 주었다. 그러나 이 운동은 많은 어려움 속에서 저항의식을 이끌어 냈으며, 열흘 동안 40번 도로를 막는 다양한 시위를 조직하게 되었다. 어떤 때는 사람들이 도로에 드러눕기도 했으며, 어떤 때에는 타이어를 태워 도로를 봉쇄하기도 했다. 또 15~30명의 활동가들로 여러 팀을 만들어서 경찰과 대치하기도 했으며, 체포의 위협을 받기도 했다. 실제로 15명은 시위기간 중에 투옥되었다. 그들은 이틀

동안 40번 도로의 25개 지점을 막을 수 있었다. 그리고 마침내 법원의 명령은 철회되었고, 대중의 안전과 시민들의 복지가 기업의 경제적 이익보다 중요하다는 것을 깨달은 판사는 주민들이 만든 길을 다시 개통하도록 했다. 결국 단합된 주민들이 승리를 거둔 것이다.

미래에 대한 희망

대부분의 시민단체와 사회운동은 분명하면서도 단기적인 목표를 성취하는 단일 이슈 중심으로 활동하고 있다. 그러나 프라우트의 운동은 포괄적이고, 사회의 총체적인 변환을 지향한다는 점에서 이들과 다르다. 또한 리더십 훈련과 전인적 생활방식의 강조, 활동가들로 하여금 한 시간 이상을 명상하도록 권장하는 것 등은 미래를 위한 장기적인 투자라고 볼 수 있다.

우리들은 대변환의 순간에 살고 있다. 글로벌 자본주의의 착취적 시스템은 곧 붕괴될 것이다. 사카르는 "이 시점에서 그대들의 행동은 100년과 맞먹는다"라고 말했다.[10] 많은 과학자들은 현재의 공업중심적인 경제는 미증유의 속도로 지구촌 생명유지 시스템을 위협하고 있다고 한목소리를 낸다. 우리는 현재 자멸의 길로 가고 있는 방향을 반대로 바꾸는, 실천적이고 생태적인 대안을 인간사회에 제공해야만 한다. 우리 후세들의 생존과 안전이 경각에 달려 있다.

안타깝게도, 많은 사람들은 이러한 현실에 관심은 많지만, 자신들의 역량이 이런 상황에 아무런 영향도 미치지 못한다는 절망감에 침울해 있다. 사실 우리가 마음대로 통제할 수 있는 것이 있다면, 그것은 우리 자신의 행동, 말, 그리고 생각뿐일 것이다. 그런데 환경과 관련된 슬로건 중에 "전 지구적으로 생각하고, 지역적으로 행동하라Think globally, act locally"라는 말이 있다. 이는 매우 중요한 의미를 지닌다. 우리들의 지역사회와 인류사회의 복지를 지향한다는 보편적인 관점을 유지하면서 어느 곳에 있든 긍정적인 행동을 한다면, 우리는 이 지구촌을 살리는 데 활발하게 기여하는 것이다. 이와 같은 방식으로 우리들이 영향을 미치는 범위도 역시 확장될 수 있다. 긍정적인 본보기가 다른 이들로 하여금 이 일을 돕도록 고무시키기 때문이다. 비록 작은 노력일지라도 그것들이 합쳐진다면, 시너지를 형성하고 확실한 결과를 가져온다.

프랑스의 작가 빅토르 위고Victor Hugo는 "이 세상의 모든 군대들보다도 강한 것이 있다. 그것은 바로 때가 무르익은 사상이다"라고 말했다. 나는 경제적 민주화, 협동조합, 그리고 프라우트는 때가 무르익은 사상이라고 믿는다.

우리들이 세상을 바꿀 수 있을까? 물론 할 수 있다. 인류학자인 마가렛 미드Margaret Mead는 "사려 깊고 헌신적인 시민들로 구성된 작은 그룹이 세상을 바꿀 수 있음을 결코 의심하지 말라"고 했다.[11]

> 지금 인간사회는 피를 흘리고 있고, 미래는 어둡다. 그래서 우리는 무엇인가를 하기 위해 여기에 왔다. 나는 무엇인가를 하기 위해 여기에 왔으며, 그대들도 또한 무엇인가를 하기 위해 여기에 왔다. 내가 여기에 온 것이 중요하지만, 그대들이 여기에 온 것도 그에 못지않게 중요하다. 우리들은 하나의 사명을 가지고 왔다. 그리고 우리들의 삶 자체가 개인으로서든 집단으로서든 하나의 사명이다. 사명은 오로지 하나다… 우리들의 사명은 집단적인 사명이다. 우리들은 모두 하나다. 우리들은 무엇인가를 하기 위해서 왔다. 이것이 바로 인과관계 중 '인', 즉 근본 원인이다.
>
> 그렇다면 무엇이 결과가 될까? 인간사회는 하나고 나눌 수 없는 것이며, 하늘이나 땅의 그 어떤 힘도 이 영광스런 인간사회를 파괴할 수 없다는 것을 세상이 깨닫게 되리라는 점이 결과다. 우리들은 여기에 인간사회를 구하기 위해서 왔으며, 우리들은 인간사회를 구할 것이다.[12]
>
> 프라밧 란잔 사카르Prabhat Ranjan Sakar

후기

새로운 사회를 만들 수 있는
가능성은 우리에게

프레이 베투
(도미니크회 수도사, 행동주의자)

프레이 베투는 남미에서 사회정의를 부르짖는 주요인물 중 하나다. 그는 브라질 출신이며 도미니크회의 수도사로 군사정권 아래에서 4년간 정치범으로 복역하였으며, 사회운동가로서 극빈층의 사람들과 함께 살았다. 그는 전 세계적으로 200만 부 이상이 팔린 《피델과 종교: 혁명과 종교에 대한 카스트로와 프레이 베투의 대담Fidel and Religion: Castro Talks on Revolution and Religion with Frei Betto》(Simon and Schuster, 1987)을 포함하여 40여 권의 책을 저술했다.

각 장의 마지막마다 보충하는 형식으로 쓴 글과 더불어 다다 마헤시와라난다가 이 책에 명쾌하게 소개한 '진보적 활용론(프라우트)'의 모델은 많은 제안과 대안을 결합함으로써 인간사회가 신자유주의적 자본주의를 극복하도록 돕고 있다. 현재 세계화의 과정은 범죄적 성격을 지닌 세계 식민지화 과정에 다름 아니다. 이는 오늘날 인류의 3분의 2(약 40억)가 최저수준 이하의 삶을 살고 있다는 것만으로도 충분한 증거가 된다.

프라우트의 5대 기본원칙과 '소속 공동체'의 이념에서도 묘사되었듯이, 이 책의 핵심 아이디어는 지난 1,000년간 모든 종교적 전통을 지닌 수도원의 생활원칙과 일치한다. 모든 참된 수도원들은 말 그대로 모범적인 공동체들이다. 거기서는 누구나 필요한 대로 받고, 능력만큼 기여하도록 요구된다. 그리고 공동체의 구성원 누구나 같은 권리와 기회를 향유한다.

나는 미래를 회자하는 언어란 육과 영을 분리시키지 않는 전체성을 지닌 영성, 정치적인 영성의 언어일 것이라고 믿는다. 이 영성을 체험하기 위해서는 명상이 필수적이다. 명상은 삶의 원천이고 삶에 생기를 불어넣는다. 나는 고요함 속에서 명상할 때 내 자신이 신의 뜻으로부터 한치도 벗어날 수 없고, 그 분의 뜻에 민감해짐을 느낀다. 나는 매일 아침과 저녁 40분에서 한 시간 정도를 명상한다. 그러나 나는 이 시간이 짧다고 생각한다. 감옥에 있었을 때는 하루에 4시간까지 하곤 했었기 때문이다.

미래사회의 패러다임을 어떻게 부르든 상관없다. 그것이 기독교적 전통에 들어 있는 것, 즉 신은 모두의 아버지이고 그렇기에 우리들 모두는 동료 companion라는 것만 허용한다면 말이다. 동료란 어원적으로 빵을 나누어 주고 같이 한다는 것을 의미한다. 세계사회포럼의 주제인 "다른 세상이 가능하다"라는 말은 새로운 세상을 원하는 우리들의 공통된 꿈을 말해 주는 것이다. 이는 곧 '자본주의 이후의 세계', '전 세계적', '네오휴머니즘적' 등으로 표현될 수 있는 세상이다. 우리가 명심해야 할 것은, 지구촌의 자원과 인간의 수고로 얻어지는 열매를 우리 모두가 서로 나눌 때만이 인간사회의 미래가 있을 수 있다는 점이다.

프라우트의 법률적인 제안들은 인간사회가 지구의 자원과 모든 부를 서로 나누어야 한다는 데 기반을 두고 있으며, 범세계적인 형제애의 성격을 갖는 프로그램을 완성시키는 데 필요한 모든 것들의 윤리적인 요약이다. 그리고 프라우트가 갖는 가장 중요한 점은, 프라우트가 새로운 세상을 보는 비전이 단순히 정치적, 사회적, 그리고 경제적인 관계에 국한되지 않고, 교육, 남녀평등, 영성을 아우르고 있다는 것이다.

자, 이제 모두 이 책의 내용을 애정과 신뢰를 가지고 받아들이자. 우리들이 꿈꾸는 미래는 지금 이 시점에서 그 씨를 뿌려야만 실현되기 때문이다.

■ 주석

서문_ 노엄 촘스키: 민주주의의 쇠퇴와 새로운 세계의 비전
1 This foreword was compiled from Noam Chomsky's recent interviews, talks and writings, and was personally approved and corrected by him.

서문_ 마르코스 아루다
1. For more information about Socioeconomic Solidarity, see www.socioeco.org or contact PACS, Rua Joaquim Silva, 56-80-20241 110 Rio de Janeiro, Tel./Fax (21) 2232-6306, adm@pacs.org.br.
2. Marcos Arruda writes: "In my opinion, the essence of Marx's work is fighting for higher human values. In a new book that is now at the press (Editora Vozes), I compare the thoughts of four important authors: Sri Aurobindo, Karl Marx, Teilhard de Chardin, and Humberto Maturana of Chile. All of them converge in promoting superior human values, such as growing cooperation, communication, solidarity and love, as the driving force that carries our evolution forward."

제1장 전 세계 자본주의의 위기와 경제불황
1. P. R. Sarkar, *Problems of the Day*, Ananda Marga Publications, Calcutta, 1968, p.2.
2. Zinn, Howard, *A People's History of the United States: 1492-Present*, New York, HarperCollins, revised and updated edition, 1995.
3. For an excellent account of this exploitation, see Eduardo Galeano, *The Open Veins of Latin America: Five Centuries of the Pillage of a Continent*, Monthly Review Press, New York, 1998 (25th anniversary edition).
4. Charles Bettelheim, *India Independent*, Monthly Review Press, New York, 1968, p.47.
5. Walden Bello gives a comprehensive analysis of this agreement in *Capitalism, Nature, Socialism*, March 2000, Vol. 11, Issue 1, p.3, www.guilford.com.
6. Tim Weiner, "How the CIA Took Aim at Allende," *New York Times*, Sep.

12, 1998.

7. Louise Story, "Marketers Demanding Better Count of the Clicks", *New York Times*, October 30, 2006.

8. *Washington Post*, Dec. 7, 1997.

9. CNN, Jan. 23, 2002.

10. CNN, Aug. 8, 2002.

11. Richard Thomas DeLamarter, *Big Blue*: IBM's Use and Abuse of Power, Pan, London, 1988, p.24.

12. Bryan Burrogh and John Helyar, *Barbarians at the Gate*, Harper, New York, 1991, p.165.

13. Rob Mackrill, "Global Mergers And Acquisitions Up To 77% This Year", *The Daily Reckoning*, 24 May, 2007.

14. Conference papers from "Globalization or Localization: Reclaiming the Economy for the Community", Proutist Universal, Nelson, New Zealand, 2001.

15. Ibid.

16. Robin Hahnel, *Panic Rules!*, Cambridge, South End Press, 1999, p30.

17. *The New York Times*, Dec. 20, 1993, p. 5:E.

18. Dada Maheshvarananda, "The Economics of Social Responsibility and Spirituality: An Interview with Dr. Marcos Arruda", *New Renaissance*, Vol. 10, No. 4, 2002.

19. Ibid.

20. Jaroslav Vanek, *New Renaissance*, Vol. 5, No. 1.

21. Hahnel, op cit, p.30.

22. P.R. Sarkar, *Proutist Economics*, Ananda Marga Publications, Calcutta, 1992, pp.89-90.

23. Scott DeCarlo, "Big Paychecks", Forbes, May 3, 2007.

24. "World's Richest People", *Forbes*, 2006 list.

25. Walden Bello, "All Fall Down", *Foreign Policy In Focus*, July 2007.

26. Martin Crutsinger, "Factory Jobs: 3 Million Lost Since 2000", Associated Press, April 20 2007.

27. National Public Radio, "The Marketplace Report: U.S. Bankruptcy Rate Soars", March 27, 2006.

28. www.federalbudget.com

29. This includes Dept. of Defense ($585 billion), the military portion from other departments ($122 billion), and an estimate of supplemental appropriations ($20 billion). "Past military" represents veterans' benefits plus 80% of the interest on the debt. War Resisters League http://www.warresisters.org/piechart.htm

30. U.S. Department of Commerce report, February 10, 2006.

31. United Press International report, reported in the *Washington Times* on April 8, 2005.

32. Marcela Valente, "Argentina: Crisis Threatens Patients' Lives," IPS, Jan. 9, 2002.

제2장 영성에 기반을 둔 새로운 사회체제

1. E.F. Schumacher, *Small is Beautiful*, London, Abacus, 1973, p.23.

2. Roar Bjonnes, "Economics as if All Living Beings Mattered" in *UNESCO Encyclopedia of Life Support Systems*, Globalization and World Systems, Theme Editor, Sohail Inayatullah, Oxford, 2002.

3. See Ac. Bhaskarananda Avadhuta, *Social Dynamics and Social Movements*, Anandanagar, India, Psychospiritual Research Foundation, 2001.

4. See Fritjof Capra, *The Tao of Physics: An Exploration of the Parallels Between Modern Physics and Eastern Mysticism*, Shambhala Publications, 1975, and *Uncommon Wisdom: Conversations with Remarkable People*, Simon and Schuster, New York, 1988, p.43.

5. For the convergence of fundamental mystical beliefs amongst the great religions, see Aldous Huxley's excellent work, *The Perennial Philosophy*, Ayer, 1972.

6. P.R. Sarkar, *Problems of the Day*, Calcutta, Ananda Marga Publications, 1987.

7. Peter Meyer, "Land Rush: A Survey of America's Land ? Who Owns It, Who Controls It, How Much is Left", *Harpers Magazine*, Jan. 1979.

8. Kevin Cahill, *Who Owns Britain?*, London, Canongate, 2000.

9. Cesar Benjamin and Tania Bacelar de Araujo, *Brasil: Reinventar o Futuro*, Sindicato dos Engenheiros no Rio de Janeiro, 1995, p.109.

10. P.R. Sarkar, "Agrarian Revolution" in *Proutist Economics*, Calcutta,

Ananda Marga Publications, 1992, p.117.

11. P.R. Sarkar, *Thoughts of P.R. Sarkar*, Calcutta, Ananda Marga Publications, 1981, p.91.

12. For damning condemnation of the UN from the inside, see Graham Hancock, *Lords of Poverty: The Power, Prestige, and Corruption of the International Aid Business*, Atlantic Monthly Press, 1992.

13. Abraham Maslow, *Eupsychian Management: A Journal*, Homewood, Richard D. Irwin Inc., 1965.

14. Carl Sandburg, "Timesweep", in *Honey and Salt*, 1963.

15. Paul Hawken, Amory Lovins and L. Hunter Lovins, *Natural Capitalism: Creating the Next Industrial Revolution*, Rocky Mountain Institute, 1999.

16. Steve Connor, "Quarter of Mammals Faced with Extinction", *The Independent*, UK, May 21, 2002.

17. The full text and list of distinguished signaturees, which was for the most part ignored by the press, is available at http://www.forusa.org/news/NobelStatement1201.html.

18. P.R. Sarkar, "Prama", in *Proutist Economics*, Ananda Marga Publications, Calcutta, 1992, p.54.

19. U.S. Substance Abuse and Mental Health Services Administration (SAMHSA) Report, 2002.

20. U.S. Department of Justice FBI statistics, http://www.fbi.gov/ucr/00cius.htm.

21. See www.anandamarga.org.

22. Reprinted and translated with permission from Ananda Marga Publications, "Preface by Leonardo Boff" in the Portuguese edition of *Proutist Economics* by P.R. Sarkar, Sao Paulo, 1996.

제3장 살아갈 권리를!

1. P.R. Sarkar, "Social Values and Human Cardinal Principles", *Prout in a Nutshell Part 7*, Calcutta, Ananda Marga Publications, 1987.

2. P.R. Sarkar, "The Principles of Prout", Proutist Economics, Ananda Marga Publications, Calcutta, 1992, p.4.

3. Frei Betto, from a letter to the author.

4. Larry Elliott, "Evil Triumphs in a Sick Society", *The Guardian*, Feb. 12,

2001.

5. *Sarkar, Proutist Economics*, p.42-43.

6. Ari Moraes, *Projeto Holistico Raizes da Luz, Teresopolis* (RJ), Tel. (55-21) 2742-2913.

7. Sarkar, *Proutist Economics*, p.4.

8. *Amnesty International Report 2007*. "Countdown to Olympics Fails to Stop Killing in China", *American Chronicle*, August 12, 2007.

9. Sarkar, *Proutist Economics*, p.5.

10. Ibid, p.58.

11. Ibid, pp.6-11.

12. John Kenneth Galbraith, *Economics and the Public Purpose*, New York, The New American Library, 1973.

13. P.R. Sarkar, *Problems of the Day*, Calcutta, Ananda Marga Publications, Section 27.

14. Quoted in Mark Friedman, "Toward an Optimal Level of Income Inequality", available at www.proutworld.org.

15. Frances Moore Lappe, Joseph Collins and Peter Rosset, with Luis Esparza, *World Hunger: 12 Myths*, Grove/Atlantic and Food First Books, 2nd Edition, 1998.

16. Abraham Maslow, *Eupsychian Management: A Journal*, Homewood, Richard D. Irwin, 1965.

17. Ibid.

18. Friedman, op cit.

19. Ravi Batra, *Progressive Utilization Theory: Prout—An Economic Solution to Poverty in the Third World*, Manila, Ananda Marga Publications, 1989, pp.58-60.

20. Friedman, op cit.

제4장 경제적 민주의

1. P.R. Sarkar, "Economic Democracy", Proutist Economics, Ananda Marga Publications, Calcutta, 1992, p.236.

2. P.R. Sarkar, *Problems of the Day*, Ananda Marga Publications, Calcutta, 1968, Chapter 11.

3. Muhammad Yunus with Alan Jolis, *Banker to the Poor: Micro-lending and*

the Battle Against World Poverty, New York, Public Affairs, 1999.

4. Sarkar, *Problems of the Day*, Chapter 11.

5. Ravi Batra, *Stock Market Crashes of 1998 and 1999: The Asian Crisis and Your Future*, Texas, Liberty Press, 1997.

6. Margrit Kennedy, *Interest and Inflation Free Money: Creating an Exchange Medium that Works for Everybody and Protects the Earth*, Seva International, E. Lansing, USA, 1995.

7. Marcela Valente, "Barter Club to Take Part in Elections", IPS, Sep. 4, 2002.

8. Tamara Sober Giecek, *Teaching Economics as if People Mattered: A High School Curriculum Guide to the New Economy*, Boston, United for a Fair Economy, 2000, p.128.

9. See Alanna Hartzok, "Pennsylvania's Success with Local Property Tax Reform: The Split Rate Tax", available at www.earthrights.net/docs/success.html.

10. Hartzok is also a consultant to the Niger Delta Fund Initiative in Nigeria that is working to establish a fund that will distribute the revenue from oil royalties to the people in two ways: (1) as citizen dividend payments directly to individuals, and (2) as a source for low-interest revolving loan funds for the establishment of cooperatives and sustainable development projects. For details go to www.earthrights.net.

11. Sylvia Nasar, "Economist Wins Nobel Prize for Work on Famines and Poverty", *The New York Times*, Oct. 15, 1998.

12. P.R. Sarkar, *Human Society Part 1*, Anandanagar, India, Ananda Marga Publications, 1962, 1998 (revised translation), p.91.

13. P.R. Sarkar, *Liberation of Intellect: Neohumanism*, Calcutta, 1982, pp.39-42.

14. www.motherwear.com.

제5장 협동조합을 통한 인간의 정신과 역동성 고양

1. P.R. Sarkar, *Proutist Economics*, Ananda Marga Publications, Calcutta, 1992, p.130.

2. International Cooperative Alliance homepage, www.coop.org/ica.org. This is an excellent cooperatives resource.

3. National Cooperative Business Association homepage, www.ncba.org.

Another excellent cooperatives resource.

4. Bruce Dyer, "Why Cooperatives: The New Zealand Context", Proutist Universal, Nelson, 2000, at www.prout.org.

5. Ac. Candranathananda Avt., "The Mondragon Co-operative Experiment: From Historical Compromise to Multi-National Status", Prout Research Institute, Copenhagen, 2001. See also the Mondragon site: www.mondragon.mcc.es.

6. www.ica.coop/ica/index.html.

7. Sarkar, op cit, p.128.

8. This section is based on the video prepared by the Prout Community Settlement Cooperative, "Maleny Cooperatives: Examples of Small-Scale Cooperative Enterprise", 2002. The entire text is available at www.proutworld.org/features/maleny.htm, and the video is available from Paul Alister at inrsong@ozemail.com.au.

9. www.malenycu.com.au.

10. www.lets.org.au.

11. www.amriverschool.org.

제6장 지속가능 농업과 환경보존

1. P.R. Sarkar, "Systems of Production", Prout in a Nutshell Part 14, Calcutta, 1988.

2. John Seymour and Herbert Girardet, Far from Paradise, London, BBC, 1986.

3. David Suzuki, The Sacred Balance, Allen and Unwin, Australia, 1997.

4. Jerry Mander and Edward Goldsmith, The Case Against the Global Economy: And for a Turn Toward the Local, San Francisco, Sierra Club Books, 1996.

5. P.R. Sarkar, Ideal Farming Part 2, Calcutta, Ananda Marga Publications, 1990.

6. Instituto Brasileiro de Geografia e Estatistica, 1999.

7. P.R. Sarkar, Proutist Economics, Ananda Marga Publications, Calcutta, 1992, p.36.

8. Daniel Imhoff, "Community Supported Agriculture", in Mander, op cit.

9. These benefits were adapted from Acarya Krsnasevananda, "Prout's

Concept of Balanced Economy: A Solution for Japan's Economic Crisis",
Journal of Future Studies, Taipei, Vol. 5, No. 2, November 2000, pp.129–144.

10. Edemilson Santos, indranath@nettravelrm.com.br.

11. See Norman Lewis, *The Missionaries: God Against the Indians*, New York, Viking Penguin, 1990.

12. www.shamanbotanicals.com.

13. The Healing Forest Conservancy, 3521 S. Street, NW, Washington DC 20007, USA, Tel. (202) 333-3438, moranhfc@aol.com, www.shaman.com/ Healing_Forest.html.

14. Mark J. Plotkin, *Tales of a Shaman's Apprentice: An Ethnobotanist Searches for New Medicines in the Amazon Rain Forest*, New York, Viking Penguin, 1993, pp.285–290.

15. www.conservation.org.

16. Future Vision Ecological Park, Porangaba (SP), Tel. (15) 257-1243, 257-1520, visaofuturo@visaofuturo.org.br, www.visaofuturo.org.br.

제7장 계급과 계급투쟁의 새로운 개념정의

1. P.R. Sarkar, "Ananda Marga: A Revolution", *A Few Problems Solved Part 7*, Ananda Marga Publications, Calcutta, 1987.

2. Clara Kulich, Grzegorz Trojanowski, Michelle K. Ryan, S. Alexander Haslam, Luc Renneboog, "Putting the gender pay gap in context", University of Exeter, Tilburg University, 30 March 2007.

3. Sylvia Nasar, "Economist Wins Nobel Prize for Work on Famines and Poverty", *New York Times*, Oct. 15, 1998.

4. www.who.org.

5. Anti-Slavery International, *Annual Review 2005*, London.

6. Ibid.

7. P.R. Sarkar, The Awakening of Women, Ananda Marga Publications, Calcutta, 1995, pp.119–120.

8. Ibid, p.117.

9. Published in Sohail Inayatullah and Jennifer Fitzgerald, *Transcending Boundaries: Prabhat Ranjan Sarkar's Theories of Individual and Social Transformation*, Gurukula Press, Australia, 1999, p.39. See

www.ravibatra.com.

10. P.R. Sarkar, *Human Society Part 2*, Anandanagar, India, Ananda Marga Publications, 1963, 1998 (revised translation), p.123.

제8장 혁명과 혁명가들

1. P.R. Sarkar, *Prout in a Nutshell Part 18*, Ananda Marga Publications, Calcutta, 1980.

2. Frei Betto, *Valores de uma Pratica Militante*, Consulta Popular, Sao Paulo, 2000, p.40.

3. Sarkar, op cit.

4. See *Rules for Radicals* by Saul Alinsky (Vintage Books, New York, 1989), *Organizing for Social Change: Midwest Academy Manual for Activists* by Kimberley Bobo et al (Seven Locks Press, 2001), *Primal Leadership* by Daniel Goleman et al (Harvard Business School, Cambridge, 2002), *The 7 Habits of Highly Effective People* by Stephen Covey (Simon and Schuster, New York, 1990).

5. Ibid.

6. This text is from his speech at the University of California in Los Angeles on October 19, 1996. For more on Dr. Johan Galtung and his work, see www.transcend.org

7. P.R. Sarkar, *Human Society Part 2*, Anandanagar, India, Ananda Marga Publications, 1963, 1998 (revised translation), p.133.

제9장 윤리와 정의에 대한 새로운 해석

1. P.R. Sarkar, "Remain United with the Supreme Benevolence", *Ananda Vacanamrtam Part 4*, Calcutta, Ananda Marga Publications.

2. Brandon S. Centerwall, "Television and Violence: The Scale of the Problem and Where to Go from Here", *Journal of the American Medical Association*, Vol. 267, No. 22, Jun. 1992.

3. Ibid.

4. Cited in Eduardo Galeano, *Upside Down: A Primer for the Looking-Glass World*, Picador, 2001.

5. P.R. Sarkar, "Introduction", *A Guide to Human Conduct*, Ananda Marga Publications, Calcutta, 1977.

6. See P.R. Sarkar, "Social Defects in Gandhism", *Prout in a Nutshell Part 21*, Calcutta, Ananda Marga Publications, 1992. For a most interesting comparison, see "Gandhi and Sarkar: On Non-violence, Rural Economy and the Indian Independence Movement," *Global Times* (No. 3, May/Jun., 1998), pp.10-17.

7. E.F. Schumacher, *Small is Beautiful*, London, Abacus, 1973, p.23.

8. Quoted in Bo Lozoff, *Deep and Simple*, Durham, Human Kindness Foundation, 1999, p.65.

9. Sohail Inayatullah and Jennifer Fitzgerald, *Transcending Boundaries: Prabhat Ranjan Sarkar's Theories of Individual and Social Transformation*, Australia, Gurukula Press, 1999.

10. Bo Lozoff, "A Nation Behind Bars", *Peace and Social Justice*, Mar. 1998.

11. P.R. Sarkar, "Mass Murder", *Prout in a Nutshell Part 15*, Calcutta, Ananda Marga Publications.

12. P.R. Sarkar, "Justice", *Human Society Part 1*, Calcutta, Ananda Marga Publications, 1959 (revised edition 1998).

13. Lozoff, "A Nation Behind Bars", op cit.

14. Jim Consedine and Helen Bowen, *Restorative Justice: Contemporary Themes and Practice*, New Zealand, Ploughshares Publications, 1999.

15. Lozoff, "A Nation Behind Bars", op cit.

16. P.R. Sarkar, "The Neohumanism of Sadvipras", *Neohumanism in a Nutshell Part 1*, Calcutta, Ananda Marga Publications.

17. Sarkar, "Justice", op cit.

18. Nelson Mandela, *Long Walk to Freedom*, New York, Little Brown & Co., 1995.

19. Sarkar, "Justice", op cit.

20. Sarkar, "Justice", op cit.

21. Human Kindness Foundation, P.O. Box 61619, Durham, NC 27715, www.humankindness.org.

22. Prison Phoenix Trust, P.O. Box 328, Oxford OX2 7HF, UK.

23. Translated from the Portuguese, "Monk Teaches Yoga to Prisoners in Minas Gerais", *Jornal do Brasil*, Feb. 28, 2000, http://amps.org/amnews/ brazilprisyoga.htm.

24. Translated from the Portuguese, letter with the author.

25. Larry Cohen and Susan Swift, "A Public Health Approach to the Violence Epidemic in the United States", *Environment and Urbanization, Vol. 5*, No. 2, 1993.

제10장 문화적 정체성과 교육

1. P.R. Sarkar, "Developmental Planning", *Proutist Economics*, Calcutta, Ananda Marga Publications, 1992, p.198.

2. Dada Maheshvarananda, "Conversation with Paulo Freire, Educator of the Oppressed", *Global Times*, Jul. 1997, pp.14–17, 36.

3. Acarya Prasiidananda Avt., *How to Introduce the Ideas of Ananda Marga and Prout to the Public*, Manila, Ananda Marga Publications, 1989.

4. Davide Dukcevich, "The Richest of the Rich", *Forbes*, Dec. 12, 2001.

5. Maheshvarananda, op cit.

6. P.R. Sarkar, *Human Society Part 1*, Calcutta, Ananda Marga Publications, 1959 (1998 revised edition), pp.12–13.

7. Maheshvarananda, op cit.

8. Dada Maheshvarananda, "Cooperative Games that Teach Solidarity", New Renaissance, Vol. 11, No. 3, Autumn 2002, Mainz, pp. 15–17, www.ru.org/maheshvarananda-113.htm.

9. Associacao Beneficente de AMURT-AMURTEL, Estrada Juca Batista, 6841 Belum Novo, Porto Alegre, RS 91790–050, Brazil, Tel. (51) 3248–4834, escnhanandamarga@ig.com.br.

10. See www.gurukul.edu and www.nhe.gurukul.edu. A free copy of the excellent bi-annual journal about Neohumanist Education, Gurukula Network, is available by writing to: *Gurukula Network*, c/o A. Brim, 146 Honness Lane, Ithaca, NY 14850, USA, or email amgk.glo@gurukul.edu.

11. Acarya Tadbhavananda Avt., *Samaj: A New Dimension in Politics*, Proutist Universal, Delhi, 1987.

12. Ang Kasama, #11 Union Village, Barangay Culiat, Tandang Sora, Quezon City, Philippines, Tel. 09197863739, angkasama@yahoo.com, http://groups.yahoo.com/group/MaharlikaSamaj/.

제11장 지역공동체 강화: 프라우트의 정치체제

1. P.R. Sarkar, *Problems of the Day*, Ananda Marga Publications, Calcutta,

1968, Chapter 32.

2. "2006 Election Analysis: Incumbents Linked to Corruption Lose, but Money Still Wins", The Center for Responsive Politics, Nov. 9 2006, and "2004 Election Outcome: Money Wins", Nov. 3 2004. www.opensecrets.org

3. Dada Vishvodbhasananda, "Providing Pure Drinking Water to the Villagers of Ghana", www.anandamarga.org/news/ghana-water.htm. See www.amurt.net/africa/ghana

4. Dada Rudreshvarananda, "Uplifting Human Dignity in West Africa", http://www.anandamarga.org/news/west-africa1.htm.

5. Cardinal human values, as explained in Chapter 9, are the virtues of honesty, courage, mercy, humility, self-restraint and compassion. According to these cardinal values, the strong should protect the weak, selfishness is unethical, and it is important to try to avoid harming others. This important proposal gives balance to the other rights, guaranteeing that no other right conflicts with the general welfare of humanity.

6. *Agrico-industries* refers to "pre-harvest" industries that produce what farmers require, such as tools, implements, seeds and fertilizers. *Agro-industries* are "post-harvest," processing raw agricultural products into flour, oil, textiles, paper, etc.

7. For an excellent comprehensive and comparative analysis of Prout's concept of world government, see Craig Runde, "Beyond Nationalism: Sarkar's Vision of World Government" in *Transcending Boundaries: Prabhat Ranjan Sarkar's Theories of Individual and Social Transformation*, Australia, Gurukula Press, 1999, p.39.

8. Excerpted from Sohail Inayatullah, "Conclusion: The Lamp that Illuminates Countless Other Lamps", which appeared in his book, *Situating Sarkar: Tantra, Macrohistory and Alternative Futures*, Gurukula Press, Australia, 1999. See www.metafuture.org

9. Charles Paprocki, "On Proutist Methodology", unpublished paper available from the author at 162 E. 33rd St. #3W, New York, NY 10016, USA, cpaprocki@nyc.rr.com.

10. Richard Slaughter, *Futures Tools and Techniques*, Victoria, Australia, Futures Studies Center, 1987.

제12장 행동의 요청: 프라우트의 실행 전략

1. P.R. Sarkar, "Ananda Vanii", 1975.

2. "Beyond Seattle" Teach-in, Washington DC, Apr. 14, 2000.

3. www.ve.prout.org, email: priv@prout.org

4. I personally believe that this small booklet, in the guise of a children's story, is one of the clearest blueprints Sarkar gave as to how a Proutist revolution can develop from the grassroots and achieve victory. I recommend it to everyone. P.R. Sarkar, *The Golden Lotus of the Blue Sea*, Calcutta, Ananda Marga Publications.

5. Interview in *Caros Amigos*, Issue 39, Jun. 2000.

6. P.R. Sarkar, "Nuclear Revolution", *Prout in a Nutshell Part 21*, Calcutta, Ananda Marga Publications.

7. P.R. Sarkar, *Problems of the Day*, Ananda Marga Publications, Calcutta, 1968, Chapter 2.

8. "Beyond Seattle" Teach-in, Washington DC, Apr. 14, 2000.

9. Quoted in Paul Hawken's powerful account of the Seattle protests against the WTO: "Skeleton Woman Visits Seattle", in *Globalize This! The Battle Against the World Trade Organization and Corporate Rule*, Global Exchange Publication, Maine, Common Courage Press, 2000. The essay is posted at www.co-intelligence.org/WTOHawken.html.

10. P.R. Sarkar, "Move with Ever-Accelerating Speed", *Prout in a Nutshell Part 17*, Ananda Marga Publications, Calcutta.

11. "Women's Voices: Quotations by Women" – Margaret Mead, http://womenshistory.about.com/library/qu/blqumead.htm.

12. P.R. Sarkar, *Ananda Vacanamrtam Part 31*, Calcutta, Ananda Marga Publications, pp.43-45.

■ 참고 문헌

Ac. Avadhuta Bhaskarananda, *Social Dynamics and Social Movements: Shrii P.R. Sakar's Vision for Society*, Anandanagar, India, Psychospiritual Research Foundation, 2001.

Acarya Avt. Krsnasevananda, *Prout Manifesto*, Copenhagen, Proutist Universal, 1988.

Acarya Avt. Prasiidananda, *How to Introduce the Ideas of Ananda Marga and Prout to the Public*, Manila, Ananda Marga Publications, 1989.

Acarya Avt. Prasiidananda, *Neo-Humanist Ecology*, Ananda Marga Publication, Manila, 1990.

Acarya Avt. Tadbhavananda, *Samaj: A New Dimension in Politics*, Proutist Universal, Delhi, 1987.

Acarya Krsnasevananda, "Prout's Concept of Balanced Economy: A Solution for Japan's Economic Crisis", *Journal of Future Studies*, Taipei, Vol.5, No.2, November 2000, pp. 129-144. www.proutworld.org/features/japbalec.htm

Alejandro Lichauco, *Nationalist Economics: History, Theory and Practice*, Manila, SPES Institute, 1988.

Amartya Sen, *Poverty and Famine*, Oxford University Press, 1981.

Anwar Sadat, *In search of Identity: An Autobiography*, New York, HarperCollins, 1987.

Aung San Suu Kyi, *The Voice of Hope: Conversations with Alan Clements*, New York, Seven Stories Press, 1996.

Bo Lozoff, *Deep and Simple: A Spiritual Path for Modern Times*, Durham, NC, Human Kindness Foundation, 1999.

Bruce Dyer, "Why Cooperatives: The New Zealand Context", Proutist Universal, Nelson, 2000 at www.prout.org/features/whycoop.htm

Bruce Dyer, ed. "Conference papers from Globalization or Localisation: Reclaiming the Economy for the Community", Proutist Universal, Nelson, New Zealand, 2001.

Carla Dickstein, "Prout Worker Cooperatives", 1999, http://www.proutworld.org/ideology/ecdem/workercoops.htm

Cesar Benjamin e Tania Bacelar de Araujo, *Brasil: Reinventar o Futuro*, Sindicato dos Engenheiros no Rio de Janeiro, 1995.

Dada Jitendrananda and Paul Wildman, *Here, Together, Now A Neo-Humanist Guidebook for Human Development*, Auckland: Prosperity Press, 2002.

Dada Maheshvarananda and Frei Betto, "Sprituality and Social Justice: A Dialogue", *New Renaissance*, Vol.7, No.3, 1998, Mainz, Germany, pp. 12-14

Dada Maheshvarananda, "A Personal Remembrance and Conversation with Paulo Freire, Educator of the Oppressed", 1999, http://www.proutworld.org/features/freire.htm

Dada Maheshvarananda, "A Progressive View of Justice and Rectification", *Global Times*, Vol.5, No.2, Feb. 1996, Copenhagen, pp. 16-17, 37. http://www.proutworld.org/ideology/democracy/projustrect.htm

Dada Maheshvarananda, "The Economics of Social Responsibility and Spirituality: An Interview with Dr. Marcos Arruda", *New Renaissance*, Vol.10, No.4, 2002.

Daniel Goleman et al, *Primal Leadership*, Harvard Business School, Cambridge, 2002.

Darlene Superville, "Many languages face extinction", associated Press story, June 19, 2001.

David C. Korten, *The Pst-Corporate World: Life After Capitalism*, San Francisco, Berrett-Koehler Publishers, 1999.

Davide Dukcevich, "The Richest of the Rich", *Forbes*, Dec. 12, 2001.

Dhanjoo Ghista and Michael Towsey, *Self-Reliant Regional Proutistic Development*, Prout Reserch Institute, Delhi, 1991.

E.F. Schumacher, *Small is Beautiful: Economics as if People Mattered*, London: Abacus, 1973.

Eduardo Galeano, *Upside down: A Primer for the Looking-Glass World*, Picador, 2001.

Garda Boeninger, "Women at the Mercy of Globalization", 2002, www.proutworld.org/features/womglob.htm

Hazel Henderson, *Beyond Globalization: Shaping a Sustainable Global Economy*, Bloomfield CT, Kumarian Press, 1999.

Howard Zinn, *A People's History of the United States: 1492-Present*, Revised and Updated Edition, New York, HarperCollins, 1995.

Humphrey McQueen, *The Essence of Capitalism: How we can learn everything about modern companies and the way the global economy is run by international corporations from the biggest soft drinks maker in the world*, London, Profile Books Ltd., 2001.

Jerry Mander and Edward Goldsmith, *The Case Against the Global Economy: and for a Turn Toward the Local*, San Francisco, Sierra Club Books, 1996.

Jim Consedine and Helen Bowen, *Restorative Justice: Contemporary Themes and Practice*, New Zealand, Ploughshares Publications, 1999.

Jim Consedine and Helen Bowen, *Restorative Justice: Healing the Effects of Crime*, New Zealand, Ploughshares Publications, 1999.

Kevin Cahill, *Who Owns Britain?*, Canongate, London, 2000.

Kimberley Bobo et al, *Organizing for Social Change: Midwest Academy Manual for Activists*, Seven Locks Press, 2001.

Larry Cohen and Susan Swift, "A Public Health Approach to the Violence Epidemic in the United States", *Environment and Urbanization*, Vol.5, No.2, 1993.

Mark J. Plotkin, *Tales of a Shaman's Apprentice: An Ethnobotanist Searches for New Medicines in the Amazon Rain Forest*, New York, Viking Penguin, 1993.

Mark L. Friedman, "Toward an Optimal Level of Income Inequality", 2001, http://www.proutworld.org./ideology/ecdem/optinc.htm

Mason Gaffney and Fred Harrison, *The Corruption of Economics*, Shepheard–Walwyn, London, 1994.

Michael Bhaktaviiray Towsey, "Neo–Ethics and Human Cardinal Value", *PROUT*, New Delhi, May 31, 1987 issue.

Muhammad Yunus with Alan Jolis, *Banker to the Poor: Micro–lending and the Battle Against World Poverty*, New York, Public Affairs, 1999.

Nelson Mandela, *Long Walk to Freedom*, New York, Little Brown & Co., 1995.

Noam Chomsky, with David Barsamian, *Secrest, Lies and Democracy*, Tucson, Odonian Press, 1994.

Norman Lewis, *The Missionaries: God Against the Indians*, New York, Viking Penguin, 1990.

P.R. Sarkar, *Human Society: Part 2*, Anandanagar, India, Ananda Marga

Publications, 1963, 1998(revised translation).

P.R. Sarkar, *Ideal Farming: Part 2*, Calcutta, Ananda Marga Publications, 1990.

P.R. Sarkar, *Proutist Economics*, Calcutta, Ananda Marga Publications, 1992.

P.R. Sarkar, *The Awakening of Women*, Calcutta, Ananda Marga Publications, 1995.

P.R. Sarkar, *The Liberation of Intellect: Neo-Humanism*, Calcutta, Ananda Marga Publications, 1982.

Prout Research Institute, *An Introduction to Block Level Planning: A Manual for PRI Staff*, New Delhi, 1992, www.proutworld.org/ideology/ecdem/BLP.pdf

Proutist Writers' Group of New York Sector, *A Comprehensive Guide to the study of Prout*, Second Edition, 1999, http://www.prout.org/TableofContents.html

Ravi Batra, *Progressive Utilization Theory: Prout: An Economic Solution to Poverty in the Third World*, Manila, Ananda Marga Publications, 1989.

Ravi Batra, *Stock Market Crashes of 1998 and 1999: The Asian Crisis and Your Future*, Texas, Liberty Press, 1997.

Roar Bjonnes, "Economics as if All Living Beings Mattered" in *Encyclopedia of Life Support Systems*, Geneva, UNESCO, 2002.

Robin Hahnel, *Panic Rules!* Cambridge, MA, South End Press, 1999.

Saul Alinsky, *Rules for Radicals*, Vintage Books, New York, 1989.

Sohail Inayatullah and Jennifer Fitzgerald, *Transcending Boundaries: Prabhat Ranjan Sarkar's Theories of Individual and Social Transformation*, Australia, Gurukula Press, 1999.

Sohail Inayatullah, *Situating Sarkar: Tantra*, Macrohistory and Alternative Futures, Australia, Gurukula Press, 1999.

Sohail Inayatullah, *Understanding Sarkar: The Indian Episteme Macrohistory and Transformative Knowledge*, Leiden, the Netherlands, Brill, 2002.

Stephen Covey, *The 7 Habits of Highly Effective People*, Simon and Schuster, New York, 1990.

Steven Shafarman, *We the People: Healing our Democracy and Saving Our World*, California, Gain Publication, 2001.

Survival International, *Disinherited: Indians in Brazil*, London, Survival

International, 2000.

Tamara Sober Giecek, *Teaching Economics as if People Mattered: A High School Curriculum Guide to the New Economy*, Boston, United for a Fair Economy, 2000.

Thom Hartmann, *The Last Hours of Ancient Sunlight: Waking up to personal and Global Transformation*, New York, Harmony Books, 1999.

Tim Dyce, "Establishing Co-operatives in the Region", Asia Pacific Enterprise Training Centre, Sydney 2001.

William Greider, *One World, Ready or not: The Manic Logic of Global Capitalism*, New York, Simon & Schuster, 1997.